I0776532

**Kipling. W.W. Jacobs. Conrad. Saki. Maupassant.
Perkins. Gautier**

DIEZ CUENTOS DE MUERTE Y DE SANGRE

astria

DIEZ CUENTOS DE MUERTE Y DE SANGRE
KIPLING. W.W. JACOBS. CONRAD. SAKI.   MAUPASSANT.
PERKINS. GAUTIER

©Astria Ediciones
Diseño de portada: Andrea Rodríguez—Mariana Turcios
Supervisión Editorial: Óscar Flores López
Administración: Tesla Rodas y Jessica Cordero
Director Ejecutivo: José Azcona Bocock

Primera edición
Tegucigalpa, Honduras—Junio de 2025

LOS DIEZ CUENTOS EN ESTA ANTOLOGÍA

1. Al final del callejón (Rudyard Kipling)

Un hombre extraviado en una ciudad desconocida se interna en un callejón que parece no tener fin. A medida que avanza, lo que comenzó como una simple caminata nocturna se convierte en una experiencia surreal y angustiosa, donde el espacio y el tiempo se deforman, y lo cotidiano se torna pesadilla. La atmósfera se espesa con cada paso, como si el callejón escondiera una verdad prohibida al fondo de su oscuridad.

2. El hombre que pudo ser rey (Rudyard Kipling)

Dos aventureros británicos, impulsados por la ambición y la arrogancia imperialista, se adentran en las remotas tierras de Kafiristán para convertirse en reyes. El plan triunfa… hasta que uno de ellos olvida las reglas del juego y pretende ser más que humano. El relato, entre lo épico y lo trágico, revela la caída de los ídolos de carne ante el peso de su propia ilusión de grandeza.

3. El gato maltés (Rudyard Kipling)

Un gato callejero, duro y astuto, se convierte en el líder inesperado de un equipo de animales enfrentado a una amenaza externa. En este relato alegórico y tierno, se mezclan la bravura, la lealtad y la supervivencia en un mundo donde los instintos se entrelazan con una inesperada nobleza, dejando al lector con una sonrisa agridulce en los labios.

4. La litera fantasma (Rudyard Kipling)

Teobaldo Pansay, funcionario británico en la India, relata el terrible acoso sobrenatural que sufre tras haber roto de manera cruel su relación con Inés Keith Wessington, una mujer casada y profundamente enamorada de él. Después de su repentina muerte, Inés regresa desde el más allá en su antigua litera —tirada por los mismos porteadores— para perseguirlo implacablemente por Simla.

5. La pata de mono (W. W. Jacobs)

Un objeto aparentemente inofensivo, una pata de mono embalsamada, concede tres deseos a quien la posee, pero lo hace con consecuencias impredecibles y aterradoras. Esta historia magistralmente construida demuestra que el destino no debe ser manipulado, y que todo deseo lleva en su reverso el precio del horror.

6. El corazón de las tinieblas (Joseph Conrad)

Marlow, capitán de un barco que remonta el río Congo, va en busca del misterioso Kurtz, un hombre blanco que ha sido devorado por la selva y los ídolos del poder absoluto. Lo que encuentra es el reflejo oscuro del alma humana en su estado más crudo. Una historia inquietante sobre la locura, la colonización y la fragilidad de la civilización frente a la barbarie interior.

7. La ventana abierta (Saki)

Un joven visita una casa de campo para descansar de sus nervios, pero una niña le relata una historia trágica sobre una ventana que nunca se cierra, esperando el regreso de unos hombres desaparecidos. La frontera entre realidad e invención se difumina con ingenio y crueldad en este relato que combina humor negro y desasosiego.

8. El Horla (Guy de Maupassant)

Un hombre comienza a sospechar que una entidad invisible se ha apoderado de su vida, absorbiendo su voluntad, su salud y su cordura. El diario íntimo donde relata su descenso a la locura plantea con inquietante ambigüedad si el horror proviene de fuera... o de dentro. Un clásico de la paranoia, la posesión y el terror psicológico.

9. El tapiz amarillo (Charlotte Perkins Gilman)

Una mujer convaleciente se ve obligada a reposar en una habitación empapelada con un tapiz amarillo de diseño inquietante. Día tras día, comienza a percibir movimientos y figuras entre los pliegues del papel... y algo dentro de ella empieza a quebrarse. Esta poderosa crítica a la opresión femenina es también uno de los cuentos más perturbadores sobre la locura.

10. La muerta enamorada (Théophile Gautier)

Romualdo, un joven sacerdote, queda hechizado por una mujer de belleza sobrenatural que se presenta en su vida tras la misa de su ordenación. Atrapado entre la castidad y el deseo, entre la fe y la fascinación erótica, vivirá una doble existencia marcada por la duda: ¿ha amado a una mujer... o a una muerta que bebe de su sangre? Un relato seductor sobre la lucha entre el alma y la carne.

AL FINAL DEL CALLEJÓN

Rojas son nuestras caras y plomo es el cielo,
de par en par las puertas del infierno,
y sus vientos furiosos están sueltos;
sube el polvo a la faz del firmamento
y bajan las nubes, sudario ardiendo,
peso al subir y duras al posarse.
El alma humana pierde su alimento,
lejos de la pequeñez y el esfuerzo,
dolido el corazón, enfermo el cuerpo,
como polvo de un sudario se echa al vuelo
el alma, que se aparta de su carne,
como el cuerno del cólera, en su estruendo.

Himalayo

Por RUDYARD KIPLING [1]

Cuatro hombres, cada uno con derecho "a la vida, a la libertad y a la conquista del bienestar", jugaban al whist sentados a una mesa. El termómetro marcaba —para ellos— ciento un grados de temperatura. La habitación estaba tan oscurecida que apenas era posible distinguir los puntos de las cartas y las pálidas caras de los jugadores. Un punkah viejo, roto, de calicó blanco removía el aire caliente y chirriaba, lúgubre, a cada movimiento. Afuera reinaba la lobreguez de un día londinense de noviembre. No había cielo, ni sol ni horizonte: nada que no fuese una calina marrón y púrpura. Era como si la tierra se estuviera muriendo de apoplejía.

De vez en cuando, del suelo se alzaban nubes de polvo rojizo, sin viento ni advertencia, que, como si fueran manteles, se lanzaban sobre

---

[1] Nació: 30 de diciembre de 1865, Bombay, India británica. Murió: 18 de enero de 1936, Londres, Inglaterra. Géneros: Narrador, cuentista, poeta, novelista. Obras más importantes: El libro de la selva (1894). Kim (1901), El hombre que pudo ser rey (1888), El rickshaw fantasma (1885).

las copas de los árboles resecos para bajar después. Entonces un polvo demoníaco y arremolinado se precipitaba por la llanura a lo largo de un par de millas, se quebraba y caía, aun cuando nada había que le impidiera volar, excepto una larga hilera de traviesas de ferrocarril blanqueadas por el polvo, un racimo de cabañas de adobe, raíles condenados y lonas, y un único bungalow bajo, de cuatro habitaciones, que pertenecía al ingeniero ayudante a cargo de la sección de la línea del estado de Gaudhari, por entonces en construcción.

Los cuatro, desnudos bajo sus pijamas ligerísimos, jugaban al whist con mal talante, discutiendo acerca de quién era mano y quién devolvía. No era un whist óptimo, pero se habían tomado cierto trabajo para llegar hasta allí. Mottram, del Servicio Indio de Topografía, desde la noche anterior había cabalgado treinta millas y recorrido en tren otras cien desde su puesto solitario en el desierto; Lowndes, del Servicio Civil, que llevaba a cabo una tarea especial en el departamento político, había logrado escapar por un instante de las intrigas miserables de un estado nativo empobrecido, cuyo soberano ya adulaba, ya vociferaba para obtener más dinero que el aportado por los lamentables tributos de labriegos exprimidos y criadores de camellos desesperados; Spurstow, el médico del ferrocarril, había dejado que un campamento de culis azotado por el cólera se cuidara por sí mismo durante cuarenta y ocho horas mientras él, una vez más, se unía a los blancos. Hummil, el ingeniero ayudante, era el anfitrión. No se arredraba y recibía a sus amigos cada sábado, si podían acudir. Cuando uno de ellos no lograba llegar, el ingeniero enviaba un telegrama a su última dirección, a fin de saber si el ausente estaba muerto o con vida. Hay muchos lugares en Oriente donde no es bueno ni considerado permitir que tus amistades se pierdan de vista, ni siquiera durante una breve semana.

Los jugadores no tenían conciencia de que existiese un especial afecto mutuo. Discutían en cuanto estaban juntos, pero experimentaban un deseo ardiente de verse, como los hombres que no tienen agua desean beber. Eran personas solitarias que conocían el significado terrible de la soledad. Todos tenían menos de treinta años: una edad demasiado temprana para que un hombre posea ese conocimiento.

—¿Pilsener? —dijo Spurstow, después de la segunda mano, secándose la frente.

—No queda cerveza, lo siento, y apenas si hay soda para esta noche —dijo Hummil.

—¡Qué organización tan lamentable! —rezongó Spurstow.

—No tiene remedio. He escrito y telegrafiado, pero los trenes todavía no llegan con regularidad. La semana pasada se acabó el hielo, como bien lo sabe Lowndes.

—Me alegra no haber venido. Sin embargo, podría haberte enviado un poco, si lo hubiese sabido. ¡Uf! Hace demasiado calor para estar jugando tan poco científicamente —dijo eso con una expresión de burla salvaje contra Lowndes, que solo rió. Era difícil agraviarlo.

Mottram se apartó de la mesa y echó una mirada por una hendija del postigo.

—¡Qué día tan bonito! —dijo.

Sus compañeros bostezaron todos a la vez y se dedicaron a una investigación sin objetivo de todas las posesiones de Hummil: armas, novelas viejas, guarniciones, espuelas y cosas similares. Las habían manoseado docenas de veces antes, pero por cierto que no había nada más que hacer.

—¿Has recibido algo nuevo? —dijo Lowndes.

—La Gazette of India de la semana pasada y un recorte de un periódico inglés. Mi padre me lo ha enviado; es bastante divertido.

—Otra vez uno de esos remilgados que se llaman a sí mismos miembros del Parlamento, ¿verdad? —dijo Spurstow, que leía los periódicos cuando podía conseguirlos.

—Sí. Escuchad esto. Se refiere a tu zona, Lowndes. El hombre estaba diciendo un discurso a sus votantes y exageró. Aquí hay un ejemplo: «Y afirmo sin vacilaciones que la Administración en India es la reserva, la más preciada de las reservas, de la aristocracia inglesa. ¿Qué obtiene la democracia, qué obtienen las masas, de ese país que, paso a paso, nos hemos anexado de modo fraudulento? Yo respondo: nada, absolutamente nada. Es cultivado por los vástagos de la aristocracia con el ojo puesto tan solo en sus propios intereses. Ellos se toman buen trabajo para mantener su espléndida escala de ingresos, para evitar o sofocar cualquier investigación sobre la índole y el comportamiento de sus administraciones, en tanto que ellos mismos obligan al labriego desgraciado a pagar con el sudor de su frente todo el lujo en que se sumergen». —Hummil agitó el recorte por encima de su cabeza.

—¡Bravo! ¡Bravo! —dijeron sus oyentes.

Entonces Lowndes, meditabundo, dijo:

—Daría… daría tres meses de mi paga para conseguir que ese caballero pasara un mes conmigo y viera cómo hace las cosas un príncipe nativo libre e independiente. El viejo Timbersides —ése era el apelativo irrespetuoso de un honrado y condecorado príncipe feudal— me ha hecho la vida imposible la semana pasada pidiéndome dinero. ¡Por

Júpiter! Su última proeza ha sido enviarme a una de sus mujeres como soborno.

—¡Mejor para ti! ¿Aceptaste? —dijo Mottram.

—No, pero ahora pienso que tendría que haberlo hecho. Era una personita muy guapa, que no paró de contarme cuentos sobre la indigencia horrible que hay entre las mujeres del rey. Esas encantadoras hace casi un mes que no se compran ningún vestido nuevo, mientras el viejo quiere comprarse una carrindanga nueva en Calcuta, con adornos de plata maciza, faros de plata y chucherías de esa clase. He procurado hacerle entender que ya se ha jugado el desempate con los ingresos de los últimos veinte años y tiene que ir despacio. Es incapaz de comprenderlo.

—Pero tiene las cámaras del tesoro familiar para seguir adelante. Ha de haber por lo menos tres millones en joyas y monedas debajo de su palacio —dijo Hummil.

—¡Encuentra tú a un rey nativo que perturbe su tesoro familiar! Los sacerdotes lo prohíben, como no sea a modo de recurso extremo. El viejo Timbersides ha sumado algo así como un cuarto de millón al depósito a lo largo de su reinado.

—¿De dónde sale la cosa? —dijo Mottram.

—Del pueblo. La situación de la gente bastaría para ponerte enfermo. He visto recaudadores que esperaban a que una camella lechera pariera su cría para llevarse a la madre como pago por atrasos. ¿Y yo qué puedo hacer? No consigo que los empleados judiciales me entreguen ninguna cuenta; no le arranco más que una sonrisa tonta al comandante en jefe cuando descubro que los soldados no cobran sus pagas desde hace tres meses, y el viejo Timbersides se echa a llorar cuando le hablo. Se ha dado a la bebida como un rey: coñac por whisky y Heidsieck en lugar de soda.

—Lo mismo que toma el Rao de Jubela. Hasta un nativo es incapaz de resistirlo por mucho tiempo —dijo Spurstow—. Se va a morir.

—Y estará bien. Después, me figuro, habrá un consejo de regencia, un tutor del joven príncipe, y se le devolverá su reino con lo acumulado en diez años.

—Con lo cual el joven príncipe, tras haber adquirido todos los vicios de los ingleses, jugará a hacer rebotes en el agua con el dinero, y en dieciocho meses destruirá el trabajo de diez años. Ya he visto esto mismo antes —dijo Spurstow—. Si estuviera en tu lugar, Lowndes, yo manejaría al rey con mano suave. Te odiarán lo bastante en cualquier caso.

—Eso está bien. El hombre que mira de lejos puede hablar de mano suave; pero no puedes limpiar la pocilga con una pluma mojada en agua de rosas. Sé cuáles son mis riesgos, aunque nada ha ocurrido aún. Mi sirviente es un viejo patán y me prepara la comida. Es difícil que quieran sobornarlo y yo no acepto comestibles de mis verdaderos amigos, como ellos se denominan a sí mismos. ¡Oh, es un trabajo pesado! Más me gustaría estar contigo, Spurstow. Hay caza cerca de tu campamento.

—¿De veras? Creo que no. Unas quince muertes por día no inducen a un hombre a disparar contra otra cosa que no sea él mismo. Y lo peor es que esos pobres diablos te miran como si debieras salvarlos. Sabe Dios que lo he intentado todo. Mi última prueba ha sido empírica, pero le salvó la vida a un viejo. Me lo trajeron aparentemente desahuciado, y le di ginebra con salsa Worcestershire y cayena. Se curó con eso, pero no lo recomiendo.

—¿Cuál es el tratamiento, en general? —dijo Hummil.

—Muy sencillo, por cierto. Clorodine, un comprimido de opio, clorodine, un colapso, nitrato, ladrillos en los pies y, a continuación… la pira funeraria. Esto último parece ser lo único que termina con el problema. Se trata del cólera negro, ya lo saben. ¡Pobres diablos! Pero he de reconocer que Bunsee Lal, mi boticario, trabaja como un condenado. He recomendado que lo asciendan si sale con vida de esto.

—¿Y qué posibilidades tienes, amigo? —dijo Mottram.

—No lo sé, ni me importa demasiado; pero ya he enviado la carta. ¿Cómo te va a ti?

—Sentado ante una mesa en la tienda y escupiendo encima del sextante para enfriarlo —dijo el topógrafo—. Me lavo los ojos para evitar oftalmías, que sin duda me voy a agarrar, y trato de lograr que un ayudante comprenda que un error de cinco grados en un ángulo no es tan pequeño como parece. Estoy completamente solo, ya saben, y así estaré hasta que terminen los calores.

—Hummil es un hombre de suerte —dijo Lowndes, echándose en una tumbona—. Tiene un techo de verdad —aunque la lona del techo está rasgada, pero aun así, es un techo— sobre su cabeza. Ve un tren cada día. Puede comprar cerveza, soda e hielo cuando Dios es clemente. Tiene libros, cuadros —eran recortes del Graphic— y la compañía del excelente subcontratista Jevins, además del placer de recibirnos todas las semanas.

Hummil sonrió con una mueca torva.

—Sí, me figuro que soy un hombre de suerte. La de Jevins es mejor.

—¿Cómo? ¿Acaso…?

—Sí. Ha muerto. El lunes pasado.

—¿Se suicidó? —dijo Spurstow con rapidez, señalando la sospecha que estaba en la mente de todos. No había cólera en torno a la sección de Hummil. Hasta la fiebre otorga a un hombre, al menos, una semana de gracia, y la muerte repentina por lo común implica el suicidio.

—No enjuicio a ningún hombre con estas temperaturas —dijo Hummil—. Supongo que le afectó el sol, porque la semana pasada, después de que ustedes se fueron, se acercó a la galería y me dijo que esa noche pensaba ir a su casa, a ver a su mujer, en Market Street, Liverpool.

»Llamé al boticario para que lo examinara y tratamos de acostarlo. Al cabo de una hora o dos se restregó los ojos y dijo que creía que le había dado un ataque y que esperaba no haber dicho nada poco cortés. Jevins tenía mucho interés en mejorar su situación social. Se parecía a Chucks en la forma de hablar.

—¿Y entonces?

—Entonces se fue a su bungalow y empezó a limpiar su rifle. Le dijo al sirviente que iba a cazar por la mañana. Como es natural, tocó el gatillo y se disparó una bala en la cabeza… por accidente. El boticario envió un informe a mi jefe y Jevins está enterrado por allí. Te habría telegrafiado, Spurstow, si hubiese sido posible que hicieras algo.

—Eres un tipo especial —dijo Mottram—. Si tú mismo hubieras asesinado al hombre, no podrías haber permanecido más callado al respecto.

—¡Dios santo! ¿Qué importa? —dijo Hummil con calma—. Tengo que hacer buena parte de su trabajo de supervisión además del mío. Soy la única persona perjudicada. Jevins está fuera del tema, por puro accidente, desde luego, pero fuera al fin. El boticario iba a escribir una larga perorata sobre el suicidio. Nadie mejor que un babu para escribir tonterías interminables cuando se le presenta la ocasión.

—¿Por qué no permitiste que se supiera que fue un suicidio? —dijo Lowndes.

—No había ninguna prueba concluyente. En este país, un hombre no tiene muchos privilegios, pero al menos hay que permitirle que haga un manejo torpe de su propio rifle. Además, algún día puede que yo necesite de un hombre que disimule algún accidente mío. Vive y deja vivir. Muere y deja morir.

—Toma un comprimido —dijo Spurstow, que había observado de cerca la cara pálida de Hummil—. Toma un comprimido y no seas borrico. Este tipo de conversación es un simple juego. De todas formas, el suicidio se desentiende de tu trabajo. Si yo fuera Job multiplicado por diez, tendría que estar tan interesado en lo que vaya a ocurrir de inmediato que me quedaría para verlo.

—¡Ah! He perdido esa curiosidad —dijo Hummil.

—¿El hígado te funciona mal? —dijo Lowndes con interés.

—No. No puedo dormir, que es peor.

—¡Por Júpiter que sí! —dijo Mottram—. A mí me ocurre de cuando en cuando, y el ataque tiene que irse por sí solo. ¿Tú qué tomas?

—Nada. ¿Para qué? No he dormido ni siquiera diez minutos desde el viernes por la mañana.

—¡Pobre muchacho! Spurstow, tú deberías ocuparte del asunto —dijo Mottram—. Ahora que lo mencionas, tus ojos están algo irritados e hinchados.

Spurstow, que no había dejado de observar a Hummil, rió con ligereza.

—Ya le arreglaré después. ¿Les parece que hace demasiado calor para salir a cabalgar?

—¿Para ir adónde? —dijo Lowndes, fatigado—. Tendremos que marcharnos a las ocho y ya cabalgaremos lo suficiente entonces. Detesto cabalgar cuando tengo que hacerlo por necesidad. ¡Cielos! ¿Qué se puede hacer por aquí?

—Empezar otra partida de whist, cada punto un chick (se supone que un chick equivale a ocho chelines) y un mohur de oro la partida —dijo Spurstow con presteza.

—Póker. La paga de un mes entero para la banca, sin Emites, y cincuenta rupias la apuesta. Alguien estará en la ruina antes de que nos marchemos —dijo Lowndes.

—No puedo decir que me dé gusto arruinar a ninguno de los de esta reunión —dijo Mottram—. No es muy estimulante y es una tontería —cruzó el cuarto hacia un viejo, deteriorado y pequeño piano de campaña, residuo del matrimonio que viviera en tiempos en el bungalow, y lo abrió.

—Hace mucho que no funciona —dijo Hummil—. Los sirvientes lo han hecho pedazos.

El piano estaba, en efecto, desafinado sin esperanzas, pero Mottram se las ingenió para que las notas rebeldes llegaran a una especie de acuerdo, y de las teclas desniveladas surgió algo que podía haber sido alguna vez el fantasma de una canción popular de music-hall. Los hombres, desde sus tumbonas, se volvieron con evidente interés mientras Mottram aporreaba con entusiasmo cada vez mayor.

—¡Eso está bien! —dijo Lowndes—. ¡Por Júpiter! La última vez que oí esa canción fue en el 79 aproximadamente, justo antes de partir.

—¡Ah! —dijo Spurstow con orgullo—. Yo estaba en nuestra tierra en el 80 —y nombró una canción popular muy conocida por entonces.

Mottram la tocó bastante mal. Lowndes hizo una crítica y sugirió correcciones. Mottram pasó a otra cancioncilla, no de las de music-hall, e hizo ademán de levantarse.

—Siéntate —dijo Hummil—. No sabía que la música entrara en tu composición. Sigue tocando hasta que no se te ocurra nada más. Haré que afinen el piano para la próxima vez que vengas. Toca algo alegre.

Muy simples en verdad eran las melodías que el arte de Mottram y las limitaciones del piano podían concretar, pero los hombres escuchaban con placer, y en las pausas hablaban todos a la vez de lo que habían visto u oído la última vez que habían estado en su tierra. Una densa tormenta de polvo se alzó afuera y barrió la casa, rugiendo y envolviéndola en una oscuridad asfixiante de medianoche, pero Mottram continuó sin prestar atención, y el tintineo loco llegaba a los oídos de los oyentes por encima del aleteo de la tela rota del techo.

En el silencio posterior a la tormenta, se deslizó desde las más personales canciones escocesas, que tarareaba a medias al tocar, hasta un himno vespertino.

—Domingo —dijo mientras asentía con la cabeza.

—Continúa. No te disculpes —dijo Spurstow.

Hummil se rió larga y estentóreamente.

—Tócalo, sea como sea. Hoy eres todo sorpresas. No sabía que tuvieses tal don de sarcasmo sutil. ¿Cómo es?

Mottram comenzó a tocar la melodía.

—El tiempo, al doble. Así pierdes el matiz de gratitud —dijo Hummil—. Tendría que ser como el tiempo de la Polka del saltamontes, así —y comenzó a cantar prestissimo:

Mi Dios, gloria a ti esta noche
por todas las bendiciones
de la luz.

—Esto demuestra que sentimos cuán bendecidos somos. ¿Cómo sigue?

Si de noche estoy tendido
en mi lecho, sin dormir,
que mi alma siempre tenga

su potencia puesta en ti,
y ningún sueño maligno
mi descanso turbará…

—¡Más rápido, Mottram!

Ni las fuerzas me molesten
de esa hosca oscuridad!

—¡Bah! ¡Qué viejo hipócrita eres!

—No seas borrico —dijo Lowndes—. Estás en libertad de burlarte de cualquier otra cosa, pero no te metas con ese himno. En mi cabeza se asocia con los recuerdos más sagrados…

—Tardes de verano en el campo, vidrieras, la luz que se desvanece y tú y ella juntando vuestras cabezas sobre el libro de himnos —dijo Mottram.

—Sí, y un abejorro gordo que te daba en el ojo cuando volvíais a casa. El olor del heno y una luna grande como una sombrerera encima del pajar; murciélagos, rosas, leche y mosquitos —dijo Lowndes.

—También madres. Recuerdo a mi madre cantando para hacerme dormir cuando yo era un pequeñín —dijo Spurstow.

La oscuridad había invadido el cuarto. Podían oír cómo se removía Hummil en su silla.

—Por consiguiente —dijo con malhumor—, tú cantas el himno cuando estás a siete brazas de profundidad en el infierno. Es un insulto a la inteligencia de la divinidad pretender que somos algo más que rebeldes torturados.

—Toma dos comprimidos —dijo Spurstow—, es un hígado torturado.

—Hummil, el que siempre se muestra plácido, hoy está de mal humor. Lo siento por sus culis, mañana —dijo Lowndes, mientras los sirvientes traían las luces y preparaban la mesa para la cena.

Cuando estaban a punto de ocupar sus puestos ante miserables chuletas de cabra y un pudín ahumado de tapioca, Spurstow aprovechó la ocasión para susurrar a Mottram: «¡Bien hecho, David!».

—Cuida de Saúl, pues —fue la respuesta.

—¿Qué estáis murmurando? —dijo Hummil, suspicaz.

—Solo decíamos que como anfitrión eres condenadamente pobre. Este pájaro no se puede cortar —respondió Spurstow con una sonrisa dulce—. ¿Tú llamas cena a esto?

—No tiene remedio. ¿O acaso esperas un banquete?

Durante aquella comida, Hummil se aplicó con laboriosidad a insultar de modo directo y agudo a todos sus huéspedes, uno tras otro, y a cada insulto Spurstow daba un puntapié al ofendido por debajo de la mesa, pero no se atrevió a cambiar miradas de inteligencia con ninguno de ellos. La cara de Hummil se veía pálida y contraída, en tanto que sus ojos estaban dilatados de forma poco natural. Ninguno de los hombres soñó siquiera por un momento en responder a sus salvajes agresiones personales, pero tan pronto como terminó la cena se dieron prisa en partir.

—No os marchéis. Ahora os empezáis a animar, muchachos. Espero no haber dicho nada que os haya molestado. Sois unos demonios de susceptibilidad —después, cambiando la tesitura a una súplica casi abyecta, Hummil agregó—: ¿no iréis a marcharos, verdad?

—En la lengua del bendito Jorrocks, donde ceno, duermo —dijo Spurstow—. Quiero echarles un vistazo a tus culis mañana, si no te importa. ¿Puedes hacerme un lugar para dormir, me figuro?

Los otros argüyeron la urgencia de sus diversas obligaciones del día siguiente y, tras ensillar, partieron juntos, al tiempo que Hummil les rogaba que volvieran el domingo siguiente. Mientras se alejaban al trote, Lowndes abrió su pecho a Mottram.

—… Jamás en mi vida he tenido tantas ganas de patear a un hombre en su propia mesa. Dijo que yo había hecho trampas en el whist y me recordó las deudas. ¡A ti te dijo en la cara que eres un mentiroso! No estás tan indignado como deberías.

—Oh, no —dijo Mottram—. ¡Pobre diablo! ¿Alguna vez habías visto al bueno de Hummy comportarse así o de una manera remotamente parecida?

—No es una excusa. Spurstow me pateó las espinillas durante toda la cena, y por eso me controlé. De otro modo hubiese…

—No, no hubieses. Tendrías que haber hecho lo que ha hecho Hummy con respecto a Jevins: no juzgar a un hombre con estos calores. ¡Por Júpiter! El metal de las bridas me quema las manos. Galopemos un poco, y cuidado con las madrigueras de las ratas.

Diez minutos de galope extrajeron de Lowndes una observación sensata cuando se detuvo, sudando por todos los poros:

—Está bien que Spurstow se haya quedado con él esta noche.

—Síí. Buen hombre, Spurstow. Nuestros caminos se separan aquí. Nos veremos otra vez el domingo próximo, si el sol no me destruye.

—Me figuro que sí, a menos que el ministro de finanzas del viejo Timbersides se arregle para envenenarme alguna comida. Buenas noches y… ¡que Dios te bendiga!

—¿Y qué pasa ahora?

—Oh, nada —Lowndes recogió la fusta y al tiempo que con ella rozaba el flanco de la yegua de Mottram, agregó—: tampoco tú eres mal muchacho, eso es todo —y tras esas palabras, su yegua se lanzó al galope durante media milla y a través de la arena.

En el bungalow del ingeniero ayudante, Spurstow y Hummil fumaban juntos la pipa del silencio, observándose uno a otro con mucha atención. La capacidad de dar albergue de un soltero es tan elástica como simple su instalación. Un sirviente se llevó la mesa de la cena, trajo un par de rústicos camastros nativos, hechos de tiras entrelazadas dentro de un ligero marco de madera, puso sobre cada uno una estera de tela fresca de Calcuta, los colocó uno junto a otro, prendió con alfileres dos toallas al punkah, para que sus flecos no llegasen a tocar la nariz y la boca de los durmientes y anunció que las camas estaban preparadas.

Los hombres se acostaron, y pidieron a los culis que se ocupaban del punkah que, por todas las potencias del infierno, lo mantuviesen en movimiento. Todas las puertas y ventanas estaban cerradas porque fuera el aire era un horno. Dentro, el ambiente estaba solo a ciento cuatro grados, tal como lo probaba el termómetro, y pesado, a causa del olor de las lámparas de petróleo mal despabiladas; y ese hedor, sumado al del tabaco del país, los ladrillos de horno y la tierra reseca pone el corazón, del hombre más vigoroso a la altura de sus pies, porque es el olor del Gran Imperio Indio cuando se convierte durante seis meses en una sala de tormento. Spurstow ahuecó las almohadas con habilidad, para estar reclinado y no tendido, con la cabeza a una altura mayor que la de sus pies. No es bueno dormir con una almohada baja en tiempo de calor, si tienes un cuello muy robusto, ya que se puede pasar de los ronquidos y gorgoteos vivos del sueño natural a la honda somnolencia del golpe de calor.

—Ahueca tus almohadas —dijo el médico, tajante, al ver que Hummil se preparaba a tenderse en posición horizontal.

La luz de la mariposa era tenue, la sombra del punkah ondulaba a través de la habitación, y el roce de las toallas y el gemido leve de la cuerda que pasaba por un agujero de la pared la seguían. De pronto el punkah flaqueó, casi se detuvo. El sudor caía por la frente de Spurstow. ¿Debía salir a estimular al culi? El ventilador volvió a moverse con un salto brusco y un alfiler cayó de las toallas. Cuando estuvo otra vez en su lugar, un tam-tam comenzó a sonar en las líneas culis, con el latido firme de una arteria congestionada dentro de un cerebro febril. Spurstow se volvió y soltó un juramento suave. No hubo movimiento por parte de Hummil. El hombre se había acomodado con tanta rigidez como un cadáver, con los puños cerrados junto al cuerpo. Su respiración era demasiado rápida como para sospechar que dormía. Spurstow observó la cara rígida. Tenía las mandíbulas apretadas y una arruga en torno a los párpados temblorosos.

«Está lo más rígido que puede», pensó Spurstow. «¿Qué diablos le ocurre?».

—¡Hummil!

—Sí —con la voz pastosa y forzada.

—¿Puedes dormir?

—No.

—¿Frente ardorosa? ¿La garganta hinchada o qué?

—Nada de eso, gracias. No duermo mucho, sabes.

—¿Te encuentras mal?

—Bastante mal, gracias. Se oye un tam-tam fuera, ¿verdad? Al principio pensé que era mi cabeza... ¡Oh, Spurstow, por piedad, dame algo que me haga dormir..., dormir profundamente, siquiera durante seis horas! —se enderezó de un salto, temblando de la cabeza a los pies—. No logro dormir desde hace días y no lo puedo soportar... ¡no lo puedo soportar!

—¡Pobre amigo!

—Eso no sirve. Dame algo que me haga dormir. Te aseguro que me estoy volviendo loco. No sé lo que digo durante la mayor parte del día. Hace tres semanas que tengo que pensar y deletrear cada palabra que me viene a los labios antes de atreverme a decirla. ¿No basta eso para enloquecer a un hombre? Ahora no veo con claridad y he perdido el sentido del tacto. Me duele la piel... ¡Me duele la piel! Haz que duerma. ¡Oh, Spurstow, por el amor de Dios, hazme dormir profundamente! No basta con adormilarme. ¡Haz que duerma!

—De acuerdo, muchacho, de acuerdo. Tranquilo, que no estás tan mal como piensas.

Rotos los diques de la reserva, Hummil se agarró a él como un niño aterrado.

—Me estás partiendo el brazo a pellizcos.

—Te partiré el cuello si no haces algo por mí. No, no he querido decir eso. No te enojes, amigo —se enjugó el sudor a la vez que luchaba por recobrar la compostura—. Estoy nervioso y desganado, tal vez tú puedas recetarme alguna mezcla soporífera... bromuro de potasio.

—¡Bromuro de bobadas! ¿Por qué no me lo has dicho antes? Suéltame el brazo y veré si tengo algo en la cigarrera para aliviar tus males —Spurstow buscó entre sus ropas de calle, subió la luz de la mariposa, abrió una pequeña cigarrera y se acercó al expectante Hummil con la más pequeña y frágil de las jeringas.

—El último atractivo de la civilización —dijo— y algo que detesto usar. Extiende el brazo. Bien, tus insomnios no te han estropeado la musculatura. ¡Qué piel tan dura! Es como si le estuviera poniendo una inyección subcutánea a un búfalo. Ahora, en unos pocos minutos empezará a obrar la morfina. Échate y espera.

Una sonrisa de gusto puro y estúpido comenzó a invadir la cara de Hummil.

—Creo —susurró—, creo que me estoy yendo. ¡Dios! ¡Es realmente celestial! Spurstow, tienes que darme esa cigarrera para que te la guarde. Tú... —la voz calló mientras la cabeza caía hacia atrás.

—Ni por todo el oro del mundo —dijo Spurstow a la forma inconsciente—. Pues bien, amigo mío, los insomnios de esta clase son muy adecuados para debilitar la fibra moral en los pequeños asuntos de la vida y la muerte, de modo que me tomaré la libertad de inutilizar tus armas.

Descalzo, fue hasta el cuarto en que Hummil guardaba los arneses; sacó de su caja un rifle del calibre doce, un fusil automático y un revólver. Al primero le quitó el disparador y lo escondió en el fondo de un baúl de arreos; al segundo le sacó el alza y de un puntapié la mandó bajo un gran armario. Abrió el tercero y le partió la mira de la empuñadura con el tacón de una bota de montar.

—Ya está —dijo mientras se sacudía el sudor de las manos—. Estas pequeñas precauciones al menos te darán tiempo para arrepentirte. Sientes demasiada simpatía por los accidentes con armas de fuego.

Cuando se levantaba del suelo, la voz pastosa y ronca de Hummil exclamó desde la puerta:

—¡Idiota!

Era el tono de quienes hablan a sus amigos, en los intervalos de lucidez, poco antes de morir.

Spurstow se sobresaltó y dejó caer la pistola. Hummil estaba en el vano de la puerta, meciéndose entre carcajadas sin control.

—Has estado muy bien, sin duda —dijo con lentitud, eligiendo cada palabra—. Por ahora, no me propongo darme la muerte con mis propias manos. Mira, Spurstow, eso no funciona. ¿Qué puedo hacer? ¿Qué puedo hacer? —y un terror pánico le anegaba los ojos.

—Échate y aguarda un poco. Échate ahora mismo.

—No me atrevo. Solo me dormiré a medias otra vez y ya no podré ir más allá. ¿Sabes? He tenido que hacer un esfuerzo para volver ahora. En general soy veloz como el rayo, pero tú me habías trabado los pies. Estuve a punto de quedarme.

—Oh, sí, comprendo. Ve y acuéstate.

—No, no es delirio, pero ha sido un truco despreciable para usarlo contra mí. ¿No sabes que podría haber muerto?

Tal como una esponja deja limpia una pizarra, así algún poder desconocido para Spurstow había borrado todo lo que definía como la cara de un hombre el rostro de Hummil, que, desde el vano, mostraba una expresión de inocencia perdida. Había vuelto en el sueño a una infancia amedrentada.

«¿Irá a morirse ahora mismo?», pensó Spurstow, para agregar en voz alta:

—Bien, hijo. Vuelve a la cama y cuéntamelo todo. No podías dormir. ¿Pero qué era todo el resto de disparates?

—Un lugar… un lugar allá abajo —dijo Hummil con simple sinceridad. La droga obraba sobre él en oleadas, llevándolo del temor de un hombre fuerte al miedo de un niño, según recuperara el sentido o se embotase.

—¡Dios mío! He temido esto durante meses, Spurstow. Me ha convertido las noches en un infierno y sin embargo no soy consciente de haber hecho nada malo.

—Tranquilo; te daré otra dosis. Les pondremos fin a tus pesadillas, ¡tonto consumado!

—Sí, pero has de darme lo suficiente como para que no pueda alejarme. Hazme dormir profundamente, no dormitar. Porque entonces es difícil correr.

—Lo sé, lo sé. Yo mismo he pasado por eso. Los síntomas son tal como los describes.

—¡Oh, no te burles de mí, maldito seas! Antes de tener este insomnio horrible, trataba de dormir sobre mi codo, y ponía una espuela en la cama para que me pinchara si caía sobre ella. ¡Mira!

—¡Por Júpiter! ¡El hombre está espoleado como un caballo! ¡El jinete ha sido la pesadilla con una venganza! Y todos le creíamos bastante sensato. ¡Que el cielo nos permita comprender! Quieres hablar, ¿verdad?

—Sí, a veces. No cuando tengo miedo. Entonces quiero correr. ¿A ti no te pasa eso?

—Siempre. Antes de que te dé la segunda dosis, dime exactamente qué te sucede.

Hummil habló con susurros entrecortados casi diez minutos, durante los cuales Spurstow le miró las pupilas y pasó su mano ante ellas una o dos veces.

Al final del relato, reapareció la cigarrera de plata y las últimas palabras que dijo Hummil, mientras se echaba por segunda vez, fueron:

—Hazme dormir profundamente, porque si me pillan, ¡me muero…! ¡Me muero!

—Sí, sí, a todos nos pasa, tarde o temprano… demos gracias al cielo que ha establecido un límite para nuestras miserias —dijo Spurstow, a la vez que acomodaba las almohadas bajo la cabeza—. Se me ocurre que, a menos que beba algo, me iré yo antes de tiempo. He dejado de sudar, aunque el cuello de la camisa es un diecisiete.

Se preparó un té bien caliente, que es un buen remedio para los golpes de calor, si se toman tres o cuatro tazas en el momento oportuno. Después observó al dormido.

—Una cara ciega que llora y que no puede secarse los ojos, una cara ciega que le persigue por los corredores. ¡Hum! Está claro que Hummil tendría que obtener un permiso lo antes posible y, cuerdo o no, es evidente que se ha clavado esa espuela con crueldad. En fin, ¡que el cielo nos permita comprender!

A mediodía Hummil se levantó; tenía mal sabor de boca pero los ojos límpidos y el corazón alegre.

—Anoche estaba bastante mal, ¿verdad?

—He visto hombres en mejores condiciones. Habrás cogido un principio de insolación. Oye: si te escribo un certificado médico estupendo, ¿pedirás un permiso de inmediato?

—No.

—¿Por qué no? Si lo quieres.

—Sí, pero puedo aguantar hasta que el tiempo refresque.

—¿Pero por qué, si te pueden reemplazar ahora mismo?

—Burkett es el único al que pueden enviar y es tonto de nacimiento.

—Oh, no te preocupes por el ferrocarril. Tú no eres imprescindible. Telegrafía para pedir un reemplazo, si es necesario.

Hummil se mostraba muy incómodo.

—Puedo esperar hasta las lluvias —dijo Hummil, evasivo.

—No puedes. Telegrafía a la central para que envíen a Burkett.

—No lo haré. Si quieres saber de verdad por qué: Burkett está casado, su mujer acaba de tener un niño y está arriba, en Simia, por el fresco, y Burkett está en un buen puesto, que le permite ir a Simia de sábado a lunes. Esa pobrecita mujer no se encuentra del todo bien. Si

Burkett fuese trasladado, ella procuraría seguirle. Si deja al niño, se morirá de preocupación. Si viene —y Burkett es uno de esos animalitos egoístas que siempre están hablando de que el lugar de la mujer está junto a su marido—, se morirá. Es cometer un asesinato traer a una mujer hasta aquí ahora. Burkett no tiene la resistencia de una rata. Si viniese aquí, lo perderíamos, y sé que ella no tiene dinero; además, estoy seguro de que también ella moriría. En cierto sentido, yo estoy vacunado y no tengo mujer. Espera hasta que lleguen las lluvias y entonces Burkett podrá adelgazar aquí, le vendrá muy bien.

—¿Quieres decir que te propones enfrentarte con… lo que te has enfrentado hasta que lleguen las lluvias?

—No será tan terrible, ahora que me has indicado el camino para salir de eso. Te puedo telegrafiar. Además, ahora que ya sé cómo meterme en el sueño, todo se arreglará. De todas formas, no puedo pedir un permiso. Esto es todo.

—¡Mi excelente escocés! Pensaba que toda esa clase de cosas estaba muerta y enterrada.

—¡Bobadas! Tú harías lo mismo. Me siento como nuevo, gracias a esa cigarrera. Te vas al campamento ahora, ¿verdad?

—Sí, pero trataré de venir cada dos días, si puedo.

—No estoy tan mal como para eso. No quiero que te molestes. Dales a los culis ginebra y ketchup.

—¿O sea que te encuentras bien?

—Preparado para luchar por mi vida, pero no para quedarme al sol hablando contigo. En marcha, amigo, ¡y que Dios te bendiga!

Hummil giró sobre sus talones para enfrentarse con la desolación y los ecos de su bungalow, y lo primero que vio, de pie en la galería, fue su propia figura. Una vez, antes, había visto una aparición similar, en momentos en que estaba agobiado por el trabajo y agotado por el calor.

—Esto está muy mal —dijo, frotándose los ojos—. Si eso se aleja de mí de pronto, como un fantasma, sabré que lo único que ocurre es que mis ojos y mi estómago no van bien. Si camina… he perdido la cabeza.

Se acercó a la figura que, naturalmente, se mantenía a una distancia invariable de él, como ocurre con todos los espectros que nacen del exceso de trabajo. El fantasma se deslizó a través de la casa para disolverse en manchas que nadaban en sus ojos, tan pronto como llegó a la luz llameante del jardín. Hummil se ocupó de su trabajo hasta la noche. Cuando entró a cenar se encontró consigo mismo sentado ante la mesa. La visión se puso de pie y salió a toda prisa. Excepto en que no proyectaba sombra, era real en todos los demás rasgos.

No hay persona viviente que sepa lo que esa semana reservó a Hummil. Un recrudecimiento de la epidemia mantuvo a Spurstow en el campamento, entre los culis, y todo lo que pudo hacer fue telegrafiar a Mottram, para pedirle que fuese al bungalow y durmiera allí. Pero Mottram estaba a cuarenta millas de distancia del telégrafo más cercano, y no supo nada de nada que no fuesen las necesidades de su tarea de topógrafo hasta que, a primera hora de la mañana del domingo, se encontró con Lowndes y Spurstow, para dirigirse hacia el bungalow de Hummil y la reunión semanal.

—Espero que el pobre muchacho esté en mejores condiciones —dijo Mottram, desmontando en la puerta—. Supongo que no se ha levantado aún.

—Le echaré una mirada —dijo el médico—. Si está dormido no hay necesidad de despertarlo.

Y un instante más tarde, por el tono de la voz de Spurstow al pedirles que entraran, los hombres supieron lo que había sucedido. No había necesidad de despertarlo.

El punkah todavía se agitaba sobre la cama, pero Hummil había dejado esta vida al menos tres horas antes.

El cuerpo yacía de espaldas, con los puños a los lados, tal como Spurstow lo había visto siete noches antes. En los ojos abiertos y fijos estaba escrito un terror que supera la capacidad de expresión de cualquier pluma.

Mottram, que había entrado por detrás de Lowndes, se inclinó sobre el muerto y le rozó la frente con los labios.

—¡Oh, hombre de suerte, hombre de suerte! —susurró.

Pero Lowndes había observado los ojos, y se apartó temblando hasta el extremo opuesto del cuarto.

—¡Pobre muchacho! ¡Pobre muchacho! Y la última vez que nos vimos me enfadé. Spurstow, tendríamos que haberlo controlado. ¿Se ha…?

Con habilidad, Spurstow seguía investigando, para terminar con una búsqueda en toda la habitación.

—No, no lo ha hecho —estalló—. No hay huellas de nada. Llamen a los sirvientes.

Llegaron, eran ocho o diez, murmurando y mirando uno por encima del hombro del otro.

—¿A qué hora fue a la cama su sahib? —dijo Spurstow.

—A las once o a las diez, creemos —dijo el sirviente personal de Hummil.

—¿Se encontraba bien a esa hora? Pero tú no puedes saberlo.

—No se le veía enfermo, tal como se entiende la palabra. Pero había dormido muy poco durante tres noches. Lo sé porque lo vi caminando largo rato, sobre todo en medio de la noche.

Mientras Spurstow extendía la sábana, una gran espuela de caza, recta, cayó al suelo. El doctor gimió. El sirviente de Hummil observó el cuerpo.

—¿Qué piensas, Chuma? —dijo Spurstow al ver una expresión en la cara oscura.

—Hijo del cielo, en mi humilde opinión, el que era mi amo ha bajado a los Lugares Oscuros y allí quedó atrapado porque no pudo escapar tan rápido como es necesario. Tenemos la espuela como prueba de que luchaba contra el Terror. También he visto a hombres de mi raza hacer esto mismo con espinas, cuando los habían hechizado de modo que algo podía sorprenderlos durante las horas de sueño, y no se atrevían a dormir.

—Chuma, eres un tonto. Ve y prepara los sellos para ponerlos en las cosas del sahib.

—Dios ha hecho al hijo del cielo. Dios me ha hecho a mí. ¿Quiénes somos nosotros para preguntar por los designios de Dios? Ordenaré a los otros sirvientes que se mantengan apartados mientras tú preparas la lista de los bienes del sahib. Son todos ladrones y querrán robar.

—Por lo que puedo deducir, ha muerto de…, oh, de cualquier cosa; paro cardíaco, golpe de calor o por alguna otra disposición divina —dijo Spurstow a sus compañeros—. Debemos hacer un inventario de sus efectos y demás cosas.

—Estaba muerto de terror —insistió Lowndes—. ¡Miren esos ojos! ¡Por piedad, no dejen que lo entierren con los ojos abiertos!

—Fuera lo que fuese, ahora se ha librado de todos los problemas —dijo Mottram con suavidad.

Spurstow observaba los ojos abiertos.

—Vengan —dijo—. ¿No ven algo allí?

—¡No puedo mirar! —sollozó Lowndes—. ¡Tápale la cara! ¿Cuál es el miedo que puede haber en el mundo capaz de convertir a un hombre en algo así? Es horrible. ¡Oh, Spurstow, tápalo!

—Ningún miedo… en la tierra —dijo Spurstow. Mottram se inclinó por encima del hombro de su amigo y miró con atención.

—Lo único que veo es una mancha gris en las pupilas. Ya sabes que no puede haber nada allí.

—Así es. Bien, pensemos. Llevará medio día preparar cualquier clase de ataúd y debe de haber muerto hacia medianoche. Lowndes, amigo, ve afuera y diles a los culis que caven la tierra junto a la tumba de Jevins. Mottram, recorre la casa con Chuma y comprueba que se pongan los sellos en todas las cosas. Mándame un par de hombres aquí y yo me ocuparé del resto.

Cuando los sirvientes de brazos fornidos regresaron junto a los suyos, narraron una extraña historia acerca del sahib doctor que en vano había tratado de devolver la vida al amo mediante artes mágicas; por ejemplo, el sahib doctor, sosteniendo una cajita verde que hacía un ruido delante de cada uno de los ojos del muerto, susurraba algo, desconcertado, antes de llevarse consigo la cajita verde.

El martillar resonante sobre la tapa de un ataúd no es algo agradable de oír, pero los que han pasado por la experiencia aseguran que es mucho más terrible el crujido suave de las sábanas, el roce repetido de las tiras de tela con que el que ha caído en el camino es preparado para su entierro, y se hunde poco a poco, mientras se deslizan las cuerdas, hasta que la forma amortajada toca el suelo, y no protesta por la indignidad de una ceremonia apresurada.

A último momento, Lowndes se vio asaltado por escrúpulos de conciencia.

—¿Tienes que leer tú el servicio, del principio al fin? —dijo a Spurstow.

—Pensaba hacerlo. Tú eres mi superior como funcionario. Hazlo tú, si quieres.

—No se me había pasado por la cabeza. Solo he pensado que tal vez podría venir un capellán de alguna parte… Me ofrezco a ir a buscarlo adonde sea, para ofrecerle algo mejor al pobre Hummil. Eso es todo.

—¡Bobadas! —dijo Spurstow, mientras preparaba sus labios para decir las palabras tremendas que dan comienzo al oficio de difuntos.

Después del desayuno, fumaron una pipa en silencio, en memoria del muerto. Entonces Spurstow dijo, ausente:

—No está en la ciencia médica.

—¿Qué?

—Lo de cosas en los ojos de un muerto.

—¡Por el amor de Dios, no hables de ese horror! —señaló Lowndes—. He visto morir de puro pánico a un nativo perseguido por un tigre. Yo sé qué es lo que ha matado a Hummil.

—¡Qué sabes tú! Yo trataré de verlo —y el doctor se encerró en el cuarto de baño con una cámara Kodak. Después de unos minutos se oyó el ruido de algo que era destrozado a golpes y Spurstow reapareció, extremadamente pálido.

—¿Tienes la foto? —dijo Mottram—. ¿Qué se ve?

—Era imposible, claro. No tienes por qué mirar, Mottram. He destruido los negativos. No había nada. Era imposible.

—Eso —dijo Lowndes, subrayando las palabras, mientras observaba la mano temblorosa que luchaba por encender la pipa— es una condenada mentira.

Mottram rió, incómodo.

—Spurstow lleva razón —dijo—. Los tres nos encontramos en tal estado que creeríamos cualquier cosa. Por piedad, procuremos ser racionales.

No se habló durante largo rato. El viento caliente silbaba afuera y los árboles resecos sollozaban. Por fin, el tren diario, bronce reluciente, acero pulido y vapor a chorros, subió jadeante en medio del resplandor intenso.

—Será mejor que nos marchemos en el tren —dijo Spurstow—. De vuelta al trabajo. He extendido el certificado. No podemos hacer nada más aquí, y el trabajo nos dará calma. Vamos.

Ninguno se movió. No es agradable viajar en tren en un mediodía de junio. Spurstow cogió su sombrero y su fusta y, desde la puerta, dijo:

Es posible que haya cielo,
y sin duda hay un infierno,
aunque aquí está nuestra vida,
por ventura, ¿no es así?

Ni Mottram ni Lowndes tenían respuesta para esa pregunta.

EL HOMBRE QUE PUDO SER REY

Por RUDYARD KIPLING

Hermano de un príncipe y compañero de un mendigo ha de ser para ser digno.

Establece textualmente la ley una justa norma de vida que no resulta fácil de cumplir. En más de una ocasión he compartido con un mendigo circunstancias que a los dos nos impedían concluir si el otro era digno. Aún me queda por ser hermano de un príncipe, aunque hubo un momento en el que estuve cerca de alcanzar este parentesco con un hombre que bien pudiera haber sido un auténtico rey y que me prometió la posesión de un reino, con su ejército, sus tribunales de justicia, sus impuestos y su gobierno al completo. Mucho me temo hoy que mi rey haya muerto, y si deseo una corona habré de procurármela yo mismo.

Todo empezó a bordo de un tren que partió de Ajmir camino de Mhow. Se había producido un déficit presupuestario que me exigía viajar, no ya en segunda clase, que es la mitad de buena que la primera, sino en clase intermedia, que es en verdad pésima. No hay cojines en clase intermedia, y sus pasajeros son intermedios, es decir, euroasiáticos o nativos, lo cual resulta horrible cuando se viaja de noche; o vagabundos, lo cual resulta divertido, aunque suelen ir ebrios. Los que viajan en clase intermedia no consumen en la cantina del tren. Llevan su propia comida en hatos y cazuelas, compran pastelillos a los vendedores nativos y beben agua en los charcos del camino, de ahí que cuando hace calor a los viajeros de clase intermedia los saquen muertos de los vagones, y es comprensible que en cualesquiera condiciones climáticas se les mire con desprecio.

Viajé solo en el vagón hasta que llegamos a Nasirabad, donde subió un caballero de cejas negras y espesas que iba en mangas de camisa y mató el tiempo como es costumbre en los de clase intermedia. Era, como yo, un trotamundos y un vago, si bien tenía un paladar bien educado para el whisky. Contaba historias de las cosas que había visto y hecho, de remotos rincones del Imperio en los que se había adentrado y de aventuras en las que había arriesgado su vida a cambio de comida para unos pocos días.

—Si la India estuviera llena de hombres como usted y como yo, sin más conocimiento que los cuervos acerca de dónde encontrarán mañana su alimento diario, este país estaría pagando setecientos millones en impuestos en lugar de setenta —dijo; y al observar su boca y su barbilla me sentí inclinado a darle la razón.

Hablamos de política —de la política del vagabundo, que ve las cosas por el reverso, donde nadie se molesta en allanar el yeso— y también del servicio postal, pues mi amigo deseaba enviar un telegrama a Ajmir desde la próxima estación, donde se halla la bifurcación de las líneas de Bombay y de Mhow, cuando se viaja hacia el oeste. Mi amigo no tenía más dinero que ocho annas que necesitaba para cenar, mientras que yo no tenía nada, a causa del problema presupuestario antes mencionado. Me dirigía hacia un desierto, donde, si bien debía restablecer contacto con la tesorería, no había oficinas de telégrafos. No podía ayudarlo en modo alguno.

—Podríamos amenazar a algún jefe de estación para que mande un cable de fiado —se le ocurrió a mi amigo—, pero se pondrían a hacer averiguaciones sobre nosotros, y yo estoy hasta el cuello en este momento. ¿Ha dicho usted que hará el camino de vuelta dentro de unos días?

—Diez días —asentí.

—¿Podrían ser ocho? —preguntó—. Mi asunto es muy urgente.

—Puedo enviar su telegrama dentro de diez días, si eso le va bien.

—Bien mirado, no estoy seguro de que él lo reciba. La cosa es como sigue. El día 23 sale de Delhi para Bombay. Eso significa que pasará por Ajmir en torno a la noche del 23.

—Pero yo voy al desierto —expliqué.

—Precisamente. Tendrá usted que cambiar de tren en la bifurcación de Marwar para entrar en Jodpur, y él pasará por la bifurcación de Marwar a primera hora de la mañana del día 24, en el tren correo de Bombay. ¿Podría esperarlo allí a esa hora? No le supondrá ninguna incomodidad; me consta que de esos estados de la India central se sacan poquísimas ganancias, aun cuando se hiciera usted pasar por corresponsal del Backwoodsman.

—¿Ha probado ese truco alguna vez?

—Muchas, pero los residentes siempre te descubren, y te escoltan hasta la frontera antes de que puedas clavarles un cuchillo. Volviendo al asunto de mi amigo, es preciso que le dé noticia de lo que ha sido de mí, pues de lo contrario no sabrá adónde dirigirse. Le quedaré muy agradecido si pudiera usted llegar a la bifurcación de Marwar a tiempo de decirle: «Se ha marchado a pasar la semana al sur». Él sabrá entenderlo. Es un hombre corpulento, de barba roja, y muy elegante. Lo encontrará durmiendo, con todo su equipaje alrededor, en un vagón de segunda clase. No tema. Baje la ventanilla y dígale: «Se ha marchado a pasar la semana al sur». Él caerá en la cuenta. Solo le supondrá acortar dos días su estancia en esas tierras. Se lo pido como un desconocido… que se dirige al oeste —dijo con especial énfasis.

—¿De dónde viene? —me interesé.

—Del este. Y espero que le transmita usted mi mensaje con exactitud, por la memoria de mi madre y por la suya de usted.

A los ingleses no suelen enternecerles las alusiones a sus madres, sin embargo, por razones que más tarde resultarán obvias, estimé conveniente aceptar.

—El asunto no es baladí —dijo—; por eso se lo pido.

Y sé que puedo contar con que lo hará. Un vagón de segunda en la bifurcación de Marwar, y un hombre pelirrojo que duerme en él. Seguro que lo recuerda. Me apeo en la próxima estación, y allí debo esperar hasta que él venga o me envíe lo que necesito.

—Le comunicaré el mensaje si logro dar con él —dije—. Y, tanto por la memoria de su madre como de la mía, le daré un pequeño consejo. No intente recorrer los estados de la India central en este momento haciéndose pasar por un corresponsal del Backwoodsman. Hay uno de verdad que anda por ahí, y podría verse en apuros.

—Gracias —se limitó a decir—. ¿Y cuándo se marchará ese cerdo? No puedo permitirme morir de hambre porque él me arruine el trabajo. Pensaba ponerme en contacto con el rajá de Degumber de aquí para hablarle de la viuda de su padre y darle un buen susto.

—¿Pues qué le hizo a la viuda de su padre?

—La atiborró de pimienta de cayena, la colgó de una viga y le dio de zapatillazos hasta que murió. Yo lo descubrí y soy el único que se atrevería a entrar en el estado para obtener dinero a cambio de mi silencio. Intentarán envenenarme, como hicieron en Chortumna cuando les saqué los cuartos. Pero ¿le dará usted mi mensaje al hombre de la bifurcación de Marwar?

Se apeó en una pequeña estación, junto a la carretera, y yo reflexioné. Más de una vez había tenido noticia de hombres que se hacían pasar por corresponsales de prensa y sangraban a las autoridades de los pequeños estados nativos amenazando con revelar ciertos asuntos, pero era la primera vez que me topaba con uno de ellos. Llevaban una vida dura, y por lo general morían de forma repentina. Los estados nativos sienten auténtico pavor de la prensa inglesa, que puede airear sus peculiares métodos de gobierno, de ahí que se esfuercen en ahogar a los corresponsales en champán o se los quiten de encima regalándoles un landó de cuatro caballos. No saben que a nadie le importa un rábano la administración interna de los estados nativos, en tanto la opresión y el delito se mantengan dentro de unos límites decentes y el gobernador no se pase el año drogado, borracho o enfermo. Son los lugares oscuros del planeta, donde la crueldad es inimaginable y el ferrocarril y el telégrafo conviven con los días de Harún al-Rashid.

Cuando bajé del tren hice negocios con distintos reyezuelos, y cambié numerosas veces de vida en el plazo de ocho días. Unas veces me vestía de mujer y trataba con príncipes y políticos, bebía en copas de cristal y comía en vajilla de plata. Otras veces me tiraba al suelo y devoraba lo que podía, en un plato improvisado con hojas, bebía el agua de los charcos y dormía bajo la misma manta que mi criado. De todo podía haber en un mismo día de trabajo.

Me encaminé hacia el gran desierto indio en la fecha señalada, según lo prometido, y el tren correo nocturno me llevó hasta la bifurcación de Marwar, de donde parte una pintoresca y despreocupada línea férrea gestionada por los nativos, en dirección a Jodpur. El tren correo procedente de Delhi con destino a Bombay hace una breve parada en Marwar. Llegamos justo a la par, el tren y yo, y tuve que correr hasta el andén y recorrer sus vagones. Solo había un vagón de segunda clase. Bajé la ventanilla, me asomé y vi una barba roja como el fuego, medio oculta bajo una manta de viaje. Allí estaba mi hombre, adormilado. Le di un suave codazo en las costillas y se despertó con un gruñido, y entonces vi su rostro a la luz de las farolas. Era notable y magnífico.

—¿Billetes otra vez? —preguntó.

—No —dije—. Vengo a decirle que él se ha marchado a pasar la semana en el sur. ¡Se ha marchado a pasar la semana en el sur!

El tren había empezado a moverse. El hombre pelirrojo se frotó los ojos.

—Se ha marchado a pasar la semana en el sur —repitió—. ¡Qué desfachatez! ¿Le dijo que yo debía entregarle algo? Porque no pienso hacerlo.

—No lo dijo —respondí.

Salté de la ventanilla y me quedé mirando hasta que las luces rojas se extinguieron en la oscuridad. Hacía un frío terrible, porque el viento soplaba del desierto. Subí a mi tren —esta vez no iba en clase intermedia— y me quedé dormido.

Si el hombre de la barba roja me hubiera dado una rupia, la habría guardado como recuerdo de un asunto bastante curioso. Pero la conciencia de haber cumplido con mi deber fue mi única recompensa.

Cavilé más tarde que dos caballeros como mis amigos no tramaban nada bueno cuando se hacían pasar por corresponsales de prensa y, en caso de concluir con éxito su chantaje en alguno de los pequeños estados de mala muerte de la India central o del sur de Rajputana, podrían verse en serios apuros. Me tomé la molestia de describirlos con la mayor exactitud posible a personas que pudieran estar interesadas en su deportación, y conseguí, según supe más tarde, que los hicieran volver desde la frontera de Degumber.

Luego me volví respetable y regresé a una oficina donde no había reyes, ni más incidentes de los que se producen en la elaboración diaria de un periódico. La redacción de un periódico parece atraer a toda clase imaginable de personas, con gran perjuicio para la disciplina. Se presentan allí las damas de la misión de Zenana y suplican que el director abandone al instante sus obligaciones para ponerle al corriente de una cristiana entrega de premios en alguna barriada de un pueblo inaccesible; coroneles relevados del mando se sientan a esbozar las líneas generales de una serie de diez, doce o veinticuatro artículos de primera plana sobre Veteranía versus Selección; los misioneros desean saber por qué no se les ha permitido emplear unos medios de abuso distintos de los habituales para vilipendiar a un hermano misionero, debidamente protegidos por el plural mayestático en la sección editorial; compañías de teatro sin recursos acuden en pleno para explicar que en ese momento no pueden afrontar el pago de su publicidad, pero que lo harán con intereses en cuanto regresen de Nueva Zelanda o de Tahití; inventores de máquinas patentadas para mover punkahs, enganches para vagones de tren, espadas irrompibles y árboles de eje acuden con sus especificaciones en el bolsillo y abundantes horas a su disposición; las compañías del té se presentan y utilizan las plumas de la redacción para escribir sus folletos; los secretarios de comités de baile exigen a gritos que se describa con mayor lujo de detalles la gloria de su última actuación; extrañas damas hacen su aparición entre un frufrú de sedas, diciendo: «Necesito cien tarjetas de invitación para ahora mismo, por favor», lo cual, como es notoriamente sabido, forma parte de las obligaciones de un director de periódico; y hasta el último rufián disoluto que en alguna ocasión haya pateado la gran carretera principal se atreve a pedir trabajo como corrector de pruebas. La campanilla del teléfono no deja de sonar, enloquecida, en ningún momento, pues están asesinando a reyes en Europa, y los Imperios dicen: «Ahora reinarás tú», y el señor Gladstone maldice los dominios británicos, y los jóvenes meritorios negros acosan como moscas, implorando kaa-pi chay-ha-yeh («encárgueme un artículo»), y la mayor parte del papel sigue tan vacío como el escudo de Modred.

Pero ésa es la época divertida del año. Hay otros seis meses durante los cuales ni siquiera suena el teléfono, el mercurio asciende centímetro a centímetro hasta lo más alto del termómetro y la redacción se mantiene en penumbra, con la luz justa para leer, y las prensas están al rojo vivo, y nadie escribe más que obituarios o crónicas de las diversiones en las estaciones de montaña. El timbre del teléfono inspira entonces terror, porque anuncia la repentina muerte de hombres y mujeres a los que uno acaso conocía íntimamente, y el sarpullido del calor lo cubre a uno como una prenda de vestir, y uno se sienta y escribe: «El distrito de Juda Yanta Jan advierte de un ligero repunte de la enfermedad. La naturaleza del brote es puramente esporádica y, gracias a los enérgicos esfuerzos de las autoridades del distrito, ya casi se da por concluido. No obstante, con hondo pesar, damos cuenta de la muerte de…», etc.

Es más adelante cuando la enfermedad se declara de verdad, y cuanto menos se registre y se informe, tanto mejor para la tranquilidad de los suscriptores. Pese a todo, los imperios y los reyes continúan disfrutando con el mismo egoísmo de siempre, y el presidente piensa que un diario debe salir realmente cada veinticuatro horas, y los que se divierten en las estaciones de montaña exclaman: «¡Válgame Dios! ¿Por qué no es más animado este periódico? ¡Con la de cosas que están pasando aquí!».

Ésa es la cara oculta de la luna, y, como reza el anuncio, «hay que vivirlo para apreciarlo».

Observé la demostración. Estaban completamente sobrios, de modo que les serví un whisky tibio con soda.

—Estupendo —dijo Carnehan, el de las cejas densas, mientras se limpiaba la espuma del bigote—. Déjame hablar a mí, Dan. Hemos recorrido toda la India, generalmente a pie. Hemos sido caldereros, maquinistas, pequeños contratistas y todo eso, y hemos llegado a la conclusión de que este país no es suficientemente grande para gente como nosotros.

La verdad es que eran demasiado grandes para la oficina. Sentados a la mesa, la barba de Dravot parecía ocupar la mitad de la habitación, y los hombros de Carnehan la otra mitad. Carnehan siguió diciendo:

—El país no está ni medio explotado todavía, porque los que gobiernan no te dejan tocarlo. Malgastan todo su santo tiempo en gobernarlo, y no puedes levantar una pala ni picar una roca, ni buscar petróleo o cualquier cosa por el estilo sin que el gobierno diga: "No hagas nada. Déjanos gobernar". Así las cosas, lo dejaremos estar y nos marcharemos a otra parte, donde los hombres no vivan hacinados y puedan demostrar su valía. No somos unos chiquilicuatres y no tememos a nada más que a la bebida; y a ese respecto hemos firmado un contrato. Por lo tanto, nos vamos de aquí para ser reyes.

—Reyes por derecho propio —musitó Dravot.

—Sí, claro —dije—. Han estado andando bajo el sol, y hace una noche muy calurosa; ¿no creen que sería mejor consultarlo con la almohada? Vuelvan mañana.

—Ni borrachos ni con insolación —dijo Dravot—. Llevamos medio año consultándolo con la almohada; hemos visto algunos libros y atlas, y hemos decidido que en este momento solo hay un lugar en el mundo donde dos hombres fuertes puedan reinar como el rajá de Sarawhack. Lo llaman Kafiristán. Tengo entendido que está en la esquina superior derecha de Afganistán, a unos quinientos kilómetros de Peshawar. Allí tienen treinta y dos ídolos paganos, y nosotros seremos los números treinta y tres y treinta y cuatro. Es un país montañoso, y sus mujeres son muy bellas.

—Pero eso lo prohíbe el contrato —apostilló Carnehan—. Ni mujeres ni alcohol, Daniel.

—Y eso es todo lo que sabemos, además de que nadie ha entrado nunca en ese lugar, y de que son un pueblo belicoso, y allí donde hay guerras un hombre capaz de ofrecer instrucción militar siempre puede convertirse en rey. Iremos a esas tierras y le diremos al rey, si es que lo encontramos: "¿Quieres derrotar a tus enemigos?". Y le enseñaremos a entrenar a los hombres; de eso sabemos más que de ninguna otra cosa. Luego derrocaremos al rey, ocuparemos su trono y fundaremos una dinastía.

—No podrán recorrer ni cien kilómetros al otro lado de la frontera sin que les corten en pedazos —les advertí—. Para llegar a ese país tienen que cruzar todo Afganistán. Es una masa de montañas, picos y glaciares, donde ningún inglés se ha internado jamás. Sus habitantes son auténticos salvajes, y aun cuando los encontraran no tendrían nada que hacer.

—Es posible —dijo Carnehan—. Nos gustaría que nos considerase un poco más locos. Hemos acudido a usted para aprender sobre ese país, para leer algún libro y consultar mapas. Queremos que nos diga que estamos chalados y nos muestre sus libros. —Se volvió hacia las estanterías.

—¿De verdad hablan en serio?

—Un poco —dijo Dravot amablemente—. El mapa más grande que tenga, aunque no figure Kafiristán, y cualquier libro. Sabemos leer, aunque no somos muy cultos.

Saqué el mapa de la India a escala 1:200 000 junto con dos mapas fronterizos más pequeños y el volumen de la Enciclopedia británica correspondiente a las letras INF-KAN, y los hombres los consultaron.

—¡Fíjese en esto! —dijo Dravot, con el pulgar sobre el mapa—. Peachey y yo conocemos el camino hasta Yagdallak. Estuvimos allí con el ejército de Roberts. Una vez en Yagdallak tenemos que torcer a la derecha, por territorio Laghmann. Luego cruzar las montañas... a más de cuatro mil metros de altitud; hará frío, pero no parece estar muy lejos.

Le pasé Las fuentes del Oxo, de Wood. Carnehan parecía absorto en la enciclopedia.

—Son gente mestiza —reflexionó Dravot—, y saber los nombres de sus tribus no nos servirá de nada. A más tribus, más guerras, y mejor para nosotros. De Yagdallak a Ashang. ¡Umm!

—Pero toda esta información sobre el país es esquemática y poco exacta —observé—. En realidad nadie sabe nada. Aquí está el informe del United Services Institute. Lea lo que dice Bellew.

—¡Al diablo Bellew! —exclamó Carnehan—. Son un atajo de paganos apestosos, Dan, pero este libro dice que creen estar emparentados con nosotros, con los ingleses.

Me dediqué a fumar mientras ellos estudiaban a Raverty, a Wood, los mapas y la enciclopedia.

—No es necesario que espere —dijo cortésmente Dravot—. Son casi las cuatro. Puede irse a dormir si lo desea. Nos marcharemos antes de las seis y no le robaremos ningún papel. No se preocupe. Somos dos lunáticos inofensivos, y si viene mañana por la noche al serrallo nos despediremos de usted.

—Son un par de chiflados —contesté—. Les obligarán a dar media vuelta en la frontera o los cortarán en pedazos en cuanto pongan un pie en Afganistán. ¿Necesitan dinero o una carta de recomendación? La semana que viene puedo ayudarles a encontrar trabajo.

—La semana que viene estaremos muy ocupados, gracias —dijo Dravot—. Ser rey no es tan fácil como parece. Cuando nuestro reino funcione debidamente se lo haremos saber, y puede venir para ayudarnos a gobernarlo.

—¿Firmarían dos lunáticos un contrato como éste? —preguntó Carnehan con disimulado orgullo, mientras me mostraba un grasiento papel en el que habían escrito las siguientes palabras, que copié allí mismo por curiosidad:

Poniendo a Dios por testigo de este Contrato entre tú y yo... Amén, etcétera.

Que yo y tú resolveremos este asunto juntos; p. ej., ser reyes de Kafiristán.

Que en tanto resolvamos este asunto ni yo ni tú nos acercaremos al alcohol o a ninguna mujer, negra, blanca o morena, para no mezclarnos nocivamente ni con lo uno ni con la otra.

Que nos conduciremos con Dignidad y Discreción, y si uno de los dos tiene problemas, el otro permanecerá a su lado.

Firmado con fecha de hoy por ti y por mí:

Peachey Taliaferro Carnehan

Daniel Dravot

Ambos caballeros sin domicilio establecido…

—El último artículo era innecesario —dijo Carnehan, sonrojándose ligeramente—; pero es lo habitual. Ahora ya sabe qué clase de hombres son los vagabundos… Tú y yo somos vagabundos, Dan, hasta que salgamos de la India. ¿Cree que firmaríamos un contrato así si no habláramos en serio? Prometemos alejarnos de las dos cosas por las que merece la pena vivir.

—No creo que puedan disfrutar de la vida por mucho tiempo si se embarcan en esa estúpida aventura.

—No prendan fuego a la oficina —les advertí—. Y salgan de aquí antes de las nueve.

Los dejé enfrascados en los mapas, tomando notas en el reverso del "Contrato".

—No deje de pasar mañana por el serrallo —fueron sus palabras de despedida.

El serrallo de Kumharsen es un cuadrado de cuatro metros de lado, la gran cloaca de la humanidad, donde cargan y descargan las caravanas de camellos y caballos que vienen desde el norte. Allí se dan cita personas de todos los pueblos del Asia Central, así como de la mayoría de los pueblos de la India propiamente dicha. Los llegados de Baj o de Bojara se dan la mano con los de Bengala o Bombay y tratan de hincarse el diente. En el serrallo de Kumharsen se compran y se venden ponis, turquesas, gatos persas, alforjas, ovejas y almizcle, y se consiguen muchos objetos raros a cambio de nada. Esa tarde bajé a fin de comprobar si mis amigos tenían intención de cumplir su palabra o estaban tirados por ahí, borrachos.

Un sacerdote ataviado con pedazos de cinta y jirones de tela se me acercó con paso majestuoso, haciendo girar un molinillo de papel como esos con los que juegan los niños. Tras él caminaba su criado, doblado bajo el peso de un cajón de juguetes de arcilla. Cargaban dos camellos, mientras los habitantes del serrallo los observaban riendo a carcajadas.

—El sacerdote está loco —me confió un traficante de caballos—. Se va a Kabul a vender juguetes al emir. O lo colman de honores o le cortan la cabeza. Llegó esta mañana, y desde entonces se ha comportado como un chiflado.

—Dios protege a los locos —farfulló un uzbeko de cara chata en un hindi imperfecto—. Predicen el porvenir.

—¡Pues ya podían haber predicho que los shinwari iban a atacar mi caravana a un tiro de piedra del paso! —gruñó el agente yusufzai de una casa de comercio de Rajputana, cuyas mercancías se habían repartido otros ladrones nada más cruzar la frontera, y cuyo infortunio era el hazmerreír del bazar—. ¡Eh, sacerdote! ¿De dónde vienes y adónde vas?

—¡De Roum vengo! —voceó el sacerdote, agitando su molinillo—. ¡De Roum, atravesando el mar, impulsado por el aliento de cien demonios! ¡Ah, ladrones, bellacos, embusteros, que Pir Jan bendiga a los perros, a los cerdos y a los perjuros! ¿Quién llevará hasta el norte al Protegido de Dios para venderle al emir amuletos nunca vistos? No flaquearán los camellos, ni enfermarán los hijos, y las mujeres guardarán fidelidad a los hombres que me ofrezcan un lugar en su caravana. ¿Quién me ayudará a azotar al rey del Roos con el tacón de plata de una zapatilla de oro? ¡Que Pir Jan proteja sus afanes! —Se abrió los faldones de la gabardina y empezó a hacer piruetas entre la hilera de caballos amarrados.

—Dentro de veinte días sale una caravana de Peshawar a Kabul, Huzrut —dijo el comerciante yusufzai—. Mis camellos van con ella. Ven tú también y tráenos buena suerte.

—¡Yo parto ahora mismo! —gritó el sacerdote—. ¡Parto a lomos de mis camellos alados, y en un día llegaré a Peshawar! ¡Eh! Hazar Mir Jan —le gritó a su criado—, saca a los camellos, pero deja que yo monte primero el mío.

Se subió de un salto a su montura, que se había arrodillado, y, volviéndose hacia mí, dijo:

—Ven tú también, sahib, y durante el camino te venderé un amuleto; un amuleto que te convertirá en rey de Kafiristán.

Entonces lo vi todo claro y seguí a los camellos hasta que salimos del serrallo y llegamos a una carretera, donde el sacerdote se detuvo:

—¿Qué le ha parecido? —preguntó en inglés—. Carnehan no habla su lengua, por eso lo he convertido en mi criado. Es un criado muy apuesto. No en vano llevo catorce años pateando este país. ¿Verdad que he hablado bien? Nos sumaremos a una caravana en Peshawar hasta que lleguemos a Yagdallak; allí trataremos de cambiar los camellos por burros y nos pondremos en camino hacia Kafiristán. ¡Molinillos para el emir, oh Señor! Meta la mano en las alforjas y dígame qué toca.

Palpé la culata de un Martini, y de otro, y de otro más.

—Veinte —dijo Dravot muy complacido—. Veinte, con su correspondiente munición, bajo los molinillos y las muñecas de barro.

—¡Que el cielo les asista si los sorprenden con esto! —exclamé—. Un Martini vale su peso en plata para los pastunes.

—Un capital de mil quinientas rupias. Hasta la última rupia que hemos mendigado, robado o pedido prestada la hemos invertido en estos dos camellos —explicó Dravot—. No nos cogerán. Cruzaremos el Jaiber con una caravana corriente. ¿Quién le pondría la mano encima a un sacerdote chiflado?

—¿Tienen todo lo necesario? —pregunté sin salir de mi asombro.

—Todavía no, pero pronto lo tendremos. Denos algún recuerdo de su amabilidad, hermano. Ayer nos hizo un favor, y otro esa vez, en Marwar. La mitad de mi reino será suyo, como reza el dicho. —Saqué un pequeño amuleto en forma de brújula de la cadena de mi reloj y se la ofrecí al sacerdote.

—Adiós —dijo Dravot, tendiéndome la mano con cautela—. Es la última vez que estrechamos la mano de un inglés en muchos días. Dale la mano, Carnehan —gritó mientras el segundo camello pasaba a mi lado.

Carnehan se agachó y me dio la mano. Los camellos se alejaron por la carretera polvorienta, y allí me quedé, a solas con mi perplejidad. Mis ojos no detectaron fallo alguno en sus disfraces. La escena del serrallo demostraba que a ojos de los nativos eran lo que parecían. Cabía, pues, la posibilidad de que Carnehan y Dravot lograsen cruzar Afganistán sin ser detenidos. Pero más allá encontrarían la muerte: una muerte segura y atroz.

Diez días más tarde, el corresponsal nativo que me comunicaba las noticias del día en Peshawar comenzaba su misiva diciendo: "Ha habido por aquí mucha diversión a costa de un sacerdote chiflado con intención de vender a su majestad el emir de Bojara baratijas y fruslerías a las que atribuye grandes poderes. Pasó por Peshawar, donde se incorporó a la segunda caravana estival, la que se dirige a Kabul. Los comerciantes están contentos, porque son supersticiosos y creen que ese tipo de locos trae buena suerte".

Así pues, los dos habían cruzado la frontera. De buena gana habría rezado por ellos, pero esa noche falleció en Europa un rey de verdad, y debía escribir su necrológica.

La rueda del mundo repite el mismo ciclo una y otra vez.

Pasó el verano y le sucedió el invierno, y otro verano y otro invierno. El periódico seguía su curso, y yo con él; y el tercer verano hubo una noche de fuerte calor y tensa espera de un telegrama que debía llegar del otro lado del mundo, tal como ya ocurriera en otras ocasiones. Un puñado de grandes hombres había muerto en el curso de los dos últimos años; las máquinas trabajaban con mayor estruendo, y algunos árboles del jardín de la redacción habían crecido al menos diez centímetros. Por lo demás, nada había cambiado.

Entré en la sala de impresión y me encontré una escena como la descrita anteriormente. La tensión nerviosa era mayor que dos años atrás, y yo acusaba más el calor. A las tres en punto grité:

—¡Rotativa en marcha!

Me disponía a irme cuando vi que lo que quedaba de un hombre se arrastraba hasta mi silla. Parecía enroscado, la cabeza hundida entre los hombros, y andaba torpemente, como un oso. Apenas distinguía si caminaba o gateaba… y el hombre, quejumbroso, tullido y harapiento, se dirigió a mí llamándome por mi nombre para anunciar, gimoteante, que había regresado.

—¿Puede darme un trago? —sollozó—. ¡Por Dios, deme un trago!

Volví a la oficina, mientras él seguía gimiendo de dolor, y encendí la lámpara.

—¿No me reconoce? —jadeó, desplomándose sobre una silla y volviendo hacia la luz el rostro demacrado, el pelo desgreñado y gris.

Lo miré fijamente. En alguna parte había visto unas cejas que se unían por encima de la nariz, formando una franja negra de más de dos centímetros de ancho, pero en ese momento era incapaz de decir dónde.

—No lo conozco —dije, pasándole el whisky—. ¿Puedo ayudarle en algo?

Bebió un trago de alcohol y tembló como si lo recorriera un escalofrío, a pesar del calor sofocante.

—He vuelto —repitió—. Y fui rey de Kafiristán. ¡Dravot y yo fuimos coronados reyes! Lo planeamos todo en esta oficina; usted estaba ahí y nos dio los libros. Soy Peachey… Peachey Taliaferro Carnehan, y usted sigue aquí desde entonces. ¡Ah, Dios!

Estaba más que asombrado y así lo manifesté.

—Es cierto —dijo Carnehan, con una risa socarrona y seca, acariciándose los pies, que llevaba envueltos en harapos—. Cierto como el Evangelio. Fuimos reyes, y lucimos coronas sobre nuestras cabezas… Dravot y yo… Pobre Dan. ¡Ah, pobre, pobre Dan! ¡No debería haberme hecho caso, ni aunque se lo hubiera suplicado!

—Quédese con el whisky —le dije— y tómese el tiempo necesario. Cuénteme todo lo que recuerde, de principio a fin. Cruzaron la frontera en los camellos. Dravot disfrazado de sacerdote y usted de criado. ¿Recuerda eso?

—No estoy loco, aunque no tardaré en estarlo. Naturalmente que lo recuerdo. No deje de mirarme, de lo contrario puede que mis palabras se hagan pedazos. No deje de mirarme a los ojos, y no diga nada.

Me incliné hacia delante y lo miré con la mayor fijeza que pude. Dejó caer una mano sobre la mesa y le cogí por la muñeca. La tenía retorcida, como la garra de un pájaro, y en el dorso de la mano mostraba una cicatriz enrojecida, con forma de diamante.

—No; no mire ahí. Míreme a mí —dijo Carnehan—. Eso viene después. Pero ¡por el amor de Dios, no me distraiga! Partimos con la caravana, Dravot y yo, haciendo toda clase de extravagancias para divertir a nuestros compañeros de viaje. Dravot nos hacía reír de noche, mientras los demás preparaban la cena… preparaban la cena y… ¿qué hacían a continuación? Encendían fogatas de las que saltaban chispas que llegaban hasta la barba de Dravot, y todos nos moríamos de risa. Eran pequeñas hogueras rojas que volaban hasta la barba roja de Dravot… ¡qué divertido! —dejó de mirarme a los ojos y sonrió como alelado.

—Llegaron hasta Yagdallak con esa caravana —me atreví a responder—, después de lo de las hogueras. Hasta Yagdallak, y desde allí se dirigieron a Kafiristán.

—No; no hicimos ninguna de las dos cosas. ¿De qué está hablando? Nos desviamos antes de Yagdallak, porque oímos decir que las rutas eran buenas, aunque no lo suficiente para nuestros camellos. Cuando nos separamos de la caravana, Dravot se deshizo de su ropa y de la mía; dijo que seríamos bárbaros, porque los kafir no permiten que los mahometanos se dirijan a ellos. De modo que no nos vestimos ni de lo uno ni de lo otro. Yo nunca había visto, y espero no volver a ver, a nadie con una pinta como la de Daniel Dravot. Se quemó media barba y se echó una piel de oveja sobre los hombros; y se afeitó la cabeza, formando dibujos. Luego me rapó a mí, y me obligó a ponerme una ropa terrible, para que pareciera un bárbaro. Estábamos en un país muy montañoso, y los camellos no podían seguir avanzando por las montañas. Eran altas y negras, y a mi regreso las vi pelear como cabras salvajes… hay montones de cabras en Kafiristán. Y esas montañas nunca se están quietas, como las cabras. Siempre están peleando, no te dejan dormir de noche.

—Beba un poco más —le ofrecí, muy despacio—. ¿Qué hicieron usted y Daniel Dravot cuando los camellos no pudieron continuar por esos difíciles caminos que llevan a Kafiristán?

—¿Qué hicieron quiénes? El que iba con Dravot se llamaba Peachey Taliaferro Carnehan. ¿Quiere que le hable de él? Murió allí, de frío. El pobre Peachey cayó desde un puente, girando y retorciéndose en el aire como esos molinillos de un penique que llevábamos para venderle al emir. No; vendíamos dos molinillos por tres peniques, si no me equivoco y no estoy irremediablemente enfermo… Los camellos ya no nos servían de nada, y Peachey le dijo a Dravot:

—Por el amor de Dios, salgamos de aquí antes de que nos rompamos la crisma.

Dicho lo cual mataron a los camellos allí mismo, en las montañas, pues no tenían nada que comer; pero antes descargaron las cajas con las armas y la munición, hasta que aparecieron dos hombres en mulas. Dravot se puso a dar saltos y a bailar delante de ellos, cantando:

—¡Véndeme cuatro mulas!

Y el primero de los hombres dijo:

—Si eres rico para comprar, eres rico para que te roben.

Pero antes de que pudiera echar mano al cuchillo, Dravot le partió el pescuezo de un rodillazo, y el otro echó a correr. Carnehan cargó a las mulas con los rifles que hasta entonces habían llevado los camellos, y juntos nos adentramos en las montañas, donde el frío es atroz y no hay camino más ancho que la palma de una mano.

Se detuvo un momento, y le pregunté si recordaba cómo era la naturaleza en aquel país.

—Se lo estoy contando lo mejor que puedo, pero mi cabeza ya no rige como debiera. Me la atravesaron con clavos para que pudiera oír mejor cómo moría Dravot. Era un país montañoso, y las mulas eran muy tercas; los habitantes vivían desperdigados y aislados. Siguieron subiendo y subiendo, y bajando y bajando; y el otro, Carnehan, le imploró a Dravot que no cantara y silbara con tanta fuerza, por miedo a provocar una temible avalancha. Pero Dravot decía que si un rey no puede cantar no valía la pena ser rey, y arreó a las mulas por la pendiente, y por espacio de siete fríos días hizo caso omiso de este ruego. Llegamos a un valle amplio y plano entre las montañas; las mulas estaban medio muertas y decidimos matarlas, porque no teníamos comida, ni para ellas ni para nosotros. Nos sentamos en las cajas y jugamos a pares y nones con los cartuchos quemados.

—De pronto, diez hombres provistos de arcos y flechas bajaron corriendo hacia el valle, persiguiendo a otros veinte, también con arcos y flechas, y la pelea fue tremenda. Eran hombres blancos; más blancos que usted o que yo, de pelo rubio y notable constitución. Dravot sacó las armas y dijo:

—Aquí empieza el negocio. Lucharemos con los diez.

Y empezó a disparar dos rifles a una distancia de doscientos metros contra los otros veinte, derribando a uno de ellos de la roca donde estaba sentado. Los demás se dieron a la fuga, pero Carnehan y Dravot, sentados sobre las cajas, los alcanzaban a cualquier distancia, valle arriba y valle abajo. Subimos entonces hasta donde se encontraban los diez hombres que habían salido corriendo por la nieve, y nos lanzaron una flecha muy rudimentaria. Dravot respondió con un disparo que les pasó rozando por encima de la cabeza, y todos se echaron al suelo. Luego se acercó a ellos, les dio un puntapié, los levantó y les estrechó a todos la mano, para que se mostraran amistosos. Les pidió que llevaran las cajas y saludó al mundo, como si ya fuera rey. Los hombres cargaron con las cajas a través del valle y montaña arriba, hasta un pinar que había en la cima, donde vimos media docena de ídolos de piedra. Dravot se acercó al más grande (un tal Imbra), dejó un rifle y un cartucho a sus pies, se frotó respetuosamente la nariz contra la nariz del ídolo, le acarició la cabeza e hizo una reverencia. Después se volvió hacia los demás, asintió con la cabeza y dijo:

—Muy bien. Yo también estoy en el ajo, y estos viejos demonios son mis amigos.

Abrió la boca y señaló hacia dentro, y cuando el primero de los hombres le ofreció comida, dijo:

—No.

Y cuando el segundo le ofreció comida, dijo:

—No.

Pero cuando uno de los sacerdotes y el jefe de la aldea le ofrecieron comida, dijo:

—Sí.

Muy altivo, y empezó a comer despacio. Así fue como llegamos sin problemas a nuestra primera aldea, como si hubiéramos caído del cielo. De lo que nos caímos fue de uno de esos malditos puentes de cuerda, y después de eso no se puede esperar de un hombre que ría a menudo.

—Beba un poco más de whisky y continúe —dije—. Ésa fue la primera aldea a la que llegaron. ¿Cómo lograron convertirse en reyes?

—Yo no era rey —dijo Carnehan—. El rey era Dravot, y estaba muy atractivo con su corona de oro en la cabeza y todo lo demás. Se quedaron los dos en la aldea, y todas las mañanas, Dravot se sentaba junto a Imbra y la gente acudía a venerarlo. Ésa era la orden de Dravot. Poco después llegaron muchos hombres al valle, y Carnehan y Dravot les dispararon con los rifles antes de que pudieran darse cuenta de dónde estaban; corrieron valle abajo, subieron por la ladera de otra montaña y encontraron otra aldea, igual que la primera, con gente de cara chata, y Dravot preguntó:

—¿Qué problema hay entre vuestras aldeas?

La gente señaló a una mujer más blanca que usted o que yo, a la que habían raptado, y Dravot la devolvió a su aldea y contó los muertos: ocho en total. Derramó un poco de leche en el suelo por cada hombre muerto, agitó los brazos como un molinillo y dijo:

—Así está bien.

Carnehan y él tomaron del brazo al jefe de cada aldea, los llevaron hasta el valle y les enseñaron a abrir una zanja en la tierra con una lanza; luego dieron a cada uno un trozo de tierra a cada lado de la zanja. Entonces bajaron los demás, gritando como locos, y Dravot dijo:

—Vayan a labrar la tierra, sean provechosos y multiplíquense.

Ellos obedecieron, aunque no lo entendían. Preguntamos los nombres de las cosas en su jerga: pan, agua, fuego, ídolos y cosas por el estilo, y Dravot condujo a los sacerdotes de cada aldea hasta donde se encontraba el ídolo y les dijo que él tenía que sentarse allí para impartir justicia y que si algo salía mal podían pegarle un tiro.

—Una semana más tarde todos estaban arando la tierra del valle, laboriosos como abejas y mucho más hermosos; los sacerdotes escuchaban las quejas del pueblo y mediante gestos explicaban a Dravot de qué se trataba.

—Esto no es más que el principio —dice Dravot—. Creen que somos dioses.

Entre Carnehan y él eligen a veinte hombres fuertes y les enseñan a disparar un rifle, a formar de cuatro en fondo y a avanzar en línea, y todos parecen muy contentos y dispuestos, y enseguida le cogen el tranquillo. Dravot saca entonces su pipa y su bolsa de tabaco y deja una cosa en una aldea y otra cosa en la otra, y se marcha con Carnehan a ver qué pueden hacer en el siguiente valle. Era todo de roca y en él había una pequeña aldea, y Carnehan dice:

—Llévalos a sembrar al otro valle y dales un poco de tierra que todavía no sea de nadie.

Eran muy pobres, y antes de permitirles entrar en el nuevo reino los ungimos con la sangre de un cabrito. Lo hicimos para impresionarlos, y después de eso se establecieron tranquilamente. Y entonces Carnehan fue en busca de Dravot, que se había marchado a otro valle, todo cubierto de nieve y de hielo, muy montañoso. Allí no había nadie, y el ejército se asustó; Dravot disparó a uno de los soldados y siguió avanzando hasta que encontró otro valle habitado. El ejército explica a los aldeanos que más les vale no disparar sus mosquetes, porque tenían mosquetes de mecha, si no quieren que nadie muera. Hacemos buenas migas con el sacerdote, y yo me quedo allí solo con dos soldados, para ocuparme de la instrucción de los hombres; y un jefe de tamaño imponente llega entre la nieve, tañendo cuernos y timbales, porque ha oído que un nuevo dios anda por los alrededores. Carnehan apunta con su rifle hacia la masa humana a más de medio kilómetro de distancia y abate a uno. Acto seguido le envía un mensaje al jefe para comunicarle que, si no desea morir, debe venir a estrecharme la mano, desarmado. El jefe viene solo, y Carnehan le da la mano y lo abraza, como hacía Dravot. Y el jefe se queda muy sorprendido y me acaricia las cejas. Poco después, Carnehan va solo a hablar con el jefe y mediante gestos le pregunta si tiene algún enemigo al que odie.

—Lo tengo —dice el jefe.

Carnehan escoge entonces a los mejores hombres y ordena a sus dos soldados que les den instrucción, y al cabo de dos semanas los aldeanos son capaces de manejarse como un ejército de voluntarios. Carnehan parte entonces en compañía del jefe hasta una gran llanura en la cima de una montaña, mientras sus hombres asaltan un valle y lo toman; somos tres Martini disparando a bulto contra el enemigo. Conquistamos también ese valle, y yo le entrego al jefe un jirón de mi abrigo y le digo:

—Ocúpalo hasta mi regreso, como se dice en las Escrituras.

A modo de advertencia, cuando ya me he alejado de allí unos dos kilómetros con mis tropas, disparo una bala a sus pies, en la nieve, y todos se echan de bruces al suelo. Le envío luego una carta a Dravot, esté donde esté, por tierra o por mar.

A riesgo de que el pobre hombre perdiera el hilo, le pregunté:

—¿Cómo podía enviar una carta desde allí?

—¿La carta? ¡Ah! ¡La carta! No deje de mirarme a los ojos, por favor. Era una carta de cuerda parlante; lo aprendimos de un mendigo ciego en el Punyab.

Recordé que en cierta ocasión se presentó en la redacción un hombre ciego con una rama nudosa y un trozo de cuerda enrollado en la rama según cierto código propio. Al cabo de horas o de días, podía repetir la frase que había anudado. Había reducido el alfabeto a once sonidos elementales; intentó enseñarme su método, pero no logré entenderlo.

—Le envié esa carta a Dravot —dijo Carnehan—. Le pedía que regresara, porque su reino empezaba a ser demasiado grande para que yo pudiera manejarlo solo, y me puse en camino hacia el primer valle, para ver cómo trabajaban los sacerdotes. Dieron a la aldea que tomamos con ayuda del jefe el nombre de Bashkai, y a la que habíamos tomado anteriormente el de Er-Heb. Los sacerdotes de Er-Heb lo estaban haciendo muy bien, pero tenían que consultarme muchas causas pendientes sobre la tierra, y algunos hombres de otra aldea los habían atacado con flechas durante la noche. Salí en busca de esa aldea y lancé cuatro descargas a mil metros de distancia. Con eso me quedé sin munición y mantuve a mi gente tranquila mientras esperaba el regreso de Dravot, que llevaba dos o tres meses fuera.

—Una mañana oí un ruido infernal de cuernos y tambores, y vi que Dan Dravot marchaba con un ejército montaña abajo, seguido por un séquito de cientos de hombres, y, lo más extraordinario de todo, que llevaba una corona de oro en la cabeza.

—¡Dios mío, Carnehan! —me dijo—. Este negocio es estupendo, y tenemos toda la tierra que queramos. Soy el hijo de Alejandro y de la reina Semíramis, y tú eres mi hermano pequeño, y un dios como yo. Es lo más grande que hemos visto en la vida. Llevo seis semanas avanzando y combatiendo con mi ejército, y hasta el último poblacho en ochenta kilómetros a la redonda se ha sumado con regocijo. Pero lo mejor de todo es que tengo la clave de todo el tinglado, como no tardarás en ver, ¡y una corona para ti! Ordené que labraran dos coronas en un lugar llamado Shu, donde las rocas están cubiertas de oro como los corderos de lana. He visto oro y he arrancado turquesas de los barrancos, y hay granates en las arenas del río, y mira el trozo de ámbar que me ha regalado un hombre. Avisa a todos los sacerdotes y, toma, ponte mi corona.

Uno de los hombres abre un morral de pelo negro y yo no me pongo la corona. Era demasiado grande y pesaba mucho, pero la luzco para la gloria. De oro batido… más de dos kilos pesaba, como el aro de un tonel.

—Peachey —me dice Dravot—. Se acabaron las balas. ¡La solución está en la Hermandad! Tienes que ayudarme.

Hace venir al mismo jefe que yo dejé en Bashkai. A partir de ese momento lo llamamos Billy Fish, porque se parecía mucho a Billy Fish, el que conducía la locomotora de Mach en el Bolán, en los viejos tiempos.

—Dale la mano —dice Dravot.

Le doy la mano y casi me caigo al suelo del apretón que me dio Billy Fish. Yo no digo nada, pero lo pongo a prueba con el apretón del hermano en la Orden. El otro responde a la perfección, y pruebo entonces el apretón del maestre, pero no responde.

—¡Es un hermano de la Orden! —le digo a Dan—. ¿Conoce la Palabra?

—La conoce —dice Dan—. Como todos los sacerdotes. ¡Es un milagro! Los jefes y los sacerdotes forman una logia muy parecida a la nuestra; han tallado las marcas en la roca, pero no conocen el tercer grado y han venido a aprenderlo. Es el destino. Llevo muchos años oyendo decir que los afganos conocían hasta el grado de aprendiz, pero esto es un milagro. Un dios soy y un gran maestre de la Orden, y fundaré una logia de tercer grado, y ascenderemos a los principales sacerdotes y a los jefes de las aldeas.

—Va en contra de la ley fundar una logia sin autorización; además, tú sabes que nunca hemos pertenecido a ninguna logia —le digo.

—Es un golpe maestro que nos permitirá gobernar el país con la misma facilidad con que un vagón de cuatro ruedas corre cuesta abajo. Si empezamos a hacer indagaciones se volverán contra nosotros. Tengo cuarenta jefes a mis pies, y todos serán admitidos y ascendidos según sus méritos. Aloja a estos hombres en las aldeas y ocúpate de crear una logia. El templo de Imbra nos servirá de sala de reuniones. Enseñarás a las mujeres a hacer delantales. Esta noche convocaré a los jefes y mañana se reunirá el consejo de la logia —me dice Dravot.

Yo tenía mucho trabajo, pero no era tan idiota como para no ver la ventaja que nos daba el asunto de la Hermandad. Enseñé a las familias de los sacerdotes a confeccionar los mandiles para los distintos rangos; en el de Dravot, la cenefa y las marcas azules se adornaron con trozos de turquesa sobre cuero blanco en lugar de tela. Colocamos un gran sillar de piedra en el templo a modo de asiento para el maestre, junto a otros de menor tamaño para los oficiales, pintamos cuadrados blancos sobre el empedrado negro e hicimos cuanto pudimos para que todo saliera bien.

En la recepción que esa noche se celebró en la ladera de la montaña con grandes hogueras, Dravot comunicó a los presentes que él y yo éramos dioses, hijos de Alejandro, y grandes maestres de la Hermandad, y que estábamos allí para hacer de Kafiristán un país donde todo hombre pudiera comer en paz y beber con tranquilidad, pero, ante todo, obedecernos. Los jefes se formaron en círculo para estrecharnos la mano; eran tan blancos y rubios que fue como saludar a un grupo de viejos amigos. Les pusimos los nombres de gente a la que habíamos conocido en la India: Billy Fish, Holly Dilworth, Pikky Kergan, que era el jefe del bazar cuando estuve en Mhow, y así sucesivamente.

La noche siguiente se obraron en la logia los más asombrosos milagros. Uno de los sacerdotes más ancianos no nos quitaba ojo de encima, y yo me sentía incómodo, porque teníamos que amañar el rito, sin saber cuánto sabían ellos. El mayor de los sacerdotes era un extranjero llegado de más allá de la aldea de Bashkai. En cuanto Dravot se pone el mandil de maestre que las muchachas han hecho para él, el sacerdote lanza un aullido e intenta volcar el sillar sobre el que está sentado Dravot.

—Se acabó —dije entonces—. ¡Esto es lo que pasa por crear una logia sin autorización!

Dravot ni siquiera parpadeó cuando diez sacerdotes volcaron el asiento del gran maestre, que equivalía a la piedra de Imbra. Un sacerdote empieza a frotar la parte inferior de la piedra para eliminar la tierra y muestra a todos los demás la marca del maestro, la misma que figuraba en el delantal de Dravot, tallada en la piedra. Ni siquiera los sacerdotes del templo de Imbra sabían que estaba allí. El anciano cayó entonces de bruces para besar los pies de Dravot.

—La suerte vuelve a sonreírnos —me dice Dravot—. Dicen que es la marca perdida, que nadie había logrado encontrar. Ahora estamos a salvo. —Y usando la culata de su rifle a la manera de un mazo, anuncia—: En virtud de la autoridad que me ha sido concedida por mi propia mano derecha, y con la ayuda de Peachey, me proclamo gran maestre de toda la masonería en Kafiristán en esta logia madre del país, así como rey de Kafiristán, en igualdad con Peachey. —Dicho lo cual se ciñe su corona y yo me pongo la mía (yo hacía de Venerable) e inauguramos la logia de la manera más solemne.

¡Fue un milagro prodigioso! Los sacerdotes superaron los dos primeros grados casi sin necesidad de indicarles nada, como si recobraran una memoria perdida. A partir de ese momento, Peachey y Dravot ascendieron, según sus méritos, a los sumos sacerdotes y a los jefes de aldeas remotas. Billy Fish fue el primero, y le aseguro que casi se muere del susto. Lo que hacíamos no tenía nada que ver con el rito oficial, pero a nosotros nos servía. No ascendimos más que a diez de los hombres más notables, para no convertir el privilegio en procedimiento común. Y ellos clamaban por ascender.

—En el plazo de seis meses —dijo Dravot—, celebraremos otra reunión para comprobar qué tal lo están haciendo. —Luego se interesó por sus aldeas y supo que luchaban unas contra otras, y que estaban hartos de pelear. Y cuando no luchaban entre sí, luchaban contra los mahometanos—. Ya pelearán contra ellos cuando se adentren en nuestro país —dijo Dravot—. Envíen a diez hombres de cada tribu a vigilar la frontera, y a otros doscientos a este valle para que los instruyamos militarmente. Nadie más morirá por disparo o herida de lanza si aprende a combatir, y sé que no me engañarán, porque son blancos, hijos de Alejandro, no como los mahometanos, que son negros. ¡Ustedes son mi pueblo, y vive Dios que los convertiré en una gran nación o moriré en el intento! —concluyó en inglés.

No puedo relatar todo lo que hicimos en el curso de esos seis meses, porque Dravot hizo muchas cosas que yo no entendía, y aprendió a hablar su lengua de un modo que yo fui incapaz. Mi tarea consistía en ayudar a la gente a trabajar la tierra y en salir de vez en cuando con algunos soldados para comprobar cómo marchaban las cosas en otras aldeas y enseñarles a tender puentes de cuerda sobre los espeluznantes barrancos que cortaban el país. Dravot se mostraba muy amable conmigo, pero cuando se ponía a dar vueltas por el bosque de pinos tirándose de la barba roja con los puños, yo sabía que tramaba cosas sobre las que no podía aconsejarle y me limitaba a esperar órdenes.

Dravot en ningún momento me faltó al respeto en presencia de los demás. Todos nos temían, al ejército y a mí, aunque a él lo adoraban. Se hizo íntimo amigo de los sacerdotes y de los jefes, y cuando alguien llegaba desde una aldea con cualquier queja, Dravot lo escuchaba con atención, convocaba a cuatro sacerdotes y con ellos decidía lo que había de hacerse. Solía llamar a Billy Fish, de Bashkai; a Pikky Kergan, de Shu, y a un jefe de bastante edad al que llamábamos Kafuzelum, porque sonaba bastante parecido a su verdadero nombre, y deliberaba con ellos cuando era preciso pelear en alguna de las aldeas pequeñas. Éste era su consejo de guerra, mientras que los cuatro sacerdotes de Bashkai, Shu, Khawak y Madora integraban su consejo privado. Entre todos decidieron enviarme, con cuarenta hombres y veinte rifles, y otros sesenta hombres cargados con turquesas, al país de Ghorband, a comprar esos rifles Martini artesanales que salían de los talleres del emir de Kabul en uno de los regimientos Herati, donde los soldados eran capaces de vender hasta sus dientes para conseguir turquesas.

Pasé un mes en Ghorband y allí entregué al gobernador el contenido de mis cestos a cambio de su silencio, y soborné también al coronel del regimiento, y entre ellos dos y la gente de las tribus conseguimos más de doscientos Martini, un centenar de buenos Kohat Jezail, que eran capaces de alcanzar un blanco a una distancia de seiscientos metros, y cuarenta cargas de pésima munición para los rifles. Volví con lo que había conseguido y lo distribuí entre los hombres que los jefes me enviaron para que les diera instrucción. Dravot estaba demasiado ocupado para prestar atención a estas cosas, pero conté con la ayuda del primero de los ejércitos que habíamos formado, y resultó que éramos quinientos los hombres capaces de dirigir la instrucción y doscientos los que sabían sostener un arma con bastante firmeza. Hasta esos sacacorchos hechos a mano les parecían un milagro. Dravot hablaba mucho de fábricas y almacenes de pólvora, mientras daba vueltas por el bosque cuando se acercaba el invierno.

—No construiré una nación —dijo—. ¡Construiré un Imperio! ¡Estos hombres no son negros; son ingleses! Fíjate en sus ojos… fíjate en su boca. Mira cómo andan. Se sientan en sillas dentro de sus casas. Son las tribus perdidas, o algo por el estilo, y están preparados para ser ingleses. En la primavera haré un censo de población, si los sacerdotes no se asustan. Deben de ser como poco dos millones en estas montañas. Las aldeas están llenas de niños. Dos millones de personas… doscientos cincuenta mil soldados… ¡y todos ingleses! Solo necesitan rifles y un poco de instrucción. ¡Doscientos cincuenta mil hombres preparados para romper el flanco derecho de Rusia cuando intente conquistar la India! —dice, mordisqueando mechones de barba—. Seremos emperadores, Peachey… ¡Emperadores de la Tierra! El rajá Brooke será un niño de pecho a nuestro lado. Trataré con el virrey en pie de igualdad. Le pediré que me envíe a doce ingleses escogidos, doce de mi confianza, para que nos ayuden a gobernar. Está Mackray, el sargento retirado de Segowli, que me ha pagado mis buenas comidas, y su esposa un par de pantalones. Está Donkin, el guardián de la prisión de Tounghoo; hay cientos a los que podría recurrir si estuviera en la India. El virrey lo hará por mí; en primavera enviaré a un hombre en su busca, y solicitaré por escrito a la Gran Logia su dispensa por lo que he hecho como gran maestre. Y con eso… todos entregarán sus Snider cuando el ejército nativo de la India empuñe sus Martini. Estarán agotados, pero nos servirán para combatir en estas montañas. Doce ingleses y cien mil Snider que se extenderán como una mancha de aceite por el país del emir… me conformaría con que fuesen veinte mil en un año…, y seremos un Imperio. Cuando todo esté en orden, entregaré la corona, esta que ahora llevo, a la reina Victoria, de rodillas. Y ella dirá: "Ponte en pie, sir Daniel Dravot". ¡Es fantástico! ¡Es fantástico! Te lo aseguro. Pero hay mucho por hacer en todas partes: Bashkai, Khawak, Shu, y en las demás aldeas.

—¿Cómo lo harás? —le dije—. Este otoño ya no vendrán más hombres para recibir instrucción. Mira esas nubes negras. Traen nieve.

—Eso no importa —respondió Daniel, apretándome el hombro con fuerza—. No quiero decir nada contra ti, porque ningún otro hombre me habría seguido como lo has hecho tú para convertirme en lo que ahora soy. Eres un comandante en jefe de primera clase, y el pueblo te conoce; sin embargo… el país es grande, y por alguna razón, Peachey, no puedes proporcionarme la ayuda que necesito.

—¡Acude entonces a tus malditos sacerdotes! —le espeté, y al momento me arrepentí de haberlo dicho, pero me dolió enormemente el tono de superioridad de Daniel, cuando yo había instruido a los hombres y cumplido todas las órdenes que él me había dado.

—No nos peleemos, Peachey —dijo Daniel, sin alterarse—. Tú también eres rey, y la mitad de este reino te pertenece; pero debes comprender que ahora necesitamos hombres más listos que nosotros, Peachey… tres o cuatro a los que podamos dispersar por ahí y nombrar regentes. Tenemos un estado enorme, y yo no siempre sé decidir qué es lo más correcto, ni tengo tiempo para hacer todo lo que me propongo, y se acerca el invierno. —Se metió en la boca media barba, roja como el oro de su corona.

—Lo siento, Daniel —me disculpé—. He hecho todo lo que he podido. He instruido a los hombres y les he enseñado a amontonar la avena; he traído esos rifles de hojalata de Ghorband… pero sé lo que te propones. Supongo que los reyes siempre viven bajo esa presión.

—Hay una cosa más —dijo Dravot, que no paraba de ir y venir—. Se acerca el invierno, y esta gente no causará demasiados problemas; y si lo hicieran podemos marcharnos. Quiero una esposa.

—¡Olvídate de las mujeres! Hemos hecho todo el trabajo entre los dos, a pesar de que soy un inútil. Recuerda el contrato y no te acerques a las mujeres.

—El contrato solo tenía validez hasta que fuésemos reyes; y ya lo somos desde hace meses —respondió Dravot, sopesando la corona en su mano—. Busca una mujer tú también, Peachey… una moza guapa, fuerte y rolliza que te dé calor en el invierno. Las de aquí son más bonitas que las chicas inglesas, y podemos elegir la que más nos guste. Las escaldamos un par de veces con agua caliente, y quedarán tiernas como un pastel de pollo.

—¡No me tientes! —le dije—. No quiero tener trato con ninguna mujer hasta que estemos mucho mejor instalados. Yo he estado haciendo el trabajo de dos hombres, y tú el de tres. Descansemos un poco y veamos si podemos conseguir mejor tabaco afgano y un poco de alcohol; pero nada de mujeres.

—¿Quién ha hablado de mujeres? —dijo Dravot—. Yo he dicho una "esposa": una reina, para que le dé al rey un hijo. Una reina de la tribu más fuerte; de ese modo todos serán hermanos de sangre, y se pondrán de tu lado y te dirán lo que la gente piensa de ti y de sus propios asuntos. Eso es lo que quiero. ¿Recuerdas a la mujer bengalí con la que estuve en el serrallo mongol cuando trabajé en la construcción del ferrocarril? —me preguntó—. Se portaba muy bien conmigo. Me enseñó su jerga y muchas otras cosas; pero ¿qué pasó? Se fugó con el criado del jefe de estación y la mitad de mi paga del mes. Pasado un tiempo apareció en la bifurcación de Dadur cargada con un mestizo y tuvo la desfachatez de decir que yo era su marido, ¡en presencia de todos los maquinistas!

—Eso se acabó —siguió diciendo—. Esas mujeres son peores que tú y que yo, pero te digo que este invierno tendré una reina.

—Por última vez te lo pido, Dan; no lo hagas —dije—. Solo nos traerá problemas. La Biblia dice que los reyes no deben malgastar sus fuerzas con mujeres, sobre todo cuando tienen un nuevo reino que organizar.

—Por última vez te lo digo yo. Lo haré —concluyó Dravot; y se alejó entre los pinos como un gran diablo rojo, con el sol reflejado en la barba y la corona.

Sin embargo, encontrar una mujer no era tan fácil como Dan imaginaba. Planteó el asunto al consejo, pero no hubo respuesta hasta que Billy Fish propuso que él mismo preguntara a las muchachas. Dravot se puso furioso.

—¿Acaso tengo algo malo? —vociferó, junto al ídolo Imbra—. ¿Soy un perro o no soy suficientemente hombre para vuestras muchachas? ¿No he cubierto este país con la sombra de mi mano? ¿Quién contuvo el último ataque de los afganos? —En realidad había sido yo, pero Dravot estaba demasiado enfurecido para recordarlo—. ¿Quién os trajo armas? ¿Quién reparó los puentes? ¿Quién es el gran maestre del símbolo tallado en la roca? —preguntó, asestando un puñetazo al sillar en el que solía sentarse en las sesiones de la logia y del consejo, que se iniciaba siempre como la logia.

Billy Fish no respondió, y los demás tampoco. Yo le dije:

—No te alteres y pregunta a las muchachas. Así es como se hace en casa, y esta gente es muy parecida.

—El matrimonio de un rey es una cuestión de Estado —gritó Dan, encendido de ira, pues comprendía, creo yo, que estaba actuando con poca inteligencia. Salió de la sala del consejo y los demás quedaron en silencio, con la mirada fija en el suelo.

—Billy Fish —le dije al jefe de Bashkai—, ¿cuál es el problema? Dale una respuesta sincera a un amigo de verdad.

—Tú lo sabes —respondió Billy Fish—. ¿Qué puedo decirle yo a un hombre que lo sabe todo? ¿Cómo vamos a casar a nuestras hijas con dioses o diablos? No está bien.

Recordé que en la Biblia se decía algo parecido, pero me dije que si después de tanto tiempo seguían tomándonos por dioses, no sería yo quien los sacara del engaño.

—Un dios lo puede todo —dije—. Si el rey se interesa por una muchacha no permitirá que ella muera.

—Eso es imposible —dijo Billy Fish—. Estas montañas están llenas de dioses y de diablos. De vez en cuando una muchacha se casa con uno de ellos, y nunca más se vuelve a saber de ella. Además, los dos conocen la marca tallada en la piedra. Eso solo lo conocen los dioses. Creímos que eran hombres hasta que vimos el signo del maestre.

En ese momento lamenté no haberles explicado desde el principio los verdaderos secretos de un maestre de la masonería, pero no dije nada. Los cuernos sonaron durante toda la noche en un templo pequeño y oscuro que se encontraba a medio camino, montaña abajo, y oí el llanto de una muchacha, como si estuviera a punto de morir. Uno de los sacerdotes me dijo que había sido la elegida para casarse con el rey.

—No toleraré esa clase de tonterías —dijo Dan—. No deseo interferir en sus costumbres, pero estoy decidido a tomar una esposa.

—La muchacha está un poco asustada —explicó el sacerdote—. Cree que va a morir, y están intentando convencerla, allá en el templo.

—En ese caso, que la convenzan con dulzura —replicó Dravot—. De lo contrario yo los convenceré con la culata de un arma, y no les quedarán ganas de que nadie vuelva a convencerlos.

Se humedeció los labios y pasó más de la mitad de la noche en vela, dando vueltas, pensando en la esposa que obtendría a la mañana siguiente. Yo no estaba en absoluto tranquilo, pues sabía que ese tipo de situaciones con una mujer en un país extranjero, por mucho que a uno lo coronaran rey veinte veces, entrañaba grandes riesgos. Me levanté muy temprano, cuando Dravot aún dormía, y vi a los sacerdotes reunidos, hablando entre susurros, y a los jefes debatiendo; observé que me miraban de soslayo.

—¿Qué pasa, Fish? —le pregunté al jefe de Bashkai, que estaba envuelto en sus pieles y ofrecía una imagen espléndida.

—No estoy seguro —respondió—, pero si lograras que el rey renuncie a esta insensatez, nos harías un gran favor, a él, a mí y también a ti.

—Yo también lo creo —dije—. Pero tú sabes tan bien como yo, Billy, porque has luchado contra nosotros y por nosotros, que el rey y yo tan solo somos los hombres más perfectos que Dios Todopoderoso haya creado jamás. Solo eso. Te lo aseguro.

—Puede ser —dijo Billy Fish—. Y si así fuera yo lo lamentaría. —Escondió la cabeza bajo su gran manto de piel y reflexionó por espacio de un minuto. Luego dijo—: Ya seas hombre o dios o diablo, hoy estaré a tu lado, rey. He venido con veinte de mis hombres, y ellos me seguirán. Regresaremos a Bashkai hasta que haya pasado la tormenta.

Había caído algo de nieve durante la noche, y todo estaba blanco, menos las densas nubes que descendían desde el norte. Dravot apareció tocado con su corona, balanceando los brazos y pisando con fuerza, más contento que unas pascuas.

—Por última vez, Dan; no lo hagas —le susurré—. Billy Fish asegura que habrá una sublevación.

—¡¿Una sublevación entre mi pueblo?! —exclamó Dravot—. Eso es imposible. Peachey, eres idiota si no tomas una esposa. ¿Dónde está la muchacha? —preguntó, con voz tan bronca como el rebuzno de un asno—. Que vengan los jefes y los sacerdotes para que el emperador pueda ver si la esposa es de su agrado.

No hubo necesidad de llamar a nadie. Estaban todos allí, apoyados en sus rifles y sus lanzas, alrededor del claro que había en el centro del bosque. Un grupo de sacerdotes había bajado hasta el templo para traer a la muchacha, y los cuernos sonaban con una fuerza capaz de despertar a los muertos. Billy Fish echó a andar despacio y se acercó a Dan cuanto pudo, seguido de sus veinte hombres armados con mosquetes. Ninguno medía menos de metro ochenta. Yo estaba junto a Dravot, y veinte hombres del ejército regular me cubrían las espaldas. En ese momento apareció la muchacha, que era muy buena moza, cubierta de plata y turquesas, pero estaba blanca como un cadáver, y se volvía a cada poco para mirar a los sacerdotes.

—Es apta —proclamó Dan, después de mirarle de arriba abajo—. ¿De qué tienes miedo, pequeña? Ven y dame un beso. —La rodeó con sus brazos. Ella cerró los ojos, lanzó un grito ahogado y hundió la cara en la encendida barba de Dan.

—¡Esta zorra me ha mordido! —exclamó Dan, llevándose una mano al cuello y sacándola luego manchada de sangre.

Billy Fish y dos de sus hombres sujetaron a Dan de los hombros y lo llevaron junto a la gente de Bashkai, mientras los sacerdotes aullaban en su jerga:

—¡Ni dios ni diablo, sino hombre!

Me quedé muy sorprendido cuando un hombre me cortó el paso y el ejército que se encontraba tras él abrió fuego contra los hombres de Bashkai.

—¡Por Dios Todopoderoso! —dijo Dan—. ¿Qué significa esto?

—¡Retrocedan! ¡Aléjense! —gritó Billy Fish—. Ruina y sublevación es lo que significa. Nos refugiaremos en Bashkai, si es que podemos.

Intenté dar algunas órdenes a mis hombres, los del ejército regular, pero de nada sirvió. Disparé entonces a bulto con un Martini inglés y atravesé a tres de un disparo. El valle se llenó de gritos y alaridos; todos chillaban: "¡Ni dios ni diablo, sino hombre!". Los soldados de Bashkai se mantuvieron fieles a Billy Fish, pero sus mosquetes no eran ni la mitad de buenos que las armas con recámara traídas de Kabul, y cuatro de ellos cayeron. Dan rugía como un toro, loco de ira, y Billy Fish a duras penas podía contenerlo para que no corriera al encuentro de la multitud.

—No podemos resistir —dijo Billy Fish—. ¡Corran valle abajo! Vienen todos a por nosotros. —Los hombres obedecieron, y huimos valle abajo, a pesar de Dravot. Blasfemaba de un modo atroz y clamaba que era un rey. Los sacerdotes nos atacaron haciendo rodar grandes rocas, mientras el ejército regular disparaba a discreción, y no pasó de media docena el número de hombres que llegaron con vida al pie de la montaña, además de Dan, Billy Fish y yo.

Dejaron entonces de disparar, y sonaron de nuevo los cuernos en el templo.

—¡Hay que salir de aquí… por el amor de Dios… hay que salir de aquí! —dijo Billy Fish—. Enviarán mensajeros a todas las aldeas antes de que logremos llegar a Bashkai. Allí los protegeré, pero aquí nada puedo hacer.

Mi impresión es que Dan empezó a perder la cabeza a partir de ese momento. Miraba aquí y allá como una fiera acorralada. Luego se empeñó en regresar solo para matar a los sacerdotes con sus propias manos; y sin duda habría sido capaz.

—Soy emperador —decía—. Y el año que viene seré caballero de la reina.

—Claro que sí, Dan —le dije—. Pero ahora debemos irnos antes de que sea tarde.

—Tú tienes la culpa —me espetó—. Por no ocuparte mejor de tu ejército. Se produce un motín y no sabes reaccionar… ¡maldito maquinista, obrero de mierda, sabueso de misionero ambulante! —Se sentó en una roca y me lanzó los peores insultos que se le ocurrieron. Yo estaba demasiado abatido para que pudiera importarme, por más que su locura fuese la causa del desastre.

—Lo siento, Dan —dije—; los nativos son imprevisibles. Este es nuestro trabajo número cincuenta y siete. Puede que aún podamos resolverlo cuando lleguemos a Bashkai.

—Vayamos a Bashkai entonces —aceptó—. Pero ¡por Dios que cuando vuelva aquí arrasaré este valle hasta que no quede ni una chinche en una manta!

Pasamos todo el día caminando. Llegó la noche, y Dan no paró de ir y venir por la nieve, mordiéndose la barba y musitando para sí.

—No hay esperanza de conseguirlo —dijo Billy Fish—. Los sacerdotes habrán enviado emisarios a todas las aldeas para comunicar que no son más que hombres. ¿Por qué no siguieron siendo dioses hasta que las cosas se tranquilizaran un poco? Soy hombre muerto —dijo. Se hincó de rodillas en la nieve y se puso a rezar a sus dioses.

A la mañana siguiente nos encontrábamos en una zona inhóspita, muy escarpada, sin un solo espacio llano, y para colmo sin comida. Los seis hombres de Bashkai miraban a Billy Fish con avidez, como si desearan preguntar algo, aunque no llegaron a abrir la boca. A mediodía alcanzamos la cima de una meseta nevada, ¡y cuando nos adentramos en ella nos topamos con todo un ejército en posición que nos esperaba en el centro!

—Los mensajeros han sido muy rápidos —observó Billy Fish, con un remedo de carcajada—. Nos están esperando.

Tres o cuatro hombres empezaron a disparar desde el bando enemigo, y una bala alcanzó a Daniel en la pantorrilla. Eso le hizo volver en sí. Miró hacia donde se encontraba el ejército y vio los rifles que nosotros mismos les habíamos proporcionado.

—Estamos acabados —dijo—. Estos hombres son ingleses… y ha sido mi maldita estupidez la que los ha metido en esto. Vuelve, Billy Fish, y llévate a tus hombres contigo; ya han hecho más de lo posible. Carnehan, dame la mano y ve con Billy. Puede que a ti no te maten. Yo saldré a su encuentro solo. Soy yo quien ha provocado todo esto. ¡Yo, el rey!

—¡Vete al infierno, Dan! Yo me quedo contigo. Tú márchate, Billy Fish; nosotros nos enfrentaremos a ellos.

—Yo soy un jefe —dijo Billy Fish, muy tranquilo—. Me quedo con ustedes. Mis hombres pueden irse.

—Los soldados salieron corriendo, sin esperar una palabra más. Dan, Billy Fish y yo echamos a andar en dirección a los tambores y los cuernos. Hacía frío, un frío espantoso. Sigo con ese frío metido en la cabeza. Como si tuviera un témpano dentro.

Los abanicadores se habían retirado a dormir. Dos lámparas de queroseno iluminaban la redacción, y el sudor que me corría por el rostro cayó sobre el papel secante cuando me incliné. Carnehan temblaba y yo temía que pudiera estar perdiendo la razón. Me sequé la cara, agarré con fuerza sus manos destrozadas, que inspiraban compasión, y dije:

—¿Qué pasó después?

Un desvío momentáneo de mi mirada había interrumpido el flujo de sus recuerdos.

—¿Qué quiere decir? —gimió Carnehan—. Se los llevaron sin el menor ruido. Ni siquiera un crujido en la nieve, aunque el rey abatió al primer hombre que se le echó encima, a pesar de que el pobre Peachey disparó hasta su último cartucho contra ellos. Ni un sonido salió de aquellos cerdos. Nos rodearon, y recuerdo que sus pieles apestaban. Había un hombre que se llamaba Billy Fish, un buen amigo nuestro, y lo degollaron allí mismo, como a un cochino. El rey levantó de una patada la nieve ensangrentada y dijo: «En una buena nos hemos metido por dinero. ¿Y ahora qué?». Pero Peachey, Peachey Taliaferro, en confianza se lo digo, señor, como a un amigo, perdió la cabeza. No, no fue él. Fue el rey quien perdió la cabeza, en uno de esos ingeniosos puentes de cuerda. Permítame que coja el abrecartas, señor. Estaba así de inclinado. Le hicieron andar más de un kilómetro sobre la nieve hasta un puente que colgaba sobre un barranco; abajo había un río. Seguro que ha visto alguno igual. Lo empujaban como a un buey.

—¡Malditos sean! —dijo el rey—. ¿Creen que no moriré como un caballero?

Luego se volvió hacia Peachey, que lloraba como un niño:

—Yo te he metido en esto, Peachey. Yo te saqué de una vida feliz para venir a morir a Kafiristán, donde fuiste el último comandante en jefe de los ejércitos Imperiales. Di que me perdonas, Peachey.

—Te perdono —dijo Peachey—. Te perdono por completo, Dan.

—Dame la mano, Peachey. Debo irme.

Y allá fue, sin mirar a derecha ni a izquierda, y cuando se vio colgado en mitad de las cuerdas, que se movían de un modo que mareaba, gritó:

—¡Córtenlas, imbéciles! —Y las cortaron. Y Dan cayó, dando vueltas y vueltas, desde una altura de más de tres mil metros; tardó media hora en llegar al agua, y encontré su cuerpo atrapado en una roca, con la corona de oro al lado.

—¿Y sabe lo que le hicieron a Peachey entre dos pinos? Lo crucificaron, señor; sus manos se lo dirán. Le clavaron estacas de madera en las manos y los pies; pero no murió. Lo dejaron allí colgado, aullando, y al día siguiente lo liberaron y dijeron que era un milagro que no hubiese muerto. Se llevaron al pobre Peachey, que nunca les había hecho ningún daño… nunca les había hecho ningún daño.

Se balanceaba adelante y atrás, llorando amargamente, secándose los ojos con el dorso de las manos repletas de cicatrices y gimiendo como un niño; así estuvo diez minutos.

—Tuvieron la crueldad de darle de comer en el templo; dijeron que era más dios que Daniel, que tan solo era un hombre. Luego lo sacaron a la nieve y le dijeron que volviera a casa, y Peachey tardó casi un año en regresar, mendigando por los caminos, sin peligro; porque Daniel Dravot caminaba ante él y le decía: «Vamos, Peachey. Lo que estamos haciendo es algo grande». Las montañas bailaban de noche; intentaban desplomarse sobre la cabeza de Peachey, pero Dan las contenía con las manos, y Peachey pasaba por debajo, encogido. Nunca se deshizo de la mano de Dan y nunca se deshizo de la cabeza de Dan. Se las dieron como regalo en el templo, para recordarle que no volviera jamás por allí; y aunque la corona era de oro puro, y Peachey se moría de hambre, Peachey nunca quiso venderla. ¡Usted conoció a Dravot, señor! ¡Usted conoció al venerable hermano Dravot! ¡Mírelo ahora!

Buscó con los dedos entre el montón de harapos en torno a la cintura, sacó una bolsa de pelo de caballo bordada con hilo de plata, y allí, sobre mi mesa, depositó la cabeza seca y marchita de Daniel Dravot. El sol de la mañana, que desde hacía rato eclipsaba las lámparas, se reflejó en la barba roja y en los ojos ciegos y hundidos; alcanzó también un aro de oro macizo, tachonado de turquesas sin pulir, que Carnehan colocó delicadamente sobre las sienes machacadas.

—Ahora puede contemplar al emperador tal como fue en vida… al rey de Kafiristán con su corona en la cabeza. ¡Al pobre Daniel, que llegó a ser monarca!

Me estremecí, pues a pesar de su terrible desfiguración, reconocí la cabeza del hombre al que había conocido en la bifurcación de Marwar. Carnehan se levantó para marcharse. Intenté detenerlo. No estaba en condiciones de ir a ningún sitio.

—Deje que me lleve el whisky y deme algo de dinero —dijo, casi sin voz—. En otro tiempo fui rey. Iré a ver al comisionado y le pediré que me aloje en un asilo para indigentes hasta que recupere la salud. No, gracias. No puedo esperar que un coche venga a recogerme. Tengo asuntos privados muy urgentes… en el sur… en Marwar.

Salió tambaleándose de la redacción y se alejó en dirección a la casa del comisionado. Ese mismo mediodía fui hasta el mercado bajo un sol cegador y vi a un hombre encogido que se arrastraba por el polvo blanco de la cuneta con el sombrero en la mano, cantando con voz trémula y dolorida, como los que cantaban por las calles de Inglaterra. No había ni un alma a la vista, y se encontraba muy lejos de cualquier casa para que nadie pudiera oírlo. Cantaba con timbre nasal, moviendo la cabeza a derecha e izquierda:

El Hijo del Hombre se marcha a la guerra,
para ganar una corona de oro;
a lo lejos ondea su estandarte rojo como la sangre.
¿Quién sigue sus pasos?

No esperé más; subí al pobre desgraciado a mi coche y lo llevé hasta la misión más cercana, para que desde allí lo trasladaran al manicomio. Repitió el himno dos veces mientras estuve con él, sin que me reconociera en ningún momento, y cantando lo dejé en la misión.

Dos días más tarde pregunté por él al director del manicomio.

—Tenía una insolación. Murió ayer, a primera hora de la mañana —me comunicó el director—. ¿Es cierto que estuvo media hora bajo el sol de mediodía con la cabeza descubierta?

—Así es —dije—. ¿Por casualidad sabe usted si llevaba algo encima cuando murió?

—No, que yo sepa —respondió el director.

Y así quedaron las cosas.

EL GATO MALTÉS

Por RUDYARD KIPLING

Tenían buenas razones para sentirse orgullosos, y mejores razones todavía para estar asustados; todos y cada uno de los doce: pues aunque se habían abierto camino, partido a partido, entre los equipos inscritos en el torneo de polo, aquella tarde se enfrentaban a los Archangel en la final. Los Archangel participaban con media docena de caballos por jugador, y como el partido se dividía en seis partes de ocho minutos, eso significaba un caballo de refresco después de cada descanso. El equipo de los Skidar, aun suponiendo que no hubiera habido accidentes, solo podía proporcionar un caballo de recambio, y dos a uno es una proporción bastante escasa. Además, tal como señalaba Shiraz, el sirio de color gris, se enfrentaban a lo mejor y más escogido de los caballos de polo del norte de la India: caballos que habían costado más de mil rupias cada uno, mientras ellos eran un lote barato sacado a menudo de carros de campo por sus amos, pertenecientes a un regimiento nativo de infantería que era honesto, pero pobre.

—El dinero significa andadura y peso —observó Shiraz al tiempo que se frotaba tristemente el sedoso y negro hocico entre sus bien ajustados protectores—. Y según las reglas del juego tal como yo las conozco…

—Ah, pero no estamos jugando a las reglas —contestó Gato Maltés—. Estamos jugando el partido, y tenemos la gran ventaja de conocerlo. Con que lo pienses solo mientras das una zancada, Shiraz, te darás cuenta de que hemos subido desde la última a la segunda posición en dos semanas, contra todos esos tipos; y ha sido así porque jugamos con nuestra cabeza además de con las patas.

—Eso me hace sentirme chiquita y desgraciada todo el tiempo —intervino Kittiwynk, una yegua de color pardusco que tenía una frontalera roja y las patas más limpias que ha poseído nunca un caballo viejo—. Esos nos doblan en tamaño.

Kittiwynk echó una mirada a la concurrencia y suspiró. El duro y polvoriento campo de polo de Umballa estaba cubierto de miles de soldados vestidos de negro y blanco, por no contar los cientos y cientos de carruajes, coches altos de cuatro caballos y cochecitos de dos ruedas y dos asientos, las damas con parasoles de brillantes colores, los oficiales con uniforme y sin él y la multitud de nativos situados detrás; sumémosles los ordenanzas que, montados en camellos, se habían detenido para ver el partido en lugar de llevar y traer cartas desde la estación, y los tratantes nativos de caballos que correteaban por allí sobre yeguas biluchi de delgadas orejas buscando la oportunidad de vender algunos caballos de polo de primera clase. Después estaban los caballos de los treinta equipos que se habían inscrito en la Copa Abierta del Norte de la India: casi todos los caballos dignos y valiosos que había desde Mhow hasta Peshawar, desde Allahabad hasta Multan: valiosos caballos árabes, sirios, de campo, originarios de Decán, Waziri y de Kabul, de todos los colores, formas y temperamentos que pueda imaginarse. Algunos de ellos estaban en establos con techo de esterilla, cerca del campo de polo, pero casi todos tenían encima la silla con su dueño, que habían sido derrotados en partidos anteriores y se dedicaban a trotar de aquí para allá y a decirse unos a otros cómo, exactamente, debía jugarse.

Era una vista gloriosa, y el ir y venir de los pequeños y rápidos cascos, así como los incesantes saludos de los caballos que se habían conocido anteriormente en otros campos de polo o en pistas de carreras, bastaba para volver loco a cualquier cuadrúpedo. Pero los miembros del equipo de Skidar procuraban no conocer a sus vecinos, aunque la mitad de los caballos que había en el campo estaban deseosos de conocer a los pequeños que habían llegado desde el norte y, hasta el momento, habían barrido.

—Déjame pensar —le dijo a Gato Maltés un caballo árabe y suave de color dorado que el día anterior había jugado muy mal—. ¿No nos conocimos en el establo de Abdul Rahman, en Bombay, hace cuatro estaciones? Recordarás que aquella estación gané la Copa Paikpattan.

—No pude ser yo —contestó cortésmente Gato Maltés—. Entonces me encontraba en Malta, tirando de un carro de verduras. Yo no corro, solo juego.

—¡Aah! —contestó el árabe levantando la cola y marchándose con trote fanfarrón.

—Concentrémonos en nosotros mismos —dijo Gato Maltés a sus compañeros—. No vamos a ir frotándonos el hocico con todos esos mestizos de culo de ganso del norte de la India. Cuando hayamos ganado esta copa, todos darán sus herraduras con tal de conocernos.

—No ganaremos nosotros la Copa —intervino Shiraz—. ¿Cómo te sientes?

—Tan rancio como la cena de ayer, sobre la que corría una rata almizclera —contestó Polaris, un caballo gris de hombros bastante pesados, y los demás miembros del equipo estuvieron de acuerdo con él.

—Cuanto antes olviden eso, mejor —dijo alegremente Gato Maltés—. En la gran tienda han terminado pelea dos. Ahora nos llamarán. Si las sillas no les están cómodas, coceen por delante. Si el bocado del freno no les resulta cómodo, coceen por detrás y hagan que los saises sepan si las protecciones están bien colocadas.

Cada caballo tenía su sais, su mozo de cuadra, que vivía, comía y dormía con él, y había apostado en el partido mucho más de lo que podía permitirse. No había posibilidad alguna de que nada saliera mal, y para asegurarse de ello cada sais estuvo enjabonando las patas de su caballo hasta el último minuto. Tras los saises se sentaban todos los miembros del regimiento de Skidar que habían conseguido permiso para asistir al partido: la mitad de los oficiales nativos y cien o doscientos hombres oscuros y de barba negra con las gaitas del regimiento que pasaban nerviosamente los dedos por los voluminosos instrumentos llenos de cintas. Los Skidar eran un regimiento de los que se consideraban pioneros, y las gaitas constituían la música nacional de la mitad de sus hombres. Los oficiales nativos llevaban manojos de palos de polo, mazos largos con mango de caña, y como la tribuna se había llenado después del almuerzo, se colocaron de uno en uno o por parejas en diferentes puntos del campo para que si a un jugador se le rompía un palo no tuviera que cabalgar mucho hasta conseguir uno nuevo. Una banda de la caballería británica atacó con impaciencia "If you want to know the time, ask a pleecman!", y los dos árbitros, vestidos con guardapolvos ligeros, empezaron a moverse sobre dos pequeños y excitados caballos. Salieron entonces los cuatro jugadores del equipo del Archangel, y solo de ver sus hermosas monturas Shiraz volvió a gemir.

—Espera a que los conozcamos —dijo Gato Maltés—. Dos de ellos juegan con anteojeras, lo que significa que no pueden ver si se salen del camino por su propio lado, pues podrían lanzarse contra los caballos de los árbitros. ¡Y todos llevan riendas blancas de tela que con seguridad se estiran o resbalan!

—Y además los jinetes llevan el látigo en la mano en lugar de en la muñeca —intervino Kittiwynk, dando brincos para perder la rigidez—. ¡Ja!

—Es cierto. Ningún hombre puede manejar de esa manera el palo, las riendas y el látigo —añadió Gato Maltés—. Me he caído en cada metro cuadrado del campo de Malta, y tendría que saberlo.

Para demostrar lo satisfecho que se sentía, hizo temblar su cruceta de color salpicado; pero su corazón no estaba tan animado. Desde que había llegado a India en un transporte de tropas y había sido traspasado, junto con un rifle viejo, como parte del pago de una deuda por apuestas de carreras, Gato Maltés había jugado al polo, y había predicado sobre este deporte al equipo de Skidar en su pedregoso campo de polo. Un caballo de polo es como un poeta. Si nace amando el juego, puede convertirse en jugador. Gato Maltés sabía que los bambúes crecen solo para que con sus raíces puedan hacerse pelotas, que se les da grano para mantenerles fuertes y en buenas condiciones, y que a los caballos se les herraba para impedir que resbalaran en un giro. Y además de todas esas cosas, conocía todos los trucos y estratagemas del juego más hermoso del mundo, y llevaba dos estaciones enseñando a los demás todo lo que sabía o sospechaba.

—Recuerden que debemos jugar unidos, y que deben jugar con la cabeza —repitió por centésima vez cuando se acercaron los jinetes—. Y pase lo que pase, sigan a la pelota. ¿Quién sale primero?

Les pusieron las cinchas a Kittiwynk, Shiraz, Polaris y a un bayo corto y alto de tremendas corvas y sin una cruceta de la que fuera digno hablar (le llamaban Corks); y los soldados del fondo lo contemplaron todo fijamente.

—Quiero que estén tranquilos —señaló Lutyens, capitán del equipo—. Y sobre todo que no empiecen a darse pisto.

—¿Ni siquiera si ganamos, capitán Sahib? —preguntó uno de los jactanciosos.

—Si ganamos, podrán hacer lo que les plazca —contestó Lutyens con una sonrisa mientras se deslizaba el lazo de su palo por la muñeca y se dirigía a galope corto hasta su posición.

Los caballos de los Archangel se sentían un poco por encima de sí mismos por la multitud multicolor que tan cerca estaba del campo de juego. Sus jinetes eran excelentes jugadores, pero formaban un equipo de jugadores de primer orden, en lugar de un equipo de primer orden, y ahí estaba toda la diferencia del mundo. Pretendían sinceramente jugar juntos, pero es muy difícil que cuatro hombres, cada uno de ellos el mejor que ha podido elegir el equipo, recuerden que en el polo no se compensa el juego con la manera brillante de golpear la pelota o cabalgar. Su capitán les gritaba las órdenes llamándolos por su nombre, y resulta curioso que si pronuncias en público el nombre de un inglés, este se siente azorado y malhumorado. En cambio, Lutyens no les dijo nada a sus hombres, porque ya todo se había dicho anteriormente. Montó a Shiraz, pues jugaba de defensa, para proteger la portería. Powell montó a Polaris como defensa medio, y Macnamara y Hughes jugaban de delanteros montando a Corks y Kittiwynk. Pusieron la dura pelota de raíz de bambú en el centro del campo, a unas ciento cincuenta yardas de los extremos, y Hughes cruzó el mazo, con la cabeza hacia arriba, con el capitán del Archangel, quien creyó adecuado jugar de delantero, aunque desde esa posición no se puede controlar fácilmente el equipo. Cuando cruzaron los bastones de caña se escuchó un pequeño clic en todo el campo, y entonces Hughes hizo una especie de movimiento rápido de muñeca que le permitió driblar con la pelota unos metros. Kittiwynk se conocía ese golpe desde antiguo, y lo siguió como un gato persigue un ratón. Mientras el capitán del Archangel daba la vuelta a su caballo, Hughes golpeó con toda su fuerza y al instante siguiente Kittiwynk había partido, y Corks le seguía de cerca avanzando ligeramente con sus pequeñas patas como gotas de lluvia sobre cristal.

—Tira a la izquierda —dijo entre dientes Kittiwynk—. ¡Viene hacia nosotros, Corks!

El defensa y el medio de los Archangel caían sobre él cuando estaba al alcance de la pelota. Hughes se inclinó hacia adelante con la rienda suelta y recortó hacia la izquierda casi bajo las patas de Kittiwynk, que se apartó con una cabriola para dejar pasar a Corks, el cual vio que si no se daba prisa traspasaría los límites. Ese salto largo dio tiempo a los Archangel para girar y enviar a tres hombres a través del campo para neutralizar a Corks. Kittiwynk se quedó donde estaba, pues conocía el juego. Corks se encontró con la pelota media fracción de segundo antes de que llegaran los demás y Macnamara, quien con un golpe hacia atrás la envió a través del campo hacia Hughes, el cual vio el camino libre hasta la portería de los Archangel y metió la pelota antes de que nadie supiera muy bien lo que había sucedido.

—Eso sí que es suerte —comentó Corks mientras cambiaban de campo—. Un gol en tres minutos con tres golpes y sin ninguna cabalgada digna de mención.

—No creas —contestó Polaris—. Los hemos enfadado demasiado pronto. No me extrañaría que intentaran adelantarnos a toda velocidad la próxima vez.

—Entonces retén la pelota —dijo Shiraz—. Eso agota a cualquier caballo que no esté acostumbrado.

En la siguiente ocasión no hubo un galope sencillo a través del campo. Todos los Archangel se cerraron como un solo hombre, pero allí se quedaron, pues Corks, Kittiwynk y Polaris consiguieron colocarse de alguna manera encima de la pelota ganando tiempo entre los golpes de los mazos mientras Shiraz daba vueltas por el exterior aguardando una oportunidad.

—Podemos pasarnos haciendo esto todo el día —opinó Polaris empujando con sus cuartos traseros el costado de otro caballo—. ¿Hacia dónde crees que estás empujando?

—Yo… me dejaría llevar con un ekka si lo supiera —le respondió un caballo jadeante—. Y daría la comida de una semana para que me quitaran las anteojeras. No puedo ver nada.

—El polvo es bastante malo. ¡Fiu! Ese casi me da en el corvejón. ¿Dónde está la pelota, Corks?

—Debajo de mi cola. Al menos un hombre la está buscando allí. Esto sí que es bueno. No pueden utilizar los mazos y eso los vuelve locos. ¡Dale al de las anteojeras un empujón y se irá para otro lado!

—¡Eh, no me toques! No veo. Me… creo que me voy a retirar —dijo el caballo de las anteojeras, pues sabía que si no puedes ver alrededor de tu cabeza no te puedes preparar contra los golpes.

Corks observaba la pelota que estaba en el polvo, cerca de sus patas delanteras, mientras Macnamara le daba golpecitos cortos de vez en cuando. Kittiwynk, agitando su cola cortada por la excitación nerviosa, se abrió camino fuera de la escaramuza.

—¡Ho! La tienen —resopló—. ¡Déjenme salir! —y diciendo esto galopó como una bala de rifle por detrás de un caballo alto y desgarbado de los Archangel, cuyo jinete estaba levantando el mazo para dar un golpe.

—Hoy no, te lo agradezco —dijo Hughes cuando el golpe por poco dio en su mazo levantado, y Kittiwynk empujó con los hombros los cuartos traseros del caballo alto, enviándolo a un lado, mientras Lutyens, montando a Shiraz, volvía a enviar la pelota al lugar de donde había venido, y el caballo alto resbalaba y se salía por la izquierda. Kittiwynk, al ver que Polaris se había unido a Corks en la persecución de la pelota terreno arriba, ocupó el lugar de Polaris, y entonces pitaron el final de ese tiempo.

Los caballos del Skidar no perdieron tiempo en cocear ni en soltar bufidos, pues sabían que cada minuto de descanso significaba un gran beneficio, por lo que trotaron hasta las barandillas y sus saises, quienes enseguida empezaron a rascarlos, cubrirlos con mantas y frotarlos.

—¡Fiu! —exclamó Corks, poniéndose rígido para obtener todo el placer de las cosquillas que le producía el enorme rascador de vulcanita—. Si jugáramos caballo contra caballo, doblaríamos a los del Archangel en media hora. Pero ellos sacarán animales de refresco, y otros de refresco, y otros más después… ya verás.

—¿Y a quién le importa? —preguntó Polaris—. Hemos ganado a primera sangre. ¿Se me está hinchando el corvejón?

—Así lo parece —contestó Corks—. Has debido de recibir un latigazo bastante fuerte. Que no se te ponga rígido. En media hora te necesitarán de nuevo.

—¿Cómo va el partido? —preguntó Gato Maltés.

—El campo está como tu herradura, salvo donde han echado demasiada agua —contestó Kittiwynk—. En esos sitios es resbaladizo. No juegues por el centro, que ahí hay una ciénaga. No sé cómo se comportarán los cuatro nuevos caballos, pero hemos mantenido la pelota retenida y les hemos obligado a sudar por nada.

—¿Quién sale ahora? ¡Dos árabes y un par de caballos de campo nativos! Eso está mal. ¡Qué consuelo da lavarte la boca!

Kitty hablaba con el cuello de una botella de agua de soda forrada de cuero entre los dientes, tratando al mismo tiempo de mirar por encima de su cruz. Eso le daba un aire muy coqueto.

—¿Qué es lo que está mal? —preguntó Grey Dawn, cediendo ante las cinchas y admirando sus hombros bien asentados.

—Que ustedes, los caballos árabes, no galopan lo bastante rápido como para mantenerse calientes… eso es lo que quería decir Kitty —le contestó Polaris, cojeando para demostrar que su corvejón necesitaba atención—. ¿Juegas de defensa, Grey Dawn?

—Eso parece —contestó Grey Dawn mientras se le subía encima Lutyens. Powell montó a Rabbit, un caballo de campo bayo muy parecido a Corks, pero con orejas parecidas a las de un mulo. Macnamara montó a Faiz Ullah, un caballito árabe de color rojo, cola larga y de patas traseras cortas y hábiles, mientras Hughes montó a Benami, un animal viejo, de color marrón y malhumorado, que se apoyaba en las patas delanteras más de lo que debería hacerlo un caballo de polo.

—Parece que a Benami le gusta esto —comentó Shiraz—. ¿Cómo estamos de humor, Ben?

El veterano caballo se marchó cojeando sin responder, y Gato Maltés contempló los caballos nuevos del Archangel que saltaron haciendo cabriolas al campo de juego. Eran cuatro animales negros y hermosos, con grandes sillas, y lo bastante fuertes como para comerse al equipo entero de Skidar y galopar con la comida en el estómago.

—Otra vez anteojeras —dijo Gato Maltés—. ¡Buen asunto!

—¡Son corceles… para las cargas de caballería! —exclamó Kittiwynk con indignación—. Nunca volverán a conocernos.

—Pues todos han sido medidos con justicia y han obtenido sus certificados —intervino Gato Maltés—. Si no, no estarían aquí. Tenemos que aceptar las cosas tal como vienen y mantener la vista fija en la pelota.

Empezó el juego, pero esta vez los Skidar fueron acorralados en su propio campo, y los caballos que miraban el partido no lo aprobaron.

—Faiz Ullah está escurriendo el bulto, como de costumbre —comentó Polaris con un gruñido burlón.

—Faiz Ullah se está comiendo el látigo —añadió Corks. Podían escuchar la cuarta de polo de correas de cuero golpeando el tronco bien redondeado del caballito.

Entonces les llegó desde el campo de juego el agudo relincho de Rabbit:

—No puedo hacer solo todo el trabajo —gritaba.

—Juega y no hables —relinchó Gato Maltés; y todos los caballos se agitaron de excitación mientras los soldados y mozos de cuadra se aferraban a la barandilla y gritaban. Un caballo negro con anteojeras había sobrepasado al viejo Benami y le interfería de todas las maneras posibles. Podían ver a Benami agitando la cabeza de arriba abajo y haciendo vibrar el belfo inferior.

—Va a haber una caída enseguida —comentó Polaris—. Benami se está poniendo envarado.

El juego osciló de arriba abajo entre una portería y la otra, y los caballos negros se fueron sintiendo más confiados cuando comprobaron que aventajaban a los otros. Golpearon la pelota fuera de una pequeña escaramuza y Benami y Rabbit la siguieron; Faiz Ullah se contentó con quedarse tranquilo por un instante. El caballo negro de las anteojeras subió como un halcón, seguido por dos de los suyos, y los ojos de Benami brillaron al emprender la carrera. La cuestión era cuál de los caballos aventajaría al otro; los jinetes estaban de acuerdo en arriesgar una caída por una buena causa. El negro, enloquecido casi por las anteojeras, confiaba en su peso y genio; pero Benami sabía cómo aplicar su peso, y cómo mantener el genio. Se encontraron produciendo una nube de polvo. El negro acabó de costado en el suelo, sin aliento en el cuerpo. Rabbit iba cien metros arriba por el campo llevando la pelota y Benami se había parado. Había resbalado casi diez yardas, pero se había cobrado su venganza y se quedó sentado haciendo ruidos con el hocico hasta que se levantó el caballo negro.

—Eso es lo que te pasa por meterte por en medio. ¿Quieres más? —preguntó Benami antes de volver a meterse en el juego. No se consiguió nada porque Faiz Ullah no galopó, aunque Macnamara le pegaba siempre que tenía un segundo libre para hacerlo. La caída del caballo negro impresionó muchísimo a sus compañeros, de manera que los Archangel no pudieron aprovecharse del mal comportamiento de Faiz Ullah.

Tal como dijo Gato Maltés, cuando terminó el tiempo y regresaron los cuatro resoplando y sudando, tendrían que haber coceado a Faiz Ullah alrededor de todo el campo de Umballa. Si no se portaba mejor en el siguiente tiempo, Gato Maltés prometió arrancarle al árabe la cola de raíz y comérsela. No hubo más tiempo para hablar, pues ordenaron salir al tercer grupo de cuatro caballos. El tercer tiempo de un partido suele ser el más caliente, pues cada equipo piensa que los otros deben estar agotados; y la mayor parte de las veces un partido se gana en ese tiempo. Lutyens montó a Gato Maltés, palmeándolo y abrazándolo, pues lo valoraba más que cualquier otra cosa en el mundo. Powell montó a Shikast, un pequeño canalla de color gris sin pedigrí ni buenas costumbres fuera del polo; Macnamara montó a Bamboo, el más grande del equipo, y Hughes a Who's Who, alias El Animal. Se suponía que tenía sangre australiana en sus venas, pero parecía un percherón, y podías golpearle en las patas con una palanca de hierro sin hacerle daño. Salieron para encontrarse frente a la flor del equipo del Archangel, y cuando Who's Who vio sus patas elegantemente protegidas y las pieles hermosas y satinadas, sonrió tras su brida ligera y bien ajustada.

—¡Válgame Dios! —exclamó Who's Who—. Vamos a darle un poco de juego de patas. Esos caballeros necesitan un buen frotado.

—Sin morder —advirtió Gato Maltés, pues era conocido por todos que en una o dos ocasiones Who's Who se había olvidado de esa regla.

—¿Quién dijo nada sobre morder? No estoy jugando al saltador. Estoy jugando el partido.

Los Archangel bajaron como lobos acorralados, pues se habían cansado del fútbol y querían jugar al polo. Y recibieron más y más. Poco después de empezar el tiempo, Lutyens golpeó una pelota que se acercaba a él con rapidez, y la elevó en el aire, como sucede a veces con una pelota, produciendo el sonido del aleteo de una perdiz asustada. Shikast la oyó, pero al principio no pudo verla, aunque miró para todas partes y también hacia el aire, tal como le había enseñado Gato Maltés. Cuando la vio hacia adelante y por arriba, avanzó con Powell tan rápido como pudo. Entonces fue cuando Powell, en general un hombre tranquilo y juicioso, se sintió inspirado y jugó un golpe que a veces tiene éxito en una tranquila y larga tarde de entrenamiento. Cogió el mazo con ambas manos y, poniéndose en pie sobre los estribos, golpeó la pelota en el aire a la manera de Munipore. Se produjo un segundo de asombro paralizante antes de que los cuatro graderíos del campo se pusieran en pie lanzando un grito de aprobación y complacencia cuando la pelota salió volando (había que ver a los asombrados Archangel agachándose en la silla para salirse de la trayectoria de vuelo y mirándola con la boca abierta), y las gaitas reglamentarias de los Skidar sonaron desde las barandillas en cuanto los gaiteros recuperaron el aliento.

Shikast percibió el golpe, y al mismo tiempo oyó que se desprendía la cabeza del mazo. Novecientos noventa y nueve caballos de cada mil habrían perseguido precipitadamente la pelota llevando encima un jinete inútil tirándole de la cabeza, pero Powell lo conocía, y él conocía a Powell; en cuanto sintió moverse ligeramente la pierna derecha del jinete por encima de la gualdrapa, se dirigió hacia un lado desde el que un oficial nativo agitaba frenéticamente un mazo nuevo. Antes de que terminaran los gritos, Powell estaba armado de nuevo. Solo una vez en su vida había oído Gato Maltés ese mismo golpe, jugado entonces desde sus propios lomos, y se había aprovechado de la confusión que provocó. Esta vez actuó por experiencia y, dejando a Bamboo que defendiera la portería por si se producía algún accidente, pasó entre los otros como una centella, con la cabeza y la cola bajas, y Lutyens erguido sobre él para aliviarlo. Avanzó antes de que el otro equipo se enterara de lo que estaba sucediendo y casi se golpeó la cabeza entre los postes de la portería de los Archangel cuando empujó la pelota, metiéndola, tras una carrera en línea recta de casi ciento treinta metros. Si había una cosa de la que Gato Maltés se enorgulleciera más que de cualquier otra, era de esa especie de carrera rápida con la que sabía cruzar como un rayo la mitad del campo. No era de los partidarios de llevar la pelota alrededor del campo, a menos que uno estuviera siendo dominado claramente. Después les dieron a los del Archangel cinco minutos de fútbol, y un caballo caro y rápido odia el fútbol porque estorba a su temperamento.

En esa manera de jugar Who's Who demostró ser mejor incluso que Polaris. No permitía ningún movimiento hacia el exterior, sino que se metía gozosamente en la escaramuza como si tuviera el morro introducido en un comedero y estuviera buscando algo agradable. El pequeño Shikast saltaba sobre la pelota en cuanto esta quedaba al descubierto y cada vez que un caballo del Archangel la seguía, se encontraba a Shikast encima y preguntando qué sucedía.

—Si sobrevivimos a este tiempo, no me preocuparé —dijo Gato Maltés—. Ustedes no se agoten, dejen que suden ellos.

Y entonces, tal como explicaron después los jinetes, los caballos "se cerraron". Los Archangel los sujetaron delante de su portería, pero eso les costó a sus caballos todo lo que les quedaba de temperamento; los animales empezaron a cocear, sus jinetes a repetir cumplidos, y los primeros se lanzaron contra las patas de Who's Who, pero este apretó los dientes y se quedó donde estaba, mientras el polvo se elevaba como un árbol por encima de la escaramuza hasta que terminó aquel ardoroso tiempo. Encontraron a los caballos muy excitados y confiados cuando llegaron junto a sus saises, y Gato Maltés tuvo que advertirles que se acercaba lo peor del partido.

—Ahora nosotros salimos por segunda vez, y ellos trotan con caballos de refresco. Creerán que son capaces de galopar, pero descubrirán que no es posible, y se sentirán apenados.

—Pero dos goles a cero es una gran ventaja —dijo Kittiwynk haciendo cabriolas.

—¿Cuánto se tarda en meter un gol? —preguntó a modo de respuesta Gato Maltés—. Por favor, no salgan con la idea de que el partido está casi ganado solo porque ahora hayamos tenido suerte. Los acorralarán contra la tribuna si pueden; no deben darles la oportunidad. Sigan a la pelota.

—¿Fútbol, como de costumbre? —preguntó Polaris—. El corvejón se me ha hinchado tanto que parece casi del tamaño de un morral.

—No les dejen ver la pelota si pueden evitarlo. Y ahora déjenme solo, que debo descansar todo lo que pueda antes del último tiempo.

Bajó la cabeza y relajó todos los músculos. Shikast, Bamboo y Who's Who imitaron su ejemplo.

—Será mejor no mirar el partido —dijo—. No estamos jugando y nos agotaremos si nos ponemos ansiosos. Miren al suelo y piensen que es la hora de irnos.

Hicieron todo lo que pudieron, pero resultaba difícil seguir su consejo. Los cascos retumbaban sobre el suelo, los mazos golpeaban campo arriba y abajo y los gritos de aprobación de las tropas inglesas indicaban que los Archangel estaban presionando fuerte a los Skidar. Los soldados nativos situados tras los caballos gemían y gruñían, murmuraban y finalmente escucharon un prolongado grito y un estruendo de hurras.

—Uno para los Archangel —dijo Shikast sin levantar la cabeza—. Está a punto de acabar este tiempo. ¡Ay, por mi padre y mi madre!

—Faiz Ullah, si esta vez no juegas hasta el último clavo de tus herraduras, te derribaré a patadas delante de todos los demás caballos —dijo Gato Maltés.

—Y yo haré todo lo que pueda cuando me toque el turno —añadió enérgicamente el caballito árabe.

Los saíses se miraban seriamente unos a otros mientras frotaban las patas de los caballos. Ahora era cuando de verdad estaban en juego las grandes bolsas, y todo el mundo lo sabía. Kittiwynk y los demás regresaron con el sudor goteándoles por encima de los cascos y con las colas contando tristes historias.

—Son mejores que nosotros —comentó Shiraz—. Sabía lo que iba a pasar.

—Cierra tu bocaza —le interrumpió Gato Maltés—. Todavía llevamos un gol de ventaja.

—Sí, pero ahora juegan dos árabes y dos caballos nativos —intervino Corks—. ¡Faiz Ullah, acuérdate! —añadió con voz cáustica.

Cuando Lutyens montó en Grey Dawn miró a sus hombres y comprobó que no tenían buen aspecto. Estaban cubiertos por franjas de polvo y sudor. Las botas amarillas estaban casi negras, las muñecas enrojecidas y llenas de bultos, y los ojos parecían haber profundizado cinco centímetros en la cabeza, aunque la expresión de la mirada era satisfactoria.

—¿Bebieron algo en la tienda? —preguntó Lutyens, y los miembros del equipo negaron con la cabeza, pues estaban demasiado secos para poder hablar.

—Muy bien. Los Archangel lo hicieron, y están muchísimo más agotados que nosotros.

—Pero tienen caballos mejores —contestó Powell—. No me sentiré apenado cuando esto termine.

El quinto tiempo fue triste en todos los aspectos. Faiz Ullah jugó como un pequeño demonio rojo; Rabbit parecía estar al mismo tiempo en todas partes, y Benami se lanzaba recto hacia cualquier cosa que se interpusiera en su camino, mientras los árbitros, montados en sus caballos, giraban como gaviotas alrededor del cambiante juego. Pero los Archangel tenían las mejores monturas y no permitieron a los Skidar jugar al fútbol. Golpearon la pelota arriba y abajo de lo ancho del campo hasta que Benami y los demás fueron superados. Entonces avanzaron y una y otra vez Lutyens y Grey Dawn fueron capaces por muy poco de alejar la pelota con un golpe largo y cortante. Grey Dawn se olvidó de que era un árabe y dejó de ser gris para volverse azul con sus galopes. La verdad es que se olvidó demasiado, pues no mantenía la vista en el suelo como debería hacer un caballo árabe, sino que sacaba el morro y se lanzaba a la carrera espoleado por el honor del partido. Habían regado el campo una o dos veces en los descansos, y un aguador descuidado había vaciado todo su odre en un lugar cercano a la portería de los Skidar. Estaba cerca del extremo del campo y por décima vez Grey Dawn corría tras una pelota cuando sus cuartos traseros resbalaron en el barro y cayó dando vueltas, lanzando a Lutyens, que por poco no chocó contra un poste. Además, los triunfantes Archangel consiguieron su gol. Entonces terminó el tiempo, con empate a dos goles; a Lutyens tuvieron que ayudarle a levantarse y Grey Dawn se incorporó con los cuartos traseros magullados.

—¿Qué daños ha habido? —preguntó Powell, rodeando con el brazo a Lutyens.

—Desde luego la clavícula —contestó Lutyens entre dientes. Era la tercera vez que se la rompía en dos años, y le dolía.

Powell y los demás silbaron.

—Terminó el partido —dijo Hughes.

—Espera un momento. Todavía nos quedan cinco buenos minutos y no es mi mano derecha —dijo Lutyens—. Los vamos a superar.

—Quería saber si estás herido, Lutyens —preguntó el capitán de los Archangel llegando al trote—. Aguardaremos si quieres poner un sustituto. Me gustaría… quiero decir… la verdad es que tus hombres se merecen este partido, si hay algún equipo que lo merezca. Nos gustaría darte un hombre, o alguno de nuestros caballos… o algo.

—Eres muy amable, pero creo que jugaremos hasta el final.

El capitán de los Archangel se le quedó mirando un rato.

—Eso no está nada mal —dijo antes de regresar a su campo, mientras Lutyens pedía prestado un pañuelo a uno de sus oficiales nativos para hacerse con él un cabestrillo. Entonces llegó al galope uno de los Archangel con una gran esponja de baño y le aconsejó a Lutyens que se la metiera bajo la axila para aliviar el hombro, y entre todos le ataron científicamente el brazo izquierdo, y uno de los oficiales nativos se adelantó con cuatro vasos alargados que siseaban y burbujeaban.

El equipo miró a Lutyens con aspecto patético y este asintió. Era el último tiempo y ya nada importaría mucho. Se tragaron la bebida de color dorado oscuro, se limpiaron el bigote y recuperaron la esperanza. Gato Maltés había metido el morro por delante de la camisa de Lutyens como intentando decirle lo apenado que se sentía.

—Lo sabe —comentó con orgullo Lutyens—. El bribón lo sabe. Ya he cabalgado con él sin llevar brida… por diversión.

—Ahora no es por diversión —añadió Powell—. Pero no tenemos un sustituto decente.

—No —dijo Lutyens—. Es el último tiempo y tenemos que marcar nuestro gol y ganar. Confiaré en Gato.

—Si te caes ahora te vas a hacer daño —dijo Macnamara.

—Confiaré en Gato —repitió Lutyens.

—¿Oyeron eso? —preguntó con orgullo Gato Maltés a los otros caballos—. Merece la pena haber jugado al polo durante diez años para oír que digan eso de ti. Y ahora, hijos míos, vamos. Cocearemos un poco para demostrar a los Archangel que este equipo no ha sufrido.

Y cuando entraron en el campo de juego, Gato Maltés, tras convencerse de que Lutyens estaba cómodo sobre la silla, coceó tres o cuatro veces, y su jinete rió. Llevaba las riendas cogidas de alguna manera entre las puntas de los dedos de su mano vendada, sin pretender en ningún momento fiarse de ellas. Sabía que Gato respondería a la menor presión de la pierna, y para comprobarlo, pues el hombro le dolía mucho, hizo girar al caballo formando un ocho cerrado entre los postes de la portería. Eso produjo un rugido entre los hombres y los oficiales nativos, a los que les encantaba el dugabashi (los trucos con caballos), tal como ellos lo llamaban, y las gaitas, con mucha tranquilidad pero en tono de burla, entonaron los primeros compases de una conocida melodía de bazar titulada Frescamente Fresco y Nuevamente Nuevo, como advertencia a los otros regimientos de que los Skidar estaban en forma. Todos los nativos se echaron a reír.

—Y ahora recuerden que es el último tiempo —dijo Gato cuando ocuparon su lugar—. ¡Y sigan la pelota!

—No es necesario decirlo —contestó Who's Who.

—Déjenme continuar. Todas las personas que hay en los cuatro lados del campo empezarán a amontonarse… como hicieron en Malta. Oirán que la gente grita, se adelanta y es empujada hacia atrás, y eso va a incomodar mucho a los caballos del Archangel. Pero si una pelota cae en los límites, vayan por ella y que la gente se las arregle para apartarse. En una ocasión fuimos por la pelota de cuatro en fondo y la sacamos de entre el polvo. Apóyenme cuando corra y sigan la pelota.

Hubo una especie de murmullo de simpatía y sorpresa cuando se inició el último tiempo y empezó exactamente lo que había previsto Gato Maltés. La gente se amontonó cerca de los límites y los caballos del Archangel miraron hacia los laterales, cuyo espacio se estaba estrechando. Si saben cómo se siente un hombre obstaculizado en el tenis —y no porque quiera salirse corriendo del campo, sino porque le gusta saber que podrá hacerlo en caso de necesidad—, comprenderán cómo se sienten los caballos cuando juegan encajonados entre seres humanos.

—Voy a chocar contra uno de esos hombres si me salgo —dijo Who's Who, lanzándose como un cohete tras la pelota; y Bamboo asintió sin hablar. Estaban jugando hasta la última pizca de sus fuerzas y Gato Maltés había dejado la portería sin defender para unirse a ellos. Lutyens le había dado todas las órdenes para que pudiera llevarle de regreso, pero era la primera vez en su carrera que el pequeño y sabio caballo gris jugaba al polo bajo su propia responsabilidad, e iba a aprovecharla al máximo.

—¿Qué estás haciendo aquí? —preguntó Hughes cuando Gato cruzó por delante de él y corrió tras un Archangel.

—Gato se encarga… ¡preocúpate del gol! —gritó Lutyens, e inclinándose hacia adelante golpeó la pelota de lleno y la siguió, obligando a los Archangel a dirigirse a su propia portería.

—Sin fútbol —dijo Gato—. Mantengan la pelota cerca de los límites y obstaculícenlos. Jueguen en orden abierto y empújenlos hasta los límites.

La pelota voló formando grandes diagonales a uno y otro lado del campo, y siempre que se detenía y un golpe la acercaba a los límites, los caballos del Archangel se movían con rigidez. No les gustaba dirigirse contra un muro de hombres y carruajes, aunque de haber jugado en campo abierto podrían haber girado sobre una moneda de seis peniques.

—Empújenlos hacia los lados —dijo Gato—. Manténganlos cerca de la multitud. Odian los carros. Shikast, oblígalos a mantenerse por este lado.

Shikast, con Powell, se situó a la izquierda y a la derecha tras la pelea de una escaramuza abierta, y cada vez que golpeaban la pelota alejándola, Shikast galopaba sobre ella en un ángulo tal que Powell se veía obligado a golpearla hacia los límites; y cuando la multitud se había apartado de ese lado, Lutyens enviaba la pelota al otro, y Shikast se deslizaba desesperadamente tras ella hasta que llegaban sus amigos para ayudarla. En esa ocasión se trataba de billar, no de fútbol: billar en el agujero de una esquina; y los tacos no estaban bien entizados.

—Si nos cogen en medio del campo, se alejarán de nosotros. Driblen la pelota hacia los lados —gritó Gato.

Así que la driblaron a lo largo de los límites, donde un caballo no podía acercarse hacia su lado derecho; los Archangel estaban furiosos y los árbitros tenían que olvidarse del juego para gritar a la gente que retrocediera, mientras varios policías montados intentaban torpemente restaurar el orden, siempre muy cerca de la escaramuza, y los nervios de los caballos del Archangel se tensaban y se rompían como si estuvieran hechos de tela de araña. En cinco o seis ocasiones un Archangel golpeó la pelota llevándola hacia el centro del campo, y en cada ocasión el atento Shikast daba a Powell la oportunidad de devolverla, y tras cada retroceso, cuando se había asentado el polvo, los espectadores podían ver que los Skidar habían avanzado algunos metros. De vez en cuando los espectadores gritaban "¡Apartaos! ¡Fuera del lateral!", pero los equipos estaban demasiado atareados para prestar atención y los árbitros hacían todo lo que podían para mantener a sus enloquecidos caballos lejos de la lucha.

Finalmente Lutyens erró un golpe corto y fácil y los Skidar tuvieron que regresar volando, atropelladamente, para proteger su portería, siguiendo a Shikast. Powell detuvo la pelota con un golpe de revés cuando no estaba ni a cuarenta y cinco metros de los postes de la portería, y Shikast dio la vuelta con un tirón que casi hace caerse de su silla a Powell.

—Ahora es nuestra última oportunidad —dijo Gato, girando como un abejorro clavado con una aguja—. Tenemos que sobrepasarlos, adelante.

Lutyens sintió que el caballito respiraba profundamente y, por así decirlo, se encogía bajo su jinete. La pelota daba saltos hacia el margen derecho, y un Archangel cabalgaba hacia ella azuzando al caballo con las dos espuelas y el látigo; pero ni espuelas ni látigo harían que su caballo se estirara al acercarse la multitud. Gato Maltés le pasó bajo su mismo hocico, recogiendo bruscamente los cuartos traseros, pues no había un centímetro que desperdiciar entre estos y el bocado del otro caballo. Fue una exhibición tan clara como la del patinaje artístico. Lutyens golpeó con toda la fuerza que le quedaba, pero el mazo le resbaló un poco en la mano y la pelota salió hacia la izquierda en lugar de quedarse junto al margen. Who's Who estaba muy lejos, y pensaba concentrado mientras galopaba. Zancada a zancada repitió las maniobras de Gato con otro caballo del Archangel, quitándole la pelota de debajo de la brida y salvando a su oponente por media fracción de centímetro, pues Who's Who se encontraba detrás. Entonces se lanzó hacia la derecha mientras Gato Maltés surgía por la izquierda; y Bamboo sostuvo una trayectoria media exactamente entre ellos. Los tres estaban haciendo una especie de ataque en forma de flecha ancha gubernamental; solo había un Archangel para defender la portería, pero inmediatamente detrás de ellos los otros tres Archangel corrían todo lo que podían y con ellos se mezcló Powell, impulsando a Shikast en lo que pensaba era su última esperanza. Hace falta un hombre muy bueno para resistir el empuje de siete caballos enloquecidos en el último tiempo de una final de copa, cuando los hombres corren como si les fuera en ello la vida y los caballos están delirantes. El defensa del Archangel falló el golpe y se apartó justo a tiempo para dejar pasar el tropel. Bamboo y Who's Who acortaron la zancada para dejar espacio a Gato Maltés, y Lutyens consiguió el gol con un golpe limpio y suave que se escuchó en todo el campo. Pero no había manera de detener a los caballos. Traspasaron los postes de la portería en una multitud mezclada, juntos ganadores y perdedores, pues la velocidad había sido terrible. Gato Maltés sabía por experiencia lo que sucedería, y para salvar a Lutyens giró a la derecha con un último esfuerzo que le magulló un tendón trasero más allá de lo que era posible curar. Al hacerlo oyó que el poste derecho se rompía al chocar contra él un caballo: se agrietó, se astilló y cayó como un mástil. Estaba serrado por tres partes por si había algún accidente, pero aun así hizo volcar al caballo, que chocó con otro, el cual chocó contra el poste de la izquierda y entonces todo fue confusión, polvo y madera. Bamboo estaba tumbado en el suelo viendo las estrellas; un caballo del Archangel rodaba a su lado, enfadado y sin aliento; Shikast se había sentado como un perro para no caer sobre los otros y se deslizaba sobre su cola cortada en medio de una nube de polvo; Powell estaba sentado en el suelo, golpeándolo con el mazo y tratando de animar a todos. Los demás gritaban con lo que les quedaba de voz, y los hombres que habían sido derribados también gritaban. En cuanto los espectadores vieron que nadie había salido herido, diez mil nativos e ingleses gritaron y aplaudieron, y antes de que nadie pudiera detenerlos los gaiteros del Skidar entraron en el campo arrastrando detrás a todos los hombres y oficiales nativos, y marcharon arriba y abajo tocando una salvaje melodía del norte llamada "Zakhme Bagan", y entre el estrépito de las gaitas y los agudos gritos de los nativos se podía escuchar a la banda de Archangel que martilleaba "Son unos chicos excelentes" y luego reprochaban al equipo perdedor: "¡Ooh, Kafoozalum! ¡Kafoozalum! ¡Kafoozalum!"

Además de todas estas cosas, y otras muchas, había un comandante en jefe, y un inspector general de caballería, y el principal oficial veterinario de toda India que, en pie sobre un coche del regimiento, gritaban como escolares; y brigadieres, coroneles, comisionados y cientos de hermosas damas se unían al coro. Pero Gato Maltés estaba con la cabeza agachada, preguntándose cuántas patas le quedarían; y Lutyens vio a los hombres y a los caballos apartarse de los restos de los dos postes y palmeó muy tiernamente a Gato.

—Diría yo… —dijo el capitán del Archangel escupiendo un guijarro que llevaba en la boca—. ¿Aceptarías tres mil por ese caballo… tal como está?

—No, muchas gracias. Tengo la idea de que me ha salvado la vida —respondió Lutyens, descabalgando y tumbándose en el suelo cuan largo era. Los dos equipos estaban también en el suelo, lanzando sus botas al aire, tosiendo y respirando profundamente, mientras llegaban corriendo los saises para llevarse los caballos, y un aguador oficioso rociaba a los jugadores con agua sucia hasta que se sentaron.

—¡Por mi tía! —exclamó Powell, frotándose la espalda y mirando los tocones de lo que habían sido dos postes—. ¡Esto sí que fue un partido!

Aquella noche, en la cena de gala, volvieron a jugarlo, un golpe tras otro, cuando la Copa del Abierto se llenó y pasó alrededor de la mesa, y se vació y volvió a llenar, y todos hicieron los discursos más elocuentes. Hacia las dos de la mañana, cuando debía llegar el momento de cantar un poco, una cabeza pequeña, sabia y gris miró por la puerta abierta.

—¡Hurra! Que entre —dijeron los Archangel; y su sais, que estaba verdaderamente feliz, palmeó a Gato Maltés en el costado, y cojeando entró bajo el resplandor de la luz y los brillantes uniformes, buscando a Lutyens. Estaba habituado a los comedores, los dormitorios y otros lugares en los que no solían entrar caballos, y en su juventud había saltado una mesa de comedor por una apuesta. Por eso se comportó con gran cortesía, comió pan untado en sal y fue acariciado por toda la mesa, moviéndose cautelosamente. Los hombres bebieron a su salud porque había hecho más por ganar la Copa que cualquier otro hombre o caballo que pisara el campo.

Tenía gloria y honor suficientes para el resto de sus días, y Gato Maltés no se quejó demasiado cuando el cirujano veterinario dijo que ya no serviría más para el polo. Cuando Lutyens se casó, su esposa no le permitió seguir jugando, por lo que se vio obligado a convertirse en árbitro; y su caballo en esas ocasiones era un gris salpicado con pulcra cola de polo, cojo, pero desesperadamente rápido sobre sus patas, al que todo el mundo conocía como el Pasado Pluscuamperfecto Prestísimo Jugador de Polo.

LA LITERA FANTASMA

Por RUDYARD KIPLING

Una de las pocas ventajas que tiene la India, comparada con Inglaterra, es la gran facilidad para conocer a las personas. Después de cinco años de servicio, el hombre menos sociable tiene relaciones directas o indirectas con doscientos o trescientos empleados civiles de su provincia, con la oficialidad de diez o doce regimientos y baterías, y con mil quinientas personas ajenas a la casta de los que cobran sueldo del Estado.

A los diez años, sus conocimientos duplicarán esas cifras, y si continúa durante veinte años en el servicio público, estará más o menos relacionado con todos los ingleses del Imperio, de tal manera que podrá ir a cualquier parte sin necesidad de hospedarse en hoteles.

Los enamorados de la vida errante, que consideran como un derecho vivir en casas ajenas, han contribuido últimamente a desanimar en cierto grado la disposición hospitalaria del inglés; pero hoy como ayer, si perteneces al Círculo Íntimo y no eres ni un Oso ni una Oveja Negra, se te abrirán de par en par todas las puertas, y descubrirás que este mundo, a pesar de su pequeñez, encierra muchos tesoros de cordialidad y ayuda amistosa.

Hacía quince años, Rickett, de Kamartha, era huésped de Polder, de Kumaon. Su propósito era pasar solamente dos noches en la casa de éste; pero, obligado a guardar cama por haber sufrido un ataque de fiebre reumática, durante mes y medio desorganizó la casa, paralizó el trabajo del dueño de ella y estuvo a punto de morir en la alcoba de mi buen amigo.

Polder es tan hospitalario que todavía hoy se cree ligado por una eterna deuda de gratitud con el que lo honró alojándose en su casa, y anualmente envía una caja de juguetes y otros obsequios a los hijos de Rickett.

El caso no es excepcional, y el hecho se repite en todas partes. Caballeros que no se muerden la lengua para decirte que eres un animal, y gentiles damas que hacen trizas tu reputación y que no interpretan con caridad las expansiones de tu esposa, son capaces de afanarse noche y día para servirte si tienes la desgracia de caer enfermo o si la suerte te es adversa.

Además de su clientela, el doctor Heatherlegh atendía un hospital explotado por su propia cuenta. Un amigo suyo decía que el establecimiento era un establo para incurables, pero en realidad era un tinglado para reparar las maquinarias humanas descompuestas por los rigores del clima. La temperatura de la India es a veces sofocante, y como hay poca tela que cortar y la que hay debe servir para todo, o en otros términos, como hay que trabajar más de lo debido y sin que nadie lo agradezca, muchas veces la salud humana se ve más comprometida que el éxito de las metáforas de este párrafo.

No ha habido médico que pueda compararse con Heatherlegh, y su receta invariable a cuantos enfermos lo consultan es: «Acostarse, no fatigarse, ponerse al fresco». En su opinión, es tan grande el número de individuos muertos por exceso de trabajo, que la cifra no está justificada por la importancia de este mundo.

Sostiene que Pansay, muerto hace tres años en sus brazos, fue víctima de lo mucho que trabajó. En verdad, Heatherlegh tiene derecho para que consideremos sus palabras revestidas de autoridad. Él se ríe de mi explicación y no cree, como yo, que Pansay tenía una hendidura en la cabeza, y que por esa hendidura se le metió una ráfaga del Mundo de las Sombras.

—A Pansay —dice Heatherlegh— se le soltó la manija y el aparato dio más vueltas de las debidas, estimulado por el descanso de una prolongada licencia en Inglaterra. Se portaría o no se portaría como un canalla con la señora Keith Wessington. Para mí, la tarea del establecimiento de Katabundi lo sacó de quicio, y después se puso melancólico y dio excesiva importancia a un flirt vulgar. La señorita Mannering fue su prometida, y un día ella renunció a aquella alianza. Le vino a Pansay un resfriado con mucha fiebre, y de allí nació la insensata historieta de los aparecidos. El exceso de trabajo originó la enfermedad, la fomentó y al fin mató al pobre muchacho. Fue una víctima del Sistema, ese maldito sistema de emplear a un hombre para que desempeñe el trabajo correspondiente a dos y medio.

Yo no creo en esta explicación de Heatherlegh. Muchas veces me quedé a solas con Pansay cuando el médico tenía que atender a otros enfermos, si por azar estaba cerca de la casa. Con voz grave y sin cadencia, el infeliz me atormentaba describiendo la procesión de hombres, mujeres, niños y demonios que pasaba constantemente por los pies de su cama. Impresionaba esa palabra doliente.

Cuando se restableció, le dije que debía escribir todo lo acontecido, desde el principio hasta el fin, y se lo dije porque creí que su espíritu descansaría haciendo correr la tinta. Cuando los chicos aprenden una mala palabra, no paran hasta escribirla en una puerta. Y eso también es Literatura.

Pero al escribir estaba muy agitado, y la forma terrorífica que adoptó era poco propicia para la calma que necesitaba ante todo. Dos meses después fue dado de alta; pero, en vez de consagrarse en cuerpo y alma a auxiliar en sus tareas a una comisión sin personal ni fondos suficientes, Pansay optó por morir jurando que era víctima de terrores misteriosos. Antes de que él muriera recogí su manuscrito, en el que consta la versión que dejó de los hechos. Lleva fecha de 1885, y dice así:

Mi médico asegura que yo necesito únicamente descanso y cambio de aires. No es poco probable que muy pronto disfrute de ambas cosas. Tendré el descanso que no perturben mensajeros de casaca roja ni la salva de los cañones del mediodía. Y tendré también un cambio de aires para el que no será necesario que tome billete en un vapor destinado a Inglaterra.

Entretanto, aquí me quedaré, y contrariando las prescripciones médicas, haré al mundo entero confidente de mi secreto. Sabrán por ustedes mismos la naturaleza precisa de mi enfermedad, y juzgarán de acuerdo con su propio criterio si es posible concebir tormentos iguales a los que yo he sufrido en este triste mundo.

Hablando como podría hacerlo un criminal sentenciado, antes de que se corran los cerrojos de su prisión, pido que cuando menos presten atención a mi historia, por extravagante y horriblemente improbable que les parezca. No creo en absoluto que se le conceda fe alguna. Yo mismo, hace dos meses, habría declarado loco o perturbado por el alcohol a quien me hubiera contado cosas semejantes. Yo era hace dos meses el hombre más feliz de la India. Hoy no podrá encontrarse uno más infortunado, desde Peshawar hasta la costa.

Esto lo sabemos únicamente el médico y yo. Su explicación es que tengo afectadas las funciones cerebrales, las digestivas y hasta las de la visión, aunque muy ligeramente: tales son las causas de mis ilusiones. ¡Ilusiones en verdad! Yo le digo que es un necio, lo que no impide que siga prestándome sus atenciones médicas con la misma sonrisa indulgente, con la misma suavidad profesional y con las mismas patillas azafranadas que peina tan cuidadosamente. En vista de su conducta y de la mía, he comenzado a sospechar que soy un ingrato y un enfermo malhumorado. Pero dejo más bien el juicio a su criterio.

Hace tres años tuve la fortuna —y la gran desgracia sin duda— de embarcarme en Gravesend para Bombay, después de una licencia muy larga que se me había concedido. Y digo que fue una gran desdicha mi fortuna, porque en el buque venía Inés Keith Wessington, esposa de un caballero que prestaba sus servicios en Bombay. No tiene el menor interés para ustedes inquirir qué clase de mujer era aquella, y deben contentarse con saber que antes de que llegáramos al lugar de nuestro destino, ya nos habíamos enamorado locamente el uno del otro. El cielo sabe bien que lo digo sin sombra de vanidad. En esta clase de relaciones, siempre hay uno que se sacrifica y otro que es el sacrificador. Desde el primer momento de nuestra malaventurada unión, yo tuve la conciencia de que Inés sentía una pasión más fuerte, más dominadora —y si se me permite la expresión—, más dura que la mía. Yo no sé si ella se daba cuenta del hecho, pero más tarde fue evidente para ambos.

Llegamos a Bombay en la primavera, y cada cual tomó su camino, sin que volviéramos a vernos hasta que, al cabo de tres o cuatro meses, nos reunieron en Simla una licencia que obtuve y el amor de ella por mí. En Simla pasamos la estación, y el humo de pajas que ardía en mi pecho acabó, sin dejar rescoldo, al fin del año. No intento excusarme, ni presento alegato en mi favor. La señora Wessington había hecho por mí todos los sacrificios imaginables, y estaba dispuesta a seguir adelante. Supo en agosto de 1882, porque yo se lo dije, que su presencia me hacía daño, que su compañía me fatigaba y que ya no podía tolerar ni el sonido de su voz. El noventa y nueve por ciento de las mujeres se habría cansado también de mí, y el setenta y cinco por ciento se habría vengado al instante, iniciando relaciones galantes con otro.

Pero aquella mujer no pertenecía al setenta y cinco ni al noventa y nueve: era la única del centenar. No producían el menor efecto en ella mi franca aversión ni la brutalidad con que yo engalanaba nuestras entrevistas.

—Jack, encanto mío.

Tal era el eterno reclamo de cuchillo con que me asesinaba.

—Hay entre nosotros un error, un horrible desconcierto que es necesario disipar para que vuelva a reinar la armonía. Perdóname, querido Jack, perdóname.

Yo era el de toda la culpa, y lo sabía, por lo que mi piedad se transformaba a veces en una resignación pasiva; pero en otras ocasiones despertaba en mí un odio ciego, el mismo instinto, a lo que creo, del que pone salvajemente la bota sobre la araña después de medio matarla de un papirotazo. La estación de 1882 acabó con ese odio en mi pecho.

Al año siguiente volvimos a encontrarnos en Simla; ella con su expresión monótona y sus tímidas tentativas de reconciliación, y yo con una maldición en cada fibra de mi ser. Muchas veces no tenía valor para quedarme a solas con ella, pero cuando esto sucedía, sus palabras eran una repetición idéntica de las anteriores. Volvía a sus labios el eterno lamento del error; volvía la esperanza de que renaciera la armonía; volvía a implorar mi perdón. Si yo hubiera tenido ojos para verla, habría notado que solo vivía alimentada por aquella esperanza. Cada vez aumentaban su palidez y su demacración. Convendrán conmigo en que la situación hubiera exasperado a cualquiera. Lo que ella hacía era antinatural, pueril, indigno de una mujer. Creo que su conducta merecía censura. A veces, en mis negras vigilias de febrícula, ha venido a mi mente la idea de que pude haber sido más afectuoso. Pero esto sí que es ilusión. ¿Cómo era posible en lo humano que yo fingiera un amor no sentido? Eso habría sido una deslealtad para ella y aun para mí mismo.

Hace un año volvimos a vernos. Todo era exactamente lo mismo que antes. Se repitieron sus imploraciones, cortadas siempre por las frases bruscas que salían de mis labios. Pude al cabo persuadirla de que eran insensatas sus tentativas de renovar nuestras antiguas relaciones.

Nos separamos antes de que terminara la estación, es decir, hubo dificultades para que nos viéramos, pues yo tenía otros intereses más absorbentes.

Cuando, en mi alcoba de enfermo, evoco los recuerdos de la estación de 1884, viene a mi espíritu una confusa pesadilla en la que se mezclan fantásticamente la luz y la sombra. Pienso en mis pretensiones a la mano de la dulce Kitty Mannering; pienso en mis esperanzas, dudas y temores; pienso en nuestros paseos por el campo, en mi declaración de amor, en su respuesta… De vez en cuando me visita la imagen del pálido rostro que pasaba fugitivo en la litera cuyas libreas negras y blancas yo aguardaba con angustia. Y estos recuerdos vienen acompañados del de las despedidas de la señora Wessington, cuando su mano enguantada hacía el signo de adiós. Tengo presentes nuestras entrevistas, que ya eran muy raras, y su eterno lamento.

Yo amaba a Kitty Mannering; la amaba honradamente, con todo mi corazón, y, a medida que aumentaba este amor, aumentaba mi odio a Inés.

Llegó el mes de agosto. Kitty era mi prometida. Al día siguiente me topé, en las afueras de Jakko, con esos malditos jampanies —es decir, los criados que llevan el jampan, palanquín o litera de manos— «picazos», y, movido por un pasajero sentimiento de piedad, me detuve para decírselo todo a la señora Wessington. Ya ella lo sabía.

—Me cuentan que vas a casarte, querido Jack —y sin transición, añadió estas palabras—: Creo que todo es un error, un error lamentable. Algún día reinará la concordia entre nosotros, como antaño.

Mi respuesta fue tal, que un hombre difícilmente la habría recibido sin parpadear. Fue un latigazo para la moribunda.

—Perdóname, Jack. No me proponía encolerizarte. ¡Pero es verdad, es verdad!

Se dejó dominar por el abatimiento. Le di la espalda y la dejé para que terminara tranquilamente su paseo, sintiendo en el fondo de mi corazón, aunque solo por un instante, que mi conducta era la de un miserable. Volví la cara y vi que su litera había cambiado de dirección, sin duda para alcanzarme.

La escena quedó fotografiada en mi memoria con todos sus pormenores y los del sitio en que se desarrolló. Estábamos al final de la estación de lluvias, y el cielo, cuyo azul parecía más limpio después de la tempestad, los tostados y oscuros pinos, el camino fangoso, los negros y agrietados cantiles, formaban un fondo siniestro en el que se destacaban las libreas negras y blancas de los panies y la amarilla litera, sobre la cual veía yo distintamente la rubia cabeza de la señora Wessington, que se inclinaba tristemente.

Llevaba el pañuelo en la mano izquierda y recostaba su cabeza fatigada en los cojines de la litera. Yo lancé mi caballo al galope por un sendero que está cerca del estanque de Sanjowlie y emprendí la fuga. Creí oír una débil voz que me llamaba:

—¡Jack!

Debe haber sido efecto de la imaginación, y no me detuve a averiguarlo. Diez minutos después encontré a Kitty, que también montaba a caballo, y la delicia de nuestra larga cabalgata borró de mi memoria todo vestigio de la entrevista con Inés.

A la semana siguiente moría la señora Wessington, y mi vida quedó libre de la inexpresable carga que su existencia significaba para mí. Cuando volví a la llanura me sentí completamente feliz, y, antes de que transcurrieran tres meses, ya no me quedaba un solo recuerdo de la que había desaparecido, salvo tal o cual carta suya que, inesperadamente, hallaba en algún mueble, y que me traía una evocación pasajera y penosa de nuestras pasadas relaciones.

En el mes de enero procedí a un escrutinio de toda nuestra correspondencia, dispersa en mis gavetas, y quemé cuanto papel quedaba de ella.

En abril de este año, que es el de 1885, me hallaba una vez más en Simla, en la semidesierta Simla, completamente entregado a mis pláticas amorosas y a mis paseos con Kitty. Habíamos resuelto casarnos en los últimos días de junio. Comprenderán que, amando a Kitty como yo la amaba, no es mucho decir que me consideraba entonces el hombre más feliz de la India.

Transcurrieron quince días, y estos quince días pasaron con tanta rapidez que no me di cuenta de que el tiempo volaba sino cuando ya había quedado atrás. Despertando entonces el sentido de las conveniencias entre mortales colocados en nuestras circunstancias, le indiqué a Kitty que un anillo era el signo exterior y visible de la dignidad que le correspondía en su carácter de prometida, y que debía ir a la joyería de Hamilton para que tomaran las medidas y compráramos una sortija de alianza.

Juro por mi honor que, hasta aquel momento, habíamos olvidado en absoluto un asunto tan trivial. Fuimos ella y yo a la joyería de Hamilton el 15 de abril de 1885. Recuerden —y ténganlo en cuenta, diga lo que diga en sentido contrario mi médico— que mi salud era perfecta, que nada perturbaba el equilibrio de mis facultades mentales y que mi espíritu estaba absolutamente tranquilo.

Entré con Kitty en la joyería de Hamilton y, sin el menor miramiento a la seriedad de los negocios, yo mismo tomé las medidas de la sortija, lo que fue una gran diversión para el dependiente.

La joya era un zafiro con dos diamantes. Después de que Kitty se puso el anillo, bajamos los dos a caballo por la cuesta que lleva al puente de Combermere y al café de Peliti.

Mi caballo buscaba cuidadosamente paso seguro por las guijas del arroyo, y Kitty reía y charlaba a mi lado, en tanto que toda Simla, es decir, todos los que habían llegado de las llanuras, se congregaban en la sala de lectura y en la terraza de Peliti; pero, en medio de la soledad de la calle, oía yo que alguien me llamaba por mi nombre de pila desde una distancia muy larga. Yo había oído aquella voz, aunque no podía determinar dónde ni cuándo.

El corto espacio de tiempo necesario para recorrer el camino que hay entre la joyería de Hamilton y el primer tramo del puente de Combermere, había sido suficiente para que yo atribuyera a más de media docena de personas la ocurrencia de llamarme de ese modo, y hasta pensé por un momento que me zumbaban los oídos y nada más. Inmediatamente después de que hubimos pasado frente a la casa de Peliti, mis ojos fueron atraídos por la vista de cuatro jampanies con su librea picaza que conducían una litera amarilla de las más ordinarias. Mi espíritu voló en el instante hacia la señora Wessington, y tuve un sentimiento de irritación y disgusto. Si ya aquella mujer había muerto y su presencia en este mundo no tenía objeto, ¿qué hacían allí aquellos cuatro jampanies, con su librea blanca y negra, sino perturbar uno de los días más felices de mi vida?

Yo no sabía quién podía emplear a aquellos jampanies, pero me informaría y le pediría al amo, como un favor especialísimo, que cambiara la odiosa librea. Yo mismo tomaría para mi servicio a los cuatro portaliteras, y si era necesario, compraría su ropa a fin de que se vistieran de otro color. Es imposible describir el torrente de recuerdos ingratos que su presencia evocaba.

—Kitty —exclamé—, mira los cuatro jampanies de la señora Wessington. ¿Quién los tendrá a su servicio?

Kitty había conocido muy superficialmente a la señora Wessington en la pasada estación, y se interesó por la pobre Inés viéndola enferma.

—¿Cómo? ¿En dónde? —preguntó—. Yo no los veo.

Y mientras ella decía estas palabras, su caballo, que se apartaba de una mula con carga, avanzó directamente hacia la litera que venía en sentido contrario. Apenas tuve tiempo de decir una palabra de aviso, cuando, para horror mío —que no hallo palabras con que expresar—, caballo y amazona pasaron a través de los hombres y del carricoche, como si aquellos y este hubieran sido de aire vano.

—¿Qué es eso? —exclamó Kitty—. ¿Por qué diste ese grito de espanto? No quiero que la gente se entere así de nuestra próxima boda. Había mucho espacio entre la mula y la terraza del café, y si crees que no sé cabalgar… ¡vamos!

Y la voluntariosa Kitty echó a galopar furiosamente, a toda rienda, hacia el quiosco de la música, creyendo que yo la seguía, como después me lo dijo. ¿Qué había pasado?

Nada, en realidad. O yo no estaba en mis cabales, o había en Simla una legión infernal.

Refrené mi jaco, que estaba impaciente por correr, y di media vuelta. La litera había cambiado de dirección, y se hallaba frente a mí, cerca del barandal izquierdo del puente de Combermere.

—¡Jack! ¡Jack! ¡Querido Jack!

Era imposible confundir las palabras. Las conocía demasiado bien, por ser siempre las mismas. Repercutían dentro de mi cráneo como si una voz las hubiese pronunciado junto a mi oído.

—Creo que todo es un error. Un error lamentable. Algún día reinará la concordia entre nosotros como antaño. Perdóname, Jack.

La caperuza de la litera había caído, y en el asiento estaba Inés Keith Wessington, con el pañuelo en la mano. La rubia cabeza, de un tono dorado, se inclinaba sobre el pecho. ¡Lo juro por la muerte que invoco, que espero durante el día y que es mi terror en las horas de insomnio!

No sé cuánto tiempo permanecí contemplando aquella imagen. Cuando me di cuenta de mis actos, mi asistente sujetaba por la brida al jaco galés, y me preguntaba si me sentía mal. Pero la distancia entre lo horrible y lo vulgar es muy pequeña. Descendí del caballo y me dirigí al café de Peliti, donde pedí un cordial con una buena cantidad de aguardiente. Había dos o tres parejas en torno a las mesas del café, y se comentaban las novedades locales. Las trivialidades que decían aquellas personas fueron para mí más consoladoras, en ese momento, que la más piadosa de las meditaciones. Me entregué a la conversación, riendo y diciendo despropósitos, con una cara de difunto cuya lividez noté al verme casualmente en un espejo. Tres o cuatro personas advirtieron que yo me hallaba en una condición extraña y, atribuyéndola sin duda a una intoxicación alcohólica, procuraron caritativamente apartarme del centro de la tertulia, pero yo me resistía a irme.

Necesitaba a toda costa la presencia de otros seres humanos, como el niño que interrumpe una comida solemne cuando el miedo lo asalta en un cuarto oscuro. Creo que estuve hablando unos diez minutos, que me parecieron una eternidad, cuando de pronto oí la voz clara de Kitty que preguntaba por mí desde fuera. Al saber que yo estaba allí, entró con la manifiesta intención de devolverme la sortija, por la falta imperdonable que acababa de cometer; pero mi aspecto la impresionó profundamente.

—Por Dios, Jack, ¿qué has hecho? ¿Qué ha pasado? ¿Estás enfermo?

Obligado a mentir, dije que el sol me había afectado gravemente. Eran las cinco de la tarde de un día nublado de abril, y el sol no había aparecido un solo instante. No bien terminé de pronunciar aquellas torpes palabras, comprendí mi error y quise corregirme, pero caí de equivocación en equivocación, hasta que Kitty se marchó, llena de cólera, y yo salí tras ella, en medio de las sonrisas de todos los conocidos. Inventé una excusa que ya no recuerdo, y al trote largo de mi galés me dirigí sin demora hacia el hotel, mientras Kitty terminaba sola su paseo.

Cuando llegué a mi cuarto, me dediqué a considerar el caso con la mayor calma de la que fui capaz. Y he aquí el resultado de mis reflexiones más razonadas: yo, Teobaldo Juan Pansay, funcionario con buenos antecedentes académicos, perteneciente al Servicio Civil de Bengala, encontrándome en el año de gracia de 1885, aparentemente en pleno uso de mi razón y, en verdad, con salud perfecta, era víctima de terrores que me apartaban del lado de mi prometida como consecuencia de la aparición de una mujer muerta y sepultada ocho meses antes. Los hechos eran indiscutibles.

Nada estaba más lejos de mi pensamiento que el recuerdo de la señora Keith Wessington cuando Kitty y yo salimos de la joyería de Hamilton, y nada más común que el paredón de la terraza de Peliti.

Brillaba la luz del día, el camino estaba animado por la presencia de los transeúntes, y de pronto, contra toda ley de probabilidad y en abierta violación de las disposiciones naturales, el rostro de una difunta emergía de la tumba y se presentaba ante mí.

El caballo árabe de Kitty pasó a través del carricoche, y de ese modo desapareció mi primera esperanza de que una mujer maravillosamente parecida a la señora Keith Wessington hubiese alquilado la litera con los mismos cuatro coolies. Una y otra vez recorrí esta rueda de pensamientos y, una y otra vez, viendo frustrada mi esperanza de hallar alguna explicación, me sentí abrumado por la impotencia. La voz era tan inexplicable como la aparición. Al principio había pensado confiarle mis zozobras a Kitty y rogarle que nos casáramos de inmediato, para desafiar, en sus brazos, a la mujer fantástica de la litera.

—Después de todo —me decía a mí mismo—, la presencia de la litera es en sí misma suficiente para demostrar que se trata de una ilusión espectral. Habrá fantasmas de hombres y mujeres, pero no de carricoches ni de coolies. ¡Imaginen el espectro de un nativo de las colinas! Todo esto es absurdo.

A la mañana siguiente envié una carta penitencial a Kitty, suplicándole que olvidara mi extraña conducta de la tarde anterior. Ella todavía estaba llena de indignación, y fue necesario ir personalmente a pedirle perdón. Con el abundante repertorio de excusas que había inventado durante una noche de insomnio, le dije que me había atacado súbitamente una palpitación cardíaca causada por una indigestión.

Este recurso, eminentemente práctico, surtió el efecto esperado y, por la tarde, Kitty y yo reanudamos nuestro paseo a caballo, con la sombra de mi primera mentira entre su caballo árabe y mi jaco galés.

Nada le gustaba tanto a Kitty como dar una vuelta alrededor de Jakko. El insomnio había debilitado mis nervios hasta el punto de que apenas pude oponer una resistencia muy débil a su sugerencia. Y sin insistir demasiado, propuse que fuéramos a la Colina del Observatorio, a Jutogh, al camino de Boileau, a cualquier sitio, en suma, que no fuera la ronda de Jakko. Kitty no solo estaba indignada, sino ofendida. Así que cedí, temiendo provocar otra disputa, y nos encaminamos hacia Chota Simla.

Avanzamos al paso corto de nuestros caballos durante la primera parte del paseo y, siguiendo nuestra costumbre, a una milla o dos más abajo del convento, los hicimos trotar en dirección al tramo llano que está cerca del estanque de Sanjowlie.

Los malditos caballos parecían volar, y mi corazón latía con fuerza cuando coronamos la cuesta. Durante toda la tarde no había dejado de pensar en la señora Wessington, y en cada metro de terreno revivía un recuerdo de nuestros paseos y nuestras confidencias. Cada piedra tenía grabada alguna vieja memoria; los pinos sobre nuestras cabezas cantaban nuestras antiguas historias; los torrentes, henchidos por las lluvias, repetían burlonamente el relato bochornoso; el viento que silbaba en mis oídos publicaba, con voz robusta, el secreto de mi iniquidad.

Como un final arreglado artísticamente, a la mitad del camino a nivel, en el tramo que se llama La Mill, de las Damas, el horror me aguardaba. No se veía otra litera sino la de los cuatro jampanies blanco y negro —la litera amarilla—, y en su interior la rubia cabeza, la cabeza color de oro, exactamente en la actitud que tenía cuando la dejé allí ocho meses y medio antes.

Durante un segundo, creí que Kitty veía lo que yo estaba viendo, pues la simpatía que nos unió era maravillosa. Pero justamente en aquel momento pronunció algunas palabras que me sacaron de mi ilusión.

—No se ve alma viviente. Ven, Jack, te desafío a una carrera hasta los edificios del Estanque.

Su finísimo árabe partió como un pájaro seguido de mi galés, y pasamos a la carrera bajo los acantilados. En medio minuto llegamos a cincuenta metros de la litera. Yo tiré de la rienda a mi galés y me retrasé un poco. La litera estaba justamente en medio del camino, y una vez más el árabe pasó a través, seguido de mi propio caballo.

—Jack, querido Jack. ¡Perdóname, Jack!

Esto decía la voz que hablaba a mi oído. Y siguió su lamento:

—Todo es un error; un error deplorable.

Como un loco, clavé los acicates a mi caballo, y cuando llegué a los edificios del Estanque volví la cara: el grupo de los cuatro jampanies, con sus libreas de blanco y negro, aguardaba pacientemente debajo de la cuesta gris de la colina… El viento me trajo un eco burlesco de las palabras que acababan de sonar en mis oídos. Kitty no cesó de extrañar el silencio en que caí desde aquel momento, pues hasta entonces había estado muy locuaz y comunicativo.

Ni aun para salvar la vida habría podido entonces decir dos palabras en su lugar, y desde Sanjowlie hasta la iglesia me abstuve prudentemente de pronunciar una sílaba.

Estaba invitado a cenar esa noche en la casa de los Mannering, y apenas tuve tiempo de ir al hotel para vestirme. En el camino de la colina del Elíseo, sorprendí la conversación de dos hombres que hablaban en la oscuridad.

—Es curioso —dijo uno de ellos— cómo desapareció completamente toda huella. Usted sabe que mi mujer era una amiga apasionada de aquella señora (en la que por otra parte no vi nada excepcional), y así fue que mi esposa se empeñó en que yo me quedara con la litera y los coolies, ya fuera por dinero, ya por halagos.

—A mí me pareció un capricho de espíritu enfermo, pero mi lema es hacer todo lo que manda la Memsahib. ¿Cree usted que el dueño de la litera me dijo que los cuatro jampanies eran cuatro hermanos que murieron del cólera yendo a Hardwar (¡pobres diablos!), y que el dueño hizo pedazos la litera con sus propias manos, pues dice que por nada del mundo usaría la litera de una Memsahib que haya pasado a mejor vida? Eso es de mal agüero. ¡Vaya una idea! ¿Concibe usted que la pobre señora Wessington pudiera ser ave de mal agüero para alguien, excepto para sí misma?

Yo lancé una carcajada al oír esto, y mi manifestación de extemporáneo regocijo vibró en mis propios oídos como una impertinencia. Pero en todo caso, era verdad que había literas fantásticas y empleos para los espíritus del otro mundo. ¿Cuánto pagaría la señora Wessington a sus jampanies para que vinieran a aparecérseme? ¿Qué arreglo de horas de servicio habrían hecho esas sombras del más allá? ¿Y qué sitio habrían escogido para comenzar y dejar la faena diaria?

No tardé en recibir una respuesta a la última pregunta de mi monólogo. Entre la sombra crepuscular vi que la litera me cerraba el paso. Los muertos caminan muy de prisa y tienen senderos que no conocen los coolies ordinarios. Volví a lanzar otra carcajada, que contuve súbitamente, impresionado por el temor de haber perdido el juicio.

Y he de haber estado loco, por lo menos hasta cierto punto, pues refrené el caballo al encontrarme cerca de la litera, y con toda atención di las buenas noches a la señora Wessington. Ella pronunció entonces las palabras que tan conocidas me son.

Escuché su lamento hasta el final, y cuando hubo terminado le dije que ya había oído aquello muchas veces, y que me encantaría saber de ella algo más, si tenía que decírmelo. Yo creo que algún espíritu maligno, dominándome tiránicamente, se había apoderado de las potencias de mi alma, pues tengo un vago recuerdo de haber hecho una crónica minuciosa de los vulgares acontecimientos del día durante mi entrevista con la dama de la litera, que no duró menos de cinco minutos.

—Está más loco que una cabra, o se bebió todo el aguardiente que había en Simla. ¿Oyes? A ver si lo llevamos a su casa.

La voz que pronunciaba estas palabras no era la de la señora Wessington. Dos transeúntes me habían oído hablar con las musarañas, y se detuvieron para prestarme auxilio. Eran dos personas afables y solícitas, y, por lo que decían, vine en conocimiento de que yo estaba perdidamente borracho. Les di las gracias en términos incoherentes, y seguí mi camino hacia el hotel.

Me vestí sin pérdida de momento, pero llegué con diez minutos de retardo a la casa de los Mannering. Me excusé, alegando la oscuridad nocturna; recibí una amorosa reprensión de Kitty por mi falta de formalidad con la que me estaba destinada para esposa, y tomé asiento.

La conversación era ya general, y, a favor del barullo, decía yo algunas palabras de ternura a mi novia, cuando advertí que en el extremo de la mesa un sujeto de estatura pequeña y de patillas azafranadas describía minuciosamente el encuentro que acababa de tener con un loco. Algunas de sus palabras, muy pocas por cierto, bastaron para persuadirme de que aquel individuo refería lo que me había pasado media hora antes.

Bien se veía que el caballero de las patillas era uno de esos especialistas en anécdotas de sobremesa o de café, y que cuanto decía llevaba el fin de despertar el interés de sus oyentes y provocar el aplauso; miraba, pues, en torno suyo para recibir el tributo de la admiración a que se juzgaba acreedor, cuando sus ojos se encontraron de pronto con los míos. Verme y callar con un extraño azoramiento fue todo uno. Los comensales se sorprendieron del súbito silencio en que cayó el narrador, y este, sacrificando una reputación de hombre ingenioso, laboriosamente formada durante seis estaciones consecutivas, dijo que había olvidado el fin del lance, sin que fuese posible sacarle una palabra más. Yo lo bendecía desde el fondo de mi corazón, y di fin al salmonete que se me había servido.

La comida terminó y yo me separé de Kitty con la más profunda pena, pues sabía que el ser fantástico me esperaba en la puerta de los Mannering. Estaba tan seguro de ello como de mi propia existencia.

El sujeto de las patillas, que había sido presentado a mí como el doctor Heatherlegh, de Simla, me ofreció su compañía durante el trecho en que nuestros dos caminos coincidían. Yo acepté con sincera gratitud.

El instinto no me había engañado. La litera estaba en el Afallo, con farol encendido y en la diabólica disposición de tomar cualquier camino que yo emprendiera con mi acompañante. El caballero de las patillas inició la conversación en tales términos que se veía claramente cuánto le había preocupado el asunto durante la cena.

—Dígame usted, Pansay, ¿qué demonios le pasó hoy en el camino del Eliseo?

Lo inesperado de la pregunta me sacó una respuesta sin ninguna deliberación por mi parte.

—¡Eso! —dije, y señalaba con el dedo hacia el punto en que estaba la litera.

—Eso puede ser delirium tremens o alucinación. Vamos al asunto. Usted no ha bebido: no se trata, pues, de un acceso alcohólico. Usted señala hacia un punto en donde no se ve cosa alguna, y, sin embargo, veo que suda y tiembla como un potro asustado. Hay algo más, y yo necesito enterarme. Véngase usted a mi casa. Está en el camino de Blessington.

Para mi consuelo, en vez de esperarnos, la litera avanzó veinte metros, y no la alcanzábamos ni al paso, ni al trote, ni al galope. En el curso de aquella larguísima cabalgata, yo le referí al doctor casi todo lo que les he contado.

—Por su culpa se me ha echado a perder una de mis mejores anécdotas —dijo él—, pero se lo perdono en vista de cuanto ha sufrido. Vayamos a casa, y sométase usted a mis indicaciones. Y cuando vuelva a la salud perfecta de antes, recuerde, joven amigo mío, lo que hoy le digo: hay que evitar siempre a las mujeres y los alimentos de difícil digestión. Observe usted esta regla hasta el día de su muerte.

La litera estaba enfrente de nosotros, y las dos patillas azafranadas se reían, celebrando la exacta descripción que yo hacía del sitio donde se había detenido el calesín fantástico.

—Pansay, Pansay, recuérdelo: todo es ojos, cerebro y estómago. Pero el gran regulador es el estómago. Usted tiene un cerebro muy lleno de pretensiones a la dominación, un estómago diminuto y dos ojos que no funcionan bien. Pongamos en orden el estómago, y lo demás vendrá por añadidura. Hay unas píldoras que obran maravillas.

Desde este momento yo me voy a encargar de usted con exclusión de cualquier otro colega. Usted es un caso clínico demasiado interesante como para dejarlo pasar sin someterlo a un estudio minucioso.

Nos cubrían las sombras del camino de Blessington en su parte más baja, y la litera llegó a un recodo estrecho, dominado por un peñasco cubierto de pinos. Yo instintivamente me detuve y di la razón que tenía para ello. Heatherlegh me interrumpió lanzando un juramento:

—¡Con mil legiones del infierno! ¿Cree usted que voy a quedarme aquí toda la noche, y enfriarme los huesos, solo porque un caballero que me acompaña es víctima de una alucinación en la que colaboran el estómago, el cerebro y los ojos? No; mil gracias. Pero ¿qué es eso?

Eso era un sonido sordo, una nube de polvo que nos cegaba, un chasquido después, la crepitación de las ramas al desgajarse y una masa de pinos desarraigados que caían del peñasco sobre el camino y nos cerraban el paso. Otros árboles fueron también arrancados de raíz; los vimos tambalearse entre las sombras, como gigantes ebrios, hasta caer en el sitio donde yacían los anteriores, con un estrépito semejante al del trueno. Los caballos estaban sudorosos y paralizados por el miedo. Cuando cesó el derrumbamiento de la enhiesta colina, mi compañero dijo:

—Si no nos hubiéramos detenido, en este instante nos cubriría una capa de tierra y piedras de tres metros de espesor. Habríamos sido muertos y sepultados a la vez. «Hay en los cielos y en la tierra otros prodigios», como dice Hamlet. A casa, Pansay, y demos gracias a Dios. Yo necesito un cordial.

Volvimos grupas y, tomando por el puente de la iglesia, me encontré en la casa del doctor Heatherlegh poco después de las doce de la noche.

Sin pérdida de tiempo, el doctor comenzó a prodigarme sus cuidados, y no se apartó de mí durante una semana. Mientras estuve en su casa, tuve ocasión de bendecir mil veces la buena fortuna que me había puesto en contacto con el más sabio y amable de los médicos de Simla. Día tras día iban en aumento la lucidez y la ponderación de mi espíritu. Día tras día también me sentía más inclinado a aceptar la teoría de la ilusión espectral producida por obra de los ojos, del cerebro y del estómago.

Escribí a Kitty diciéndole que una ligera torcedura, producida por haber caído del caballo, me obligaba a no salir de casa durante algunos días, pero que mi salud estaría completamente restaurada antes de que ella tuviese tiempo de extrañar mi ausencia.

El tratamiento de Heatherlegh era sencillo hasta cierto punto. Consistía en píldoras para el hígado, baños fríos y mucho ejercicio de noche o en la madrugada, porque, como él decía muy sabiamente, un hombre que tiene luxado un tobillo no puede caminar doce millas diarias, y menos aún exponerse a que la novia lo vea o crea verlo en el paseo, juzgándolo postrado en cama.

Al terminar la semana, después de un examen atento de la pupila y del pulso, y de indicaciones muy severas sobre la alimentación y el ejercicio a pie, Heatherlegh me despidió tan bruscamente como me había tomado a su cargo. He aquí la bendición que me dio cuando partí:

—Garantizo la curación del espíritu, lo que quiere decir que he curado los males del cuerpo. Recoja usted sus cosas al instante y dedique todos sus afanes a la señorita Kitty.

Yo quería darle las gracias por su bondad, pero él me interrumpió.

—No tiene usted nada que agradecer. No hice esto por afecto a su persona. Creo que su conducta ha sido infame, pero eso no quita que sea usted un fenómeno, un fenómeno curioso en el mismo grado en que es indigna su conducta de hombre.

Y deteniendo un movimiento mío, agregó:

—No; ni una rupia. Salga usted, y vea si puede encontrar su fantasma, obra de los ojos, del cerebro y del estómago. Le daré a usted un lakh —es decir, 100,000 rupias o 6,600 libras esterlinas— si esa litera vuelve a presentársele.

Media hora después me hallaba yo en el salón de los Mannering, al lado de Kitty, ebrio con el licor de la dicha presente y por la seguridad de que la sombra fatal no volvería a turbar la calma de mi vida. La fuerza de mi nueva situación me dio ánimo para proponer una cabalgata, y para ir de preferencia a la ronda de Jakko.

Nunca me había sentido tan bien dispuesto, tan rebosante de vitalidad, tan pletórico de fuerzas como en aquella tarde del 30 de abril. Kitty estaba encantada de ver mi aspecto, y me expresó su satisfacción con aquella deliciosa franqueza y aquella espontaneidad de palabra que da tanta seducción. Salimos juntos de la casa de los Mannering hablando y riendo, y nos dirigimos como antes por el camino de Chota.

Yo estaba ansioso de llegar al estanque de Sanjowlie para que mi seguridad se confirmara con una prueba decisiva. Los caballos trotaban admirablemente, pero yo sentía tal impaciencia que el camino me pareció interminable. Kitty se mostraba sorprendida de mis ímpetus.

—Jack —dijo al cabo—, pareces un niño. ¿Qué te pasa?

Pasábamos por el convento, y yo hacía dar corvetas a mi galés, pasándole por encima la presilla del látigo para excitarlo con el cosquilleo.

—¿Preguntas qué hago? Nada. Esto y nada más. Si supieras lo que es pasar una semana inmóvil, me comprenderías y me imitarías.

Recité una estrofa que celebra la dicha de vivir, que canta el júbilo de nuestra comunión con la naturaleza y que invoca a Dios, Señor de cuanto existe y de los cinco sentidos del hombre.

Apenas había terminado yo la cita poética, después de trasponer con Kitty el recodo que hay en el ángulo superior del convento, y ya no nos faltaban sino algunos metros para ver el espacio que se abre hasta Sanjowlie, cuando en el centro del camino a nivel aparecieron las cuatro libreas blanco y negro, el calesín amarillo y la señora Keith Wessington. Yo me erguí, miré, me froté los ojos, y creo que dije algo.

Lo único que recuerdo es que, al volver en mí, estaba caído boca abajo en el centro de la carretera, y que Kitty, de rodillas, se hallaba hecha un mar de lágrimas.

—¿Se ha ido ya? —pregunté con ansiedad.

Kitty se puso a llorar con más amargura.

—¿Se ha ido? No sé lo que dices. Debe ser un error, un error lamentable.

Al oír estas palabras, me puse en pie, loco, rabioso.

—Sí, hay un error, un error lamentable —repetía yo—. ¡Mira, mira hacia allá!

Tengo el recuerdo indistinto de que cogí a Kitty por la muñeca y de que me la llevé al lugar donde estaba aquello. Y allí imploré a Kitty que hablara con la sombra, que le dijera que ella era mi prometida, y que ni la muerte ni las potencias infernales podrían romper el lazo que nos unía. Solo Kitty sabe cuántas cosas más dije entonces. Una y otra, y mil veces dirigí apasionadas imprecaciones a la sombra que se mantenía inmóvil en la litera, rogándole que me dejara libre de aquellas torturas mortales. Supongo que en mi exaltación le revelé a Kitty los amores que había tenido con la señora Wessington, pues me escuchaba con los ojos dilatados y el rostro intensamente pálido.

—Gracias, señor Pansay; ya es suficiente.

Y agregó, dirigiéndose a su palafrenero:

—Syce, ghora lao.

Los dos syces [palafreneros], impávidos como buenos orientales, se habían aproximado con los dos caballos que se escaparon en el momento de mi caída. Kitty montó, y yo, asiendo por la brida el caballo árabe, imploraba indulgencia y perdón.

La única respuesta fue un latigazo que me cruzó la cara desde la boca hasta la frente, y una o dos palabras de adiós que no me atrevo a escribir. Juzgué por lo mismo, y estaba en lo cierto, que Kitty se había enterado de todo. Volví vacilando hacia la litera. Tenía el rostro ensangrentado y lívido, desfigurado por el latigazo. Moralmente, era yo un despojo humano.

Heatherlegh, que probablemente nos seguía, se dirigió hacia donde yo estaba.

—Doctor —dije, mostrándole mi rostro—, he aquí la firma con que la señorita Mannering ha autorizado mi destitución. Puede usted pagarme el lakh de la apuesta cuando lo crea conveniente, pues la ha perdido.

A pesar de la tristísima condición en que me encontraba, el gesto que hizo Heatherlegh podía mover a risa.

—Comprometo mi reputación profesional... —fueron sus primeras palabras.

Y las interrumpí diciendo a mi vez:

—Esas son necedades. Ha desaparecido la felicidad de mi vida. Lo mejor que usted puede hacer es llevarme consigo.

El calesín había huido. Pero antes de eso, yo perdí el conocimiento de la vida exterior. El crestón de Jakko se movía como una nube tempestuosa que avanzaba hacia mí.

Una semana más tarde, esto es, el 7 de mayo, supe que me hallaba en la casa de Heatherlegh, tan débil como un niño pequeño. Heatherlegh me miraba fijamente desde su escritorio. Las primeras palabras que pronunció no me dieron gran consuelo, pero mi agotamiento era tal que apenas si me sentí conmovido por ellas.

—La señorita Kitty ha devuelto sus cartas. La correspondencia, a lo que veo, fue muy activa. Hay también un paquete que parece contener una sortija. También venía una cartita muy afectuosa de papá Mannering, que me tomé la libertad de leer y quemar. Ese caballero no se muestra muy satisfecho con la conducta de usted.

—¿Y Kitty? —pregunté neciamente.

—Juzgo que está todavía más indignada que su padre, según los términos en que se expresa.

—Ellos me hacen saber igualmente que antes de mi llegada al sitio de los acontecimientos usted refirió un buen número de reminiscencias muy curiosas. La señorita Kitty manifiesta que un hombre capaz de haber hecho lo que usted hizo con la señora Wessington, debería levantarse la tapa de los sesos para librar a la especie humana de tener un semejante que la deshonra. Me parece que la damisela es persona más para pantalones que para faldas.

—Dice también que usted ha de haber llevado almacenada en el cuerpo una cantidad muy considerable de alcohol cuando el pavimento de la carretera de Jakko se elevó hasta tocarle la cara. Por último, jura que antes morirá que volver a cruzar con usted una sola palabra.

Yo di un suspiro y volví la cara al rincón.

—Ahora elija usted, querido amigo. Las relaciones con la señorita Kitty quedan rotas, y la familia Mannering no quiere causarle a usted un daño de trascendencia. ¿Se declara terminado el noviazgo a causa de un ataque de delirium tremens, o por ataques de epilepsia?

—Siento no poder darle a usted otra causa menos desagradable, a no ser que echemos mano al recurso de una locura hereditaria. Diga usted lo que le parezca, y yo me encargo de lo demás. Toda Simla está enterada de la escena ocurrida en la Milla de las Damas. Tiene usted cinco minutos para pensarlo.

Creo que durante esos cinco minutos exploré lo más profundo de los círculos infernales, por lo menos lo que es dado al hombre conocer de ellos mientras lo cubre una vestidura carnal. Y me era dado, a la vez, contemplar mi azarosa peregrinación por los tenebrosos laberintos de la duda, del desaliento y de la desesperación.

—Me parece que esas personas se muestran muy exigentes en materia de moralidad. Déles usted a todas ellas expresiones afectuosas de mi parte. Y ahora quiero dormir un poco más.

Los dos sujetos que hay en mí se pusieron de acuerdo para reunirse y conferenciaron, pero el que es medio loco y medio endemoniado siguió agitándose en el lecho y trazando paso a paso el viacrucis del último mes.

«Estoy en Simla —me repetía a mí mismo—; yo, Jack Pansay, estoy en Simla, y aquí no hay duendes. Es una insensatez de esa mujer decir que los hay. ¿Por qué Inés no me dejó en paz? Yo no le hice daño alguno. Pude haber sido yo la víctima, como lo fue ella. Yo no la maté a propósito. ¿Por qué no me deja solo… solo y feliz?».

Serían las doce del día cuando desperté, y el sol estaba ya muy cerca del horizonte cuando me dormí. Mi sueño era el del criminal que se duerme en el potro del tormento, más por fatiga que por alivio.

Al día siguiente no pude levantarme. El doctor Heatherlegh me dijo por la mañana que había recibido una respuesta del señor Mannering y que, gracias a la oficiosa mediación del médico y del amigo, toda la ciudad de Simla me compadecía por el estado de mi salud.

—Como ve usted —agregó en tono jovial—, esto es más de lo que usted merece, aunque en verdad ha pasado una tormenta muy dura. No se desaliente; sanará usted, monstruo de perversidad.

Pero yo sabía que nada de lo que hiciera Heatherlegh aliviaría la carga de mis males.

A la vez que este sentimiento de una fatalidad inexorable, se apoderó de mí un impulso de rebelión desesperada e impotente contra una sentencia injusta. Había muchos hombres no menos culpables que yo, cuyas faltas, sin embargo, no eran castigadas, o que habían obtenido el aplazamiento de la pena hasta la otra vida.

Me parecía por lo menos una iniquidad muy cruel y muy amarga que solo a mí se me hubiese reservado una suerte tan terrible. Esta preocupación estaba destinada a desaparecer para dar lugar a otra, en la que el calesín fantástico y yo éramos las únicas realidades positivas de un mundo poblado de sombras. Según esta nueva concepción, Kitty era un duende; Mannering, Heatherlegh y todas las personas que me rodeaban eran duendes también; las grandes colinas grises de Simla eran sombras vanas formadas para torturarme.

Durante siete días mortales fui retrocediendo y avanzando en mi salud, con recrudecimientos y mejorías muy notables; pero el cuerpo se robustecía más y más, hasta que el espejo —no ya solo Heatherlegh— me dijo que compartía la vida animal de los otros hombres.

¡Cosa extraordinaria! En mi rostro no había signo exterior de mis luchas morales. Estaba algo pálido, pero era tan vulgar y tan inexpresivo como siempre. Yo creí que me quedaría alguna alteración permanente, alguna prueba visible de la dolencia que minaba mi ser. Pero no encontré nada.

El 15 de mayo, a las once de la mañana, salí de la casa de Heatherlegh, y el instinto de la soltería me llevó al Club. Todo el mundo conocía el percance de Jakko, según la versión de Heatherlegh. Se me recibió con atenciones y pruebas de afecto que, en su misma falta de refinamiento, acusaban más aún el exceso de cordialidad. Sin embargo, pronto advertí que estaba entre la gente sin formar parte de la sociedad, y que durante el resto de mis días habría de ser un extraño para todos mis semejantes. Envidiaba con la mayor amargura a los coolies que reían en el Mallo.

Comí en el mismo Club, y a las cuatro de la tarde bajé al paseo con la vaga esperanza de encontrar a Kitty. Cerca del quiosco de la música se me reunieron las libreas blanco y negro de los cuatro jampanies y oí el conocido lamento de la señora Wessington. Yo lo esperaba, por cierto, desde Bali, y solo me extrañaba la tardanza.

Seguí por el camino de Chota llevando la litera fantástica a mi lado. Cerca del bazar, Kitty y un caballero que la acompañaba nos alcanzaron y pasaron delante de la señora Wessington y de mí. Kitty me trató como si yo fuera un perro vagabundo. No acortó siquiera el paso, aunque la tarde lluviosa hubiera justificado una marcha menos rápida. Seguimos, pues, por parejas: Kitty con su caballero, y yo con el espectro de mi antiguo amor. Así dimos vueltas por la ronda de Jakko. El camino estaba lleno de baches; los pinos goteaban como canales sobre las rocas; el ambiente se había saturado de humedad.

Dos o tres veces oí mi propia voz que decía:

—Yo soy Jack Pansay, con licencia en Simla, ¡en Simla! Es la Simla de siempre, una Simla concreta. No debo olvidar esto; no debo olvidarlo.

Después procuraba recordar las conversaciones del Club: los precios que fulano o zutano habían pagado por sus caballos; todo, en fin, lo que forma la trama de la existencia cotidiana en el mundo angloindio, para mí tan conocido.

Repetía la tabla de multiplicar para persuadirme de que estaba en mis cabales. La tabla de multiplicar fue para mí un gran consuelo, e impidió tal vez que oyera durante algún tiempo las imprecaciones de la señora Wessington.

Una vez más subí fatigosamente la cuesta del convento y entré por el camino a nivel. Kitty y el caballero que la acompañaba partieron al trote largo, y yo quedé solo con la señora Wessington.

—Inés —dije—, ¿quieres ordenar que se baje esa capota y explicarme la significación de lo que pasa?

La capota bajó sin ruido, y yo quedé frente a frente de la muerta y sepultada amante.

Vestía el mismo traje que le vi la última vez que hablamos en vida de ella; llevaba en la mano derecha el mismo pañuelo, y en la otra mano el mismo tarjetero. ¡Una mujer enterrada hacía ocho meses, y con tarjetero!

Volví a la tabla de multiplicar y apoyé ambas manos en la balaustrada del camino, para cerciorarme de que al menos los objetos inanimados eran reales.

—Inés —repetí—, dime, por piedad, lo que significa esto.

Si mi narración no hubiera pasado ya todos los límites que el espíritu del hombre asigna a lo que se puede creer, sería el caso de que presentara una disculpa por esta insensata descripción de la escena. Sé que nadie me creerá —ni Kitty, para quien en cierto modo escribo, con el deseo de justificarme—; así, pues, sigo adelante.

La señora Wessington hablaba, según lo tengo dicho, y yo seguí a su lado desde el camino de Sanjowlie hasta el recodo inferior de la Casa del Comandante General, como hubiera podido ir cualquier jinete conversando animadamente con una mujer de carne y hueso que pasea en litera.

Acababa de apoderarse de mí la segunda de las preocupaciones de mi enfermedad —la que más me atormenta—, y como el Príncipe en el poema de Tennyson, «yo vivía en un mundo fantasma».

Había habido una fiesta en la Casa del Comandante General, y nos incorporamos a la muchedumbre que salía del Garden-Party. Todos los que nos rodeaban eran espectros —sombras impalpables y fantásticas— y la litera de la señora Wessington pasaba a través de sus cuerpos. No puedo decir lo que hablé en aquella entrevista, ni aun cuando pudiera, me atrevería a repetirlo.

¿Qué habría dicho Heatherlegh? Sin duda, su comentario hubiera sido que yo andaba en amoríos con quimeras creadas por una perturbación de la vista, del cerebro y del estómago. Mi experiencia fue lúgubre, y sin embargo, por causas indefinibles, su recuerdo es para mí maravillosamente grato. ¿Podía cortejar, pensaba yo, y en vida aún, a la mujer que había sido asesinada por mi negligencia y mi crueldad?

Vi a Kitty cuando regresábamos: era una sombra entre sombras.

Si os describiera todos los incidentes de los quince días que siguieron a aquel, mi narración no terminaría, y antes que ella, acabaría vuestra paciencia. Mañana y tarde me paseaba yo por Simla y sus alrededores acompañando a la dama de la litera fantástica. Las cuatro libreas blanco y negro me seguían por todas partes, desde que salía del hotel hasta que entraba de nuevo.

En el teatro, veía a mis cuatro jampanies mezclados con los otros jampanies y dando alaridos con ellos. Si después de jugar al whist en el Club me asomaba a la terraza, allí estaban los jampanies. Fui al baile del aniversario, y al salir vi que me aguardaban pacientemente. También me acompañaban cuando, en plena luz, hacía visitas a mis amistades.

La litera parecía de madera y de hierro, y no difería de una litera material sino en que no proyectaba sombra. Más de una vez, sin embargo, he estado a punto de dirigir una advertencia a algún amigo que galopaba velozmente hacia el sitio ocupado por la litera. Y más de una vez mi conversación con la señora Wessington ha sorprendido y maravillado a los transeúntes que me veían en el Mallo.

No había transcurrido aún la primera semana de mi salida de casa de Heatherlegh, y ya se había descartado la explicación del ataque, acreditándose en lugar de ella la de una franca locura, según se me dijo. Esto no alteró mis hábitos. Visitaba, cabalgaba, cenaba con amigos lo mismo que antes. Nunca como entonces había sentido la pasión de la sociedad.

Ansiaba participar de las realidades de la vida, y a la vez sentía una vaga desazón cuando me ausentaba largo rato de mi compañera espectral. Sería imposible reducir a un sistema la descripción de mis estados de alma desde el 15 de mayo hasta la fecha en que trazo estas líneas.

La calesa me llenaba alternativamente de horror, de un miedo paralizante, de una suave complacencia y de la desesperación más profunda. No tenía valor para salir de Simla, y, sin embargo, sabía que mi estancia en esa ciudad me mataba. Tenía, por lo demás, la certidumbre de que mi destino era morir paulatinamente y por grados, día tras día. Lo único que me inquietaba era pasar cuanto antes mi expiación.

Tenía, a veces, un ansia loca de ver a Kitty, y presenciaba sus ultrajantes coqueteos con mi sucesor, o para hablar más exactamente, con mis sucesores. El espectáculo me divertía.

Estaba Kitty tan fuera de mi vida como yo de la de ella. Durante el paseo diurno, yo vagaba en compañía de la señora Wessington con un sentimiento que se aproximaba al de la felicidad. Pero al llegar la noche, dirigía preces fervientes a Dios para que me concediera volver al mundo real que yo conocía. Sobre todas estas manifestaciones flotaba una sensación incierta y sorda de la mezcla de lo visible con lo invisible, tan extraña e inquietante que bastaría por sí sola para cavar la tumba de quien fuese acosado por ella.

27 de agosto. —Heatherlegh ha luchado infatigablemente. Ayer me dijo que era preciso enviar una solicitud de licencia por causa de enfermedad. ¡Hacer peticiones de esta especie fundándolas en que el firmante tiene que librarse de la compañía de un fantasma! ¡El Gobierno querrá, graciosamente, permitir que vaya a Inglaterra uno de sus empleados, a quien acompañan de continuo cinco espectros y una litera irreal!

La indicación de Heatherlegh provocó una carcajada histérica. Yo le dije que aguardaría el fin tranquilamente en Simla, y que el fin estaba próximo. Créeme: lo temo tanto, que no hay palabras con que expresar mi angustia. Por la noche me torturo imaginando las mil formas que puede revestir mi muerte.

¿Moriré decorosamente en la cama, como cumple a todo caballero inglés, o un día haré la última visita al Mallo, y de allí volará mi alma, desprendida del cuerpo, para no separarse más del lúgubre fantasma? Yo no sé tampoco si en el otro mundo volverá a renacer el amor que ha desaparecido, o si cuando encuentre a Inés me unirá a ella, por toda una eternidad, la cadena de la repulsión. Yo no sé si las escenas que dejaron su última impresión en nuestra vida flotarán perpetuamente en la onda del Tiempo. A medida que se aproxima el día de mi muerte, crece más y más en mí la fuerza del horror que siente toda carne a los espíritus de ultratumba.

Es más angustioso aún ver cómo bajo por la rápida pendiente que me lleva a la región de los muertos, con la mitad de mi ser muerto ya. Compadéceme, y hazlo siquiera por mi ilusión; pues yo bien sé que no creerás lo que acabo de escribir. Y, sin embargo, si hubo alguien llevado a la muerte por el Poder de las Tinieblas, ese hombre soy yo.

Y también compadécela, en justicia. Si hubo alguna mujer muerta por obra de un hombre, esa mujer fue la señora Wessington. Y todavía me falta la última parte de la expiación.

LA PATA DE MONO

Por W. W. JACOBS[2]

I

La noche era fría y húmeda, pero en la pequeña sala de Laburnum Villa los postigos estaban cerrados y el fuego ardía vivamente. Padre e hijo jugaban al ajedrez. El primero tenía ideas personales sobre el juego y ponía al rey en tan desesperados e inútiles peligros que provocaba el comentario de la vieja señora que tejía plácidamente junto a la chimenea.

—Oigan el viento —dijo el señor White; había cometido un error fatal y trataba de que su hijo no lo advirtiera.

—Lo oigo —dijo este, moviendo implacablemente la reina—. Jaque.

—No creo que venga esta noche —dijo el padre, con la mano sobre el tablero.

—Mate —contestó el hijo.

—Esto es lo malo de vivir tan lejos —vociferó el señor White con imprevista y repentina violencia—. De todos los suburbios, este es el peor. El camino es un pantano. No sé qué piensa la gente. Como hay solo dos casas alquiladas, no les importa.

—No te aflijas, querido —dijo suavemente su mujer—. Ganarás la próxima vez.

El señor White alzó la vista y sorprendió una mirada de complicidad entre madre e hijo. Las palabras murieron en sus labios y disimuló un gesto de fastidio.

—Ahí viene —dijo Herbert White al oír el golpe del portón y unos pasos que se acercaban.

Su padre se levantó con apresurada hospitalidad y abrió la puerta; lo escucharon condolerse con el recién venido. Luego, entraron. El forastero era un hombre fornido, con los ojos salientes y la cara rojiza.

---

[2] Nombre completo: William Wymark Jacobs. Nació: 8 de septiembre de 1863, Londres, Inglaterra. Murió: 1 de septiembre de 1943, Londres, Inglaterra. Géneros: Cuentista, narrador humorístico y de terror. Obras más importantes: La pata de mono (1902), su cuento más famoso. Sea Urchins (1898). The Lady of the Barge (1902) – colección donde aparece La pata de mono. Escribió mayormente historias de marineros y vida portuaria, con toques cómicos o siniestros

—El sargento mayor Morris —dijo el señor White, presentándolo.

El sargento les dio la mano, aceptó la silla que le ofrecieron y observó con satisfacción que el dueño de la casa traía whisky y unos vasos, y ponía una pequeña pava de cobre sobre el fuego.

Al tercer vaso, le brillaron los ojos y empezó a hablar. La familia miraba con interés a ese forastero que hablaba de guerras, epidemias y pueblos extraños.

—Hace veintiún años —dijo el señor White, sonriendo a su mujer y a su hijo—. Cuando se fue, era apenas un muchacho. Mírenlo ahora.

—No parece haberle sentado tan mal —dijo la señora White amablemente.

—Me gustaría ir a la India —dijo el señor White—. Solo para dar un vistazo.

—Mejor quedarse aquí —replicó el sargento, negando con la cabeza. Dejó el vaso y, suspirando levemente, volvió a mover la cabeza.

—Me gustaría ver los viejos templos, y faquires y malabaristas —dijo el señor White—. ¿Qué fue, Morris, lo que usted empezó a contarme los otros días, de una pata de mono o algo por el estilo?

—Nada —contestó el soldado apresuradamente—. Nada que valga la pena oír.

—¿Una pata de mono? —preguntó la señora White.

—Bueno, es lo que se llama magia, tal vez —dijo con desgana el militar.

Sus tres interlocutores lo miraron con avidez. Distraídamente, el forastero llevó la copa vacía a los labios; volvió a dejarla. El dueño de casa la llenó.

—A primera vista, es una patita momificada que no tiene nada de particular —dijo el sargento, mostrando algo que sacó del bolsillo.

La señora retrocedió, con una mueca. El hijo tomó la pata de mono y la examinó atentamente.

—¿Y qué tiene de extraordinario? —preguntó el señor White, quitándosela a su hijo para mirarla.

—Un viejo faquir le dio poderes mágicos —dijo entonces el sargento mayor—. Un hombre muy santo… Quería demostrar que el destino gobierna la vida de los hombres y que nadie puede oponérsele impunemente. Le dio este poder: tres hombres pueden pedirle tres deseos.

Habló tan seriamente que los otros sintieron que sus risas desentonaban.

—Y usted, ¿por qué no pide las tres cosas? —preguntó Herbert White.

El sargento lo miró con tolerancia.

—Las he pedido —dijo, y su rostro curtido palideció.

—¿Realmente se cumplieron los tres deseos? —preguntó la señora White.

—Se cumplieron —dijo el sargento.

—¿Y nadie más pidió? —insistió la señora.

—Sí, un hombre. No sé cuáles fueron las dos primeras cosas que pidió; la tercera fue la muerte. Por eso entré en posesión de la pata de mono.

Habló con tanta gravedad que produjo silencio.

—Morris, si obtuvo sus tres deseos, ya no le sirve el talismán —dijo, finalmente, el señor White—. ¿Para qué lo guarda?

El sargento sacudió la cabeza.

—Probablemente he tenido, alguna vez, la idea de venderlo; pero creo que no lo haré. Ya ha causado bastantes desgracias. Además, la gente no quiere comprarlo. Algunos sospechan que es un cuento de hadas; otros quieren probarlo primero y pagarme después.

—Y si a usted le concedieran tres deseos más —dijo el señor White—, ¿los pediría?

—No sé —contestó el otro—. No sé.

Tomó la pata de mono, la agitó entre el pulgar y el índice y la tiró al fuego. White la recogió.

—Mejor que se queme —dijo con solemnidad el sargento.

—Si usted no la quiere, Morris, démela.

—No quiero —respondió terminantemente—. La tiré al fuego; si la guarda, no me eche la culpa de lo que pueda suceder. Sea razonable, tírela.

El otro negó con la cabeza y examinó su nueva adquisición. Preguntó:

—¿Cómo se hace?

—Hay que tenerla en la mano derecha y pedir los deseos en voz alta. Pero le prevengo que debe temer las consecuencias.

—Parece de Las mil y una noches —dijo la señora White. Se levantó a preparar la mesa—. ¿No le parece que podrían pedir para mí otro par de manos?

El señor White sacó del bolsillo el talismán; los tres se rieron al ver la expresión de alarma del sargento.

—Si está resuelto a pedir algo —dijo, mientras agarra el brazo de White—, pida algo razonable.

El señor White guardó en el bolsillo la pata de mono. Invitó a Morris a sentarse a la mesa. Durante la comida, el talismán fue, en cierto modo, olvidado. Atraídos, escucharon nuevos relatos de la vida del sargento en la India.

—Si en el cuento de la pata de mono hay tanta verdad como en los otros —dijo Herbert cuando el forastero cerró la puerta y se alejó con prisa, para alcanzar el último tren—, no conseguiremos gran cosa.

—¿Le diste algo? —preguntó la señora, mirando atentamente a su marido.

—Una bagatela —contestó el señor White, ruborizándose levemente—. No quería aceptarlo, pero lo obligué. Insistió en que tirara el talismán.

—Sin duda —dijo Herbert, con fingido horror—, seremos felices, ricos y famosos. Para empezar, tienes que pedir un imperio, así no estarás dominado por tu mujer.

El señor White sacó del bolsillo el talismán y lo examinó con perplejidad.

—No se me ocurre nada para pedirle —dijo con lentitud—. Me parece que tengo todo lo que deseo.

—Si pagaras la hipoteca de la casa serías feliz, ¿no es cierto? —dijo Herbert, poniéndole la mano sobre el hombro—. Bastará con que pidas doscientas libras.

El padre sonrió, avergonzado de su propia credulidad, y levantó el talismán; Herbert puso una cara solemne, hizo un guiño a su madre y tocó en el piano unos acordes graves.

—Quiero doscientas libras —pronunció el señor White.

Un gran estrépito del piano contestó a sus palabras. El señor White dio un grito. Su mujer y su hijo corrieron hacia él.

—Se movió —dijo, mirando con desagrado el objeto, y lo dejó caer—. Se retorció en mi mano como una víbora.

—Pero yo no veo el dinero —observó el hijo, recogiendo el talismán y poniéndolo sobre la mesa—. Apostaría que nunca lo veré.

—Habrá sido tu imaginación, querido —dijo la mujer, mirándolo ansiosamente.

Sacudió la cabeza.

—No importa. No ha sido nada. Pero me dio un susto.

Se sentaron junto al fuego y los dos hombres acabaron de fumar sus pipas. El viento era más fuerte que nunca. El señor White se sobresaltó cuando golpeó una puerta en los pisos altos. Un silencio inusitado y deprimente los envolvió hasta que se levantaron para ir a acostarse.

—Se me ocurre que encontrarás el dinero en una gran bolsa, en medio de la cama —dijo Herbert al darles las buenas noches—. Una aparición horrible, agazapada encima del ropero, te acechará cuando estés guardando tus bienes ilegítimos.

Ya solo, el señor White se sentó en la oscuridad y miró las brasas, y vio caras en ellas. La última era tan simiesca, tan horrible, que la miró con asombro; se rió, molesto, y buscó en la mesa su vaso de agua para echárselo encima y apagar la brasa; sin querer, tocó la pata de mono; se estremeció, limpió la mano en el abrigo y subió a su cuarto.

II

La mañana siguiente, mientras tomaba el desayuno en la claridad del sol invernal, se rió de sus temores. En el cuarto había un ambiente de prosaica salud que faltaba la noche anterior; y esa pata de mono, arrugada y sucia, tirada sobre el aparador, no parecía terrible.

—Todos los viejos militares son iguales —dijo la señora White—. ¡Qué idea, la nuestra, escuchar esas tonterías! ¿Cómo puede creerse en talismanes en esta época? Y si consiguieras las doscientas libras, ¿qué mal podrían hacerte?

—Pueden caer de arriba y lastimarte la cabeza —dijo Herbert.

—Según Morris, las cosas ocurrían con tanta naturalidad que parecían coincidencias —dijo el padre.

—Bueno, no vayas a encontrarte con el dinero antes de mi vuelta —dijo Herbert, levantándose de la mesa—. No sea que te conviertas en un avaro y tengamos que repudiarte.

La madre se rió, lo acompañó hasta afuera y lo vio alejarse por el camino; de vuelta a la mesa del comedor, se burló de la credulidad del marido.

Sin embargo, cuando el cartero llamó a la puerta corrió a abrirla, y cuando vio que solo traía la cuenta del sastre se refirió con cierto malhumor a los militares de costumbres intemperantes.

—Me parece que Herbert tendrá tema para sus bromas —dijo al sentarse.

—Sin duda —dijo el señor White—. Pero, a pesar de todo, la pata se movió en mi mano. Puedo jurarlo.

—Habrá sido en tu imaginación —dijo la señora suavemente.

—Afirmo que se movió. Yo no estaba sugestionado. Era… ¿Qué sucede?

Su mujer no le contestó. Observaba los misteriosos movimientos de un hombre que rondaba la casa y no se decidía a entrar. Notó que el hombre estaba bien vestido y que tenía una galera nueva y reluciente; pensó en las doscientas libras. El hombre se detuvo tres veces en el portón; por fin se decidió a llamar.

Apresuradamente, la señora White se quitó el delantal y lo escondió debajo del almohadón de la silla.

Hizo pasar al desconocido. Este parecía incómodo. La miraba furtivamente, mientras ella le pedía disculpas por el desorden que había en el cuarto y por el guardapolvo del marido. La señora esperó cortésmente que les dijera el motivo de la visita; el desconocido estuvo un rato en silencio.

—Vengo de parte de Maw & Meggins —dijo por fin.

La señora White tuvo un sobresalto.

—¿Qué pasa? ¿Qué pasa? ¿Le ha sucedido algo a Herbert?

Su marido se interpuso.

—Espera, querida. No te adelantes a los acontecimientos. Supongo que usted no trae malas noticias, señor.

Y lo miró patéticamente.

—Lo siento… —empezó el otro.

—¿Está herido? —preguntó, enloquecida, la madre.

El hombre asintió.

—Mal herido —dijo pausadamente—. Pero no sufre.

—Gracias a Dios —dijo la señora White, juntando las manos—. Gracias a Dios.

Bruscamente comprendió el sentido siniestro que había en la seguridad que le daban y vio la confirmación de sus temores en la cara significativa del hombre. Retuvo la respiración, miró a su marido, que parecía tardar en comprender, y le tomó la mano temblorosamente. Hubo un largo silencio.

—Lo agarraron las máquinas —dijo en voz baja el visitante.

—Lo agarraron las máquinas —repitió el señor White, aturdido.

Se sentó, mirando fijamente por la ventana; tomó la mano de su mujer, la apretó en la suya, como en sus tiempos de enamorados.

—Era el único que nos quedaba —le dijo al visitante—. Es duro.

El otro se levantó y se acercó a la ventana.

—La compañía me ha encargado que le exprese sus condolencias por esta gran pérdida —dijo sin darse la vuelta—. Le ruego que comprenda que soy tan solo un empleado y que obedezco las órdenes que me dieron.

No hubo respuesta. La cara de la señora White estaba lívida.

—Se me ha comisionado para declararles que Maw & Meggins niegan toda responsabilidad en el accidente —prosiguió el otro—. Pero en consideración a los servicios prestados por su hijo, le remiten una suma determinada.

El señor White soltó la mano de su mujer y, levantándose, miró con terror al visitante. Sus labios secos pronunciaron la palabra:

—¿Cuánto?

—Doscientas libras —fue la respuesta.

Sin oír el grito de su mujer, el señor White sonrió levemente, extendió los brazos, como un ciego, y se desplomó, desmayado.

III

En el cementerio nuevo, a unas dos millas de distancia, marido y mujer dieron sepultura a su muerto y volvieron a la casa transidos de sombra y silencio.

Todo pasó tan pronto que al principio casi no lo entendieron y quedaron esperando alguna otra cosa que les aliviara el dolor. Pero los días pasaron y la expectativa se transformó en resignación, esa desesperada resignación de los viejos, que algunos llaman apatía. Pocas veces hablaban, porque no tenían nada que decirse; sus días eran interminables hasta el cansancio.

Una semana después, el señor White, despertándose bruscamente en la noche, estiró la mano y se encontró solo.

El cuarto estaba a oscuras; oyó, cerca de la ventana, un llanto contenido. Se incorporó en la cama para escuchar.

—Vuelve a acostarte —dijo tiernamente—. Vas a coger frío.

—Mi hijo tiene más frío —dijo la señora White, y volvió a llorar.

Los sollozos se desvanecieron en los oídos del señor White. La cama estaba tibia, y sus ojos pesados de sueño. Un despavorido grito de su mujer lo despertó.

—¡La pata de mono! —gritaba desatinadamente—, ¡la pata de mono!

El señor White se incorporó alarmado.

—¿Dónde? ¿Dónde está? ¿Qué sucede?

Ella se acercó:

—La quiero. ¿No la has destruido?

—Está en la sala, sobre la repisa —contestó asombrado—. ¿Por qué la quieres?

Llorando y riendo, se inclinó para besarlo y le dijo histéricamente:

—Solo ahora lo he pensado… ¿Por qué no lo he pensado antes? ¿Por qué tú no lo pensaste?

—¿Pensaste en qué? —preguntó.

—En los otros dos deseos —respondió en seguida—. Solo hemos pedido uno.

—¿No fue bastante?

—¡No! —gritó ella triunfalmente—. Le pediremos otro más. Búscala pronto y pide que nuestro hijo vuelva a la vida.

El hombre se sentó en la cama, temblando.

—Dios mío, estás loca.

—¡Búscala pronto y pide! —le balbuceó—; ¡mi hijo, mi hijo!

El hombre encendió la vela.

—Vuelve a acostarte. No sabes lo que estás diciendo.

—Nuestro primer deseo se cumplió. ¿Por qué no hemos de pedir el segundo?

—Fue una coincidencia.

—¡Búscala y desea! —gritó con exaltación la mujer.

El marido se volvió y la miró:

—Hace diez días que está muerto y, además —no quiero decirte otra cosa—, lo reconocí por el traje. Si ya entonces era demasiado horrible para que lo vieras…

—¡Tráemelo! —gritó la mujer, arrastrándolo hacia la puerta—. ¿Crees que temo al niño que he criado?

El señor White bajó en la oscuridad, entró en la sala y se acercó a la repisa.

El talismán estaba en su lugar. Tuvo miedo de que el deseo todavía no formulado trajera a su hijo hecho pedazos, antes de que él pudiera escaparse del cuarto.

Perdió la orientación. No encontraba la puerta. Tanteó alrededor de la mesa y a lo largo de la pared y, de pronto, se encontró en el zaguán, con el maligno objeto en la mano.

Cuando entró en el dormitorio, hasta la cara de su mujer le pareció cambiada. Estaba ansiosa y blanca, y tenía algo sobrenatural. Le tuvo miedo.

—¡Pídelo! —gritó con violencia.

—Es absurdo y perverso —balbuceó.

—¡Pídelo! —repitió la mujer.

El hombre levantó la mano:

—Deseo que mi hijo viva de nuevo.

El talismán cayó al suelo. El señor White siguió mirándolo con terror. Luego, temblando, se dejó caer en una silla, mientras la mujer se acercó a la ventana y levantó la cortina. El hombre no se movió de allí, hasta que el frío del alba lo traspasó. A veces miraba a su mujer, que estaba en la ventana. La vela se había consumido hasta casi apagarse. Proyectaba en las paredes y el techo sombras vacilantes.

Con un inexplicable alivio ante el fracaso del talismán, el hombre volvió a la cama; un minuto después, la mujer, apática y silenciosa, se acostó a su lado.

No hablaron; escuchaban el latido del reloj. Crujió un escalón. La oscuridad era opresiva; el señor White juntó coraje, encendió un fósforo y bajó a buscar una vela. Al pie de la escalera, el fósforo se apagó. El señor White se detuvo para encender otro; simultáneamente resonó un golpe furtivo, casi imperceptible, en la puerta de entrada.

Los fósforos cayeron. Permaneció inmóvil, sin respirar, hasta que se repitió el golpe. Huyó a su cuarto y cerró la puerta. Se oyó un tercer golpe.

—¿Qué es eso? —gritó la mujer.

—Un ratón —dijo el hombre—. Un ratón. Se me cruzó en la escalera.

La mujer se incorporó. Un fuerte golpe retumbó en toda la casa.

—¡Es Herbert! ¡Es Herbert! —la señora White corrió hacia la puerta, pero su marido la alcanzó.

—¿Qué vas a hacer? —le dijo ahogadamente.

—¡Es mi hijo, es Herbert! —gritó la mujer, luchando para que la soltara—. Me había olvidado de que el cementerio está a dos millas. Suéltame, tengo que abrir la puerta.

—Por amor de Dios, no lo dejes entrar —dijo el hombre, temblando.

—¿Tienes miedo de tu propio hijo? —gritó—. Suéltame. Ya voy, Herbert, ya voy.

Hubo dos golpes más. La mujer se libró y huyó del cuarto. El hombre la siguió y la llamó, mientras bajaba la escalera. Oyó el ruido de la tranca de abajo; oyó el cerrojo; y luego, la voz de la mujer, anhelante:

—La tranca —dijo—. No puedo alcanzarla.

Pero el marido, arrodillado, tanteaba el piso, en busca de la pata de mono.

—Si pudiera encontrarla antes de que eso entrara…

Los golpes volvieron a resonar en toda la casa. El señor White oyó que su mujer acercaba una silla; oyó el ruido de la tranca al abrirse; en el mismo instante encontró la pata de mono y, frenéticamente, balbuceó el tercer y último deseo.

Los golpes cesaron de pronto, aunque los ecos resonaban aún en la casa. Oyó retirar la silla y abrir la puerta. Un viento helado entró por la escalera, y un largo y desconsolado alarido de su mujer le dio valor para correr hacia ella y luego hasta el portón.

El camino estaba desierto y tranquilo.

EL CORAZÓN DE LAS TINIEBLAS

Por JOSEPH CONRAD[3]

I

Anclada y sin que hubieran ondeado las velas, la goleta Nellie se meció ligeramente antes de quedar otra vez en reposo. Había subido la marea, el viento apenas soplaba y, dado que el destino de la goleta era navegar río abajo, solo nos quedaba permanecer en puerto y esperar al reflujo de las aguas.

La desembocadura del Támesis se extendía ante nosotros como el comienzo de un camino interminable. A lo lejos, el mar y el cielo se amalgamaban sin costuras, y en el espacio luminoso las velas bruñidas de las barcazas, arrastradas río arriba por la corriente, parecían manojos inmóviles de lienzos rojos agudamente recortados entre las pinceladas de barniz de las botavaras. La neblina se asentaba en las orillas bajas que se extendían hacia el mar, donde finalmente se desvanecían. El aire que se alzaba sobre Gravesend ya estaba oscuro y, algo más atrás, parecía condensarse en una penumbra luctuosa que, inmóvil, rumiaba sobre la ciudad más portentosa en la faz de la tierra.

El director de la Compañía era nuestro capitán y anfitrión. Los cuatro mirábamos afectuosamente su espalda mientras él, desde la proa, oteaba en dirección al mar. No había en todo el río una imagen más evocadora de la vida náutica. Parecía un piloto, algo que a los ojos de cualquier marino venía a ser la fiabilidad hecha persona. Era difícil percibir que sus preocupaciones no estaban allá afuera, en el luminoso estuario, sino detrás de él, entre la morosa penumbra.

Como ya he dicho antes, lo que nos unía era el vínculo del mar. Además de mantener unidos nuestros corazones durante los extensos períodos de separación, aquel nudo era también lo que nos hacía tolerar

---

[3] Nombre: Józef Teodor Konrad Korzeniowski. Nació: 3 de diciembre de 1857, Berdychiv, Ucrania (entonces Imperio Ruso, hoy Ucrania). Murió: 3 de agosto de 1924, Bishopsbourne, Inglaterra. Géneros: Novelista, narrador de aventuras psicológicas y filosóficas. Obras más importantes: El corazón de las tinieblas (1899), Lord Jim (1900), Nostromo (1904), El agente secreto (1907), La línea de sombra (1917). Fue marino mercante antes de dedicarse a la literatura; escribió en inglés como segunda lengua

las pequeñas batallas y hasta las convicciones de cada cual. El abogado, el mejor de todos los viejos camaradas, tenía, debido a sus muchos años y virtudes, el único almohadón disponible en cubierta y estaba recostado sobre la única alfombra. El contador había subido ya una caja de dominó y estaba jugando a construir edificios con las piezas. Marlow estaba sentado en la popa con las piernas cruzadas, recostado contra el último mástil. Tenía las mejillas hundidas, una complexión amarillenta, la espalda recta, un aspecto ascético, y al estar así, con los brazos caídos, enseñando las palmas de las manos, parecía un ídolo. El director, contento de que el ancla tuviera buen amarre, se dirigió a la popa y se sentó entre nosotros. Intercambiamos algunas frases ociosas, después de lo cual se hizo el silencio a bordo de la goleta. Por una u otra razón, nunca empezamos esa partida de dominó. Nos sentíamos meditativos y sin ganas de nada que no fuera la contemplación y el sosiego. El día estaba llegando a su fin en medio de la quietud de una exquisita luminosidad. El agua alumbraba pacíficamente; el cielo, sin una sola nube, se abría como una benigna inmensidad de luz inmaculada; la propia niebla sobre las marismas de Essex era un manto radiante de gasas que se descolgaba desde las arboledas del interior para envolver las orillas bajas en diáfanos pliegues. Solo la penumbra al oeste, rumiando desde las alturas, se hacía más oscura a cada minuto, como enfurecida por la proximidad del sol.

Y por fin, en su imperceptible parábola, el sol acabó de hundirse y del resplandor blanco pasó a un rojo sobrio que no emitía rayos ni calor, como si estuviera a punto de apagarse, ahogado a manos de aquella penumbra morosa que se alzaba sobre las multitudes de la ciudad.

De inmediato se apreció un cambio en las aguas y la serenidad se hizo menos brillante, pero más profunda. Con la caída del día el viejo río descansaba serenamente en toda su amplitud, después de siglos y siglos de buenos servicios prestados a la raza que poblaba sus orillas, arrellanado en la tranquila dignidad de esa vía fluvial que conducía a los confines más remotos de la tierra. Mirábamos aquella venerable corriente no con el alborozo febril de un corto día que viene y se va para no volver, sino bajo la augusta luz de los recuerdos perdurables. Y en efecto, nada es más fácil para un hombre que, como dice el dicho, "se ha hecho a la mar" con reverencia y afecto, que evocar el grandioso espíritu del pasado sobre las orillas de la desembocadura del Támesis. Allí la corriente va y viene en su incesante oficio, cargada de memorias sobre los hombres y los barcos que ésta trajo de vuelta a la paz del hogar o condujo a las batallas de ultramar. Esa corriente había conocido y servido a todos los hombres de quienes se enorgullece la nación, desde sir

Francis Drake hasta sir John Franklin, caballeros todos, con título o sin él: los grandes caballeros errantes del mar; había llevado a todos los barcos cuyos nombres brillan como joyas en la noche de los tiempos, desde el Golden Hind, que regresara con el vientre repleto de tesoros y sería visitado por su Alteza, la Reina, para entrar a formar parte de la portentosa leyenda, hasta el Erebus y el Terror, que zarparían en pos de otras conquistas… y que nunca regresaron. Había conocido a los barcos y a los hombres. Hombres que habían zarpado desde Deptford, desde Greenwich, desde Erith. Aventureros y colonos; barcos de reyes y barcos de tratantes; capitanes, almirantes, los oscuros "intermediarios" del comercio con Oriente, además de los "generales" al mando de las flotas de las Indias Orientales. Buscadores de oro y de fama, todos ellos habían partido sobre estas aguas, empuñando la espada y muchas veces la antorcha, mensajeros del prodigio de estas tierras, portadores de una lumbre proveniente del fuego sagrado. ¡Cuánta grandeza habría flotado en esas aguas, arrastrada por el pleamar hacia el misterio de un planeta desconocido! Los sueños de los hombres, la semilla de los commonwealths, el germen de los imperios.

El sol se puso. El crepúsculo cayó sobre las aguas y algunas luces empezaron a encenderse en la orilla. El faro Chapman, un aparato de tres patas edificado sobre una planicie lodosa, alumbró con fuerza. Las luces de los barcos se movían en la distancia; un revoloteo de destellos que iban y venían por el río. Y más al oeste, dominando la orilla desde lo alto, se apreciaba la marca de la monstruosa ciudad, ominosa sobre el cielo: una penumbra morosa que brillaba con luz propia, un resplandor espeluznante bajo las estrellas.

—Y este también —dijo Marlow de repente—, este también ha sido uno de los lugares oscuros de la tierra.

De todos nosotros, Marlow era el único que seguía viviendo de las "faenas del mar". Lo peor que se podía decir de él es que no era digno representante de su clase. Era un marinero, pero era también un vagabundo, cuando es sabido que la mayoría de los marineros tienen una vida sedentaria. Sus espíritus son del tipo de los hogareños y adondequiera que vayan llevan su hogar, esto es, el barco, tanto como su país, el mar. Tanto da un barco como el otro y además el mar es siempre el mismo. En la inmutabilidad de sus entornos, las costas extranjeras, los rostros foráneos, la inmensidad cambiante de la vida, pasan de largo, ocultas no por un velo de misterio, sino por una ignorancia levemente despectiva: pues no hay nada misterioso para un marinero, salvo el mar mismo, que es el amor de su vida, una amante inescrutable como el destino. En cuanto al resto, después de sus horas de trabajo, un paseo casual o una juerga le bastan para desplegar ante sus ojos el secreto de todo un continente, un secreto que por lo general encuentra desdeñable. Las historias de los marineros son escuetas y sencillas y todo su significado cabe en la cáscara rota de una nuez. Sin embargo, Marlow no era el típico marinero (si dejamos de lado su propensión a relatar sus andanzas) y para él el significado de un episodio no se encontraba dentro, como una semilla, sino afuera, envolviendo el relato que lo ha producido como produce el brillo nocturno el contorno de la niebla, a la manera de esos halos que en ocasiones se hacen visibles gracias a la luz espectral de la luna.

Su observación no nos pareció en absoluto sorprendente. Sencillamente era algo propio de Marlow, así que fue admitida por todos en silencio. Nadie se molestó siquiera en rezongar. A continuación, Marlow prosiguió muy lentamente:

—Estaba pensando en los viejos tiempos, cuando los romanos llegaron aquí por primera vez, hace novecientos años… hace nada… Desde entonces la luz se hizo sobre estas aguas, ¿no es así, caballeros? Aunque esa luz es como un relámpago fugaz en la llanura, como el resplandor del rayo entre las nubes. Nosotros vivimos en medio de ese parpadeo… ¡que ojalá dure hasta que la vieja Tierra deje de girar! Y, sin embargo, la oscuridad estaba ayer aquí mismo. Imaginen los sentimientos del comandante de un (¿cómo se llaman?) trirreme en el Mediterráneo que, de repente, recibe órdenes de navegar hacia el norte, atravesando a toda prisa las Galias, a cargo de una de estas naves que los legionarios —unos hombres que debían de ser magníficos artesanos— solían construir, al parecer en grandes cantidades, cientos de ellas en uno o dos meses, si hemos de creer lo que dicen los libros. Imagínenlo aquí, en los confines del mundo, en un mar plomizo, bajo un cielo del color del humo, a bordo de una nave tan rígida como una concertina, remontando este río con órdenes o provisiones o lo que fuera. Bancos de arena, marismas, bosques, salvajes… casi nada que valiera la pena comer para un hombre civilizado, nada que beber salvo el agua del Támesis. Nada de vino de Falerno, ni paseos por tierra. Aquí y allá, algún que otro campamento militar perdido en el monte, como aguja en un pajar… El frío, la niebla, la tempestad, la enfermedad, el exilio y la muerte. La muerte merodeando en el aire, en el agua, en la maleza. Debieron de caer como moscas aquí. Oh, sí, así lo hizo el comandante. Y lo hizo muy bien, sin duda, y sin pensarlo demasiado tampoco, excepto quizás años más tarde, para fanfarronear de lo que había tenido que soportar en sus tiempos. Era lo bastante hombre para enfrentarse a la oscuridad. Tal vez se infundía ánimos ante la perspectiva de obtener un ascenso rápido a la flota de Rávena, si tenía buenos amigos en Roma, claro, y si lograba sobrevivir al nefasto clima. O piensen en un joven y decente ciudadano vestido con su toga; quizás un jugador empedernido, ya saben, que vino aquí como parte del séquito de un prefecto o de un recaudador de impuestos o incluso de un comerciante, con la esperanza de recuperar su fortuna… en un terreno cenagoso, marchando a través de los bosques, sintiendo cómo, en algún remoto puesto del interior, lo asediaba el salvajismo, un salvajismo rotundo: toda esa vitalidad misteriosa de la naturaleza que se contorsiona en lo profundo de los bosques, en las selvas, en los corazones de los hombres salvajes. No existe iniciación posible para semejantes misterios. El hombre se ve obligado a vivir en medio de lo incomprensible, que a la vez le resulta detestable. Si bien aquello tiene también cierto encanto, algo que llega a fascinarlo. La fascinación de lo abominable. Ya me entienden. Imaginen el remordimiento cada vez más acuciante, las ansias de escapar, la impotencia y el hastío, la humillación, el odio.

En este punto hizo una pausa.

—Tengan en cuenta —prosiguió diciendo, mientras extendía un brazo, con la palma de la mano abierta y las piernas dobladas en el suelo, asumiendo así la pose de un Buda que rezara con atuendo europeo y sin su flor de loto—, tengan en cuenta que ninguno de nosotros se sentiría exactamente así. Lo que nos salva es la eficiencia. Nuestra devoción por la eficiencia. Pero estos hombres no tenían ni siquiera eso, en realidad. No eran colonizadores. Su administración se reducía a una mera opresión y poco más, me temo. Eran conquistadores, y para eso solo se necesita fuerza bruta: algo de lo que no se puede presumir, si se cuenta con ello, pues tu potencia no es más que un accidente derivado de la debilidad de los demás. Agarraban lo que podían sin otra finalidad que la de hacerse con ello. Era simple robo con violencia, asesinato agravado a gran escala y hombres que se entregaban a ello ciegamente (algo que no podía ser más apropiado dado que se enfrentaban a la oscuridad). La conquista del planeta, que casi siempre quiere decir arrebatarles la tierra a los que tienen una complexión diferente o una nariz ligeramente más chata que la nuestra, no es una cosa agradable si uno se pone a mirarla con detenimiento. Lo único que nos redime es la idea misma. Una idea al fondo del todo; no un pretexto sentimental sino una idea; y una creencia desinteresada en la idea. Algo que se puede erigir y luego reverenciar de rodillas, ofrecer sacrificios en su honor…

Entonces dejó de hablar. Sobre el río flotaban mil antorchas, pequeñas llamaradas de color verde, luces rojas, blancas, que se perseguían unas a otras, se solapaban, se unían, se entrecruzaban y a continuación se separaban a velocidades distintas. El tráfico de la gran ciudad no cesaba ante el avance de la noche sobre el río insomne. Seguíamos atentos, esperando pacientemente: era lo único que podíamos hacer hasta que bajara la marea; pero no fue sino hasta después de un largo silencio —al cabo del cual Marlow dijo con tono dubitativo: "Supongo que recordarán que ya he sido marinero de agua dulce en una ocasión"— cuando todos supimos que, antes de que la corriente fuera propicia, estaríamos condenados a escuchar una de las historias inconclusas de nuestro compañero.

—No quiero molestar con mis anécdotas personales —dijo, demostrando con esa frase la debilidad de tantos narradores de historias que casi nunca parecen conscientes de lo que su público querría escuchar—, pero para comprender el efecto que tuvo en mí, deben saber cómo llegué allí, qué fue lo que vi, cómo navegué río arriba hasta el lugar donde conocí a ese pobre sujeto, en el destino de navegación más remoto y el punto culminante de mi experiencia. Un sitio que parecía arrojar una extraña luz sobre todo lo que me rodeaba. Y sobre mis pensamientos. Era bastante lúgubre también. Y triste. En ningún caso extraordinario. Tampoco demasiado claro. No, no era muy claro. Y aun así parecía arrojar esa especie de luz.

Como recordarán, en esa época acababa de regresar a Londres después de un prolongado periplo por el Índico, el Pacífico y los mares de China —mi dosis regular de Oriente—, a lo largo de seis años, más o menos, de modo que me pasaba los días echado, estorbándolos en el trabajo e invadiendo sus casas, tanto es así que se diría que me habían encargado la misión celestial de civilizarlos. Aquello no estuvo mal por un tiempo, pero al poco me cansé de tanto descansar. Entonces empecé a buscar un barco. Habría aceptado el trabajo más duro de la tierra y, aun así, los barcos ni siquiera se fijaban en mí. Hasta que me cansé también de aquello.

Verán, cuando era apenas un crío tenía una verdadera pasión por los mapas. Podía quedarme horas enteras recorriendo Sudamérica, o África, o Australia, arrobado en las glorias de la exploración. En esa época aún había muchos espacios en blanco, y cuando detectaba alguno particularmente llamativo (aunque todos lo eran), posaba mi dedo encima de él y me decía: "Cuando crezca voy a ir allí". El Polo Norte era uno de esos lugares, lo recuerdo. Y bueno, aún no he estado allí y me temo que ya no lo voy a intentar. Ha perdido todo su encanto. Otros de esos lugares estaban desperdigados por toda la línea del Ecuador y por todas las latitudes, en ambos hemisferios. He estado en algunos de ellos y… en fin, ahora no vamos a hablar de eso. Sin embargo, había uno que seguía allí. El más grande, el más "en blanco", por así decirlo, al que ansiaba llegar.

Bien es cierto que, a esas alturas, ya no era un espacio en blanco. Desde los años de mi infancia se había llenado de ríos y lagos y nombres. Había dejado de ser un espacio en blanco, poblado de sutiles misterios. Un terreno vacío donde un niño podía fantasear a sus anchas. Ahora se había convertido en un lugar de oscuridad. Pero en ese espacio había un río en especial, un portentoso y magnífico río que se podía apreciar en el mapa y que parecía una inmensa serpiente desenroscada, con su cabeza hundida en el mar, su cuerpo en reposo serpenteando hacia el interior de un vasto país y la cola hundida en las profundidades de esa tierra. Y al descubrirlo en un mapa que vi en el escaparate de una tienda, el río me fascinó como haría una serpiente con un pájaro —un pájaro ingenuo y diminuto—. Entonces recordé que había grandes intereses, una Compañía para comerciar en ese río. "¡Maldita sea!", pensé para mis adentros, "no se puede hacer comercio sin utilizar barcos especiales en medio de toda esa agua dulce: ¡vapores! ¿Por qué no intentar hacerme con un barco de vapor?". Seguí caminando por Fleet Street y, sin embargo, no pude sacarme la idea de la cabeza. La serpiente me había hipnotizado.

Ya saben que se trata de intereses continentales, esa Sociedad Comercial, quiero decir. Pero resulta que yo tengo muchas amistades que viven en el continente, dado que es barato y no tan fastidioso como uno pensaría, según dicen.

Lamento admitir que empecé a incordiar a estas amistades, cosa que por sí misma era una novedad para mí. No estaba acostumbrado a conseguir las cosas de esa manera, ya saben. Siempre he caminado por mi propio camino y con mis propias piernas para llegar adonde me lo propongo. Ni yo mismo daba crédito. Pero entonces, no sé por qué, sentía que tenía que llegar allí por las buenas o por las malas. Así que fui a incordiarlos. Y estos hombres me dijeron: "Querido compañero", pero no hicieron nada. Entonces, no lo van a creer, intenté incordiar a las mujeres. Yo, Charlie Marlow, puse a trabajar a las mujeres… para que me consiguieran un empleo. ¡Santo cielo! En fin, como ven, estaba empecinado en la idea. Y por otro lado tenía una tía muy querida, un espíritu entusiasta. Su respuesta fue: "Estaré encantada de ayudarte. Haría cualquier cosa, cualquier cosa por ti. Es una idea maravillosa".

"Conozco a la esposa de cierto personaje importante en la administración y también a un hombre que tiene muchas influencias con…", etcétera, etcétera. Mi tía estaba decidida a no escatimar esfuerzos con tal de verme al mando de uno de esos vapores, si tal era mi capricho.

Conseguí el puesto, ya lo creo. Y muy rápido, por cierto. Por lo visto la Compañía acababa de recibir la noticia de que uno de sus capitanes había sido asesinado en medio de una reyerta con los nativos. Era la oportunidad que estaba esperando y su aparición avivó mis ansias. No sería sino al cabo de meses y meses cuando, en mi intento de recuperar lo que había quedado del cadáver, supe que el motivo original de la riña se debió a un malentendido sobre unas gallinas. Sí, dos gallinas negras. Fresleven, que es como se llamaba aquel hombre, un danés, creyó que se había visto perjudicado de algún modo en el trato, así que desembarcó y fue a golpear al jefe de la tribu con un palo. Oh, desde luego no me sorprendió en lo más mínimo saber al mismo tiempo que Fresleven era considerado por todos el hombre más amable, la criatura más mansa que jamás pisó esta tierra. No me cabe duda de que así era. Pero lo cierto es que ya había pasado dos años ahí afuera, comprometido con la noble causa —ya me entienden—, y es probable que hubiera sentido al fin la necesidad de afianzar su autoestima de algún modo. Y entonces decidió moler a palos al viejo negro sin ninguna piedad, mientras una muchedumbre lo observaba como paralizada por el rayo, hasta que un hombre —el hijo del jefe, según decían—, desesperado por los gritos del pobre anciano, probó a pinchar al hombre blanco con una lanza... que por supuesto se le clavó sin ningún esfuerzo entre los omóplatos. De inmediato, previendo las calamidades que se avecinaban, toda la población se dispersó en la jungla, mientras, por otro lado, el vapor comandado por Fresleven también huyó despavorido, a cargo del maquinista, creo. En un principio nadie se molestó demasiado en recuperar los restos de Fresleven, al menos hasta que llegué a ocupar su puesto. Era algo que yo no podía pasar por alto. Sin embargo, cuando por fin se presentó la oportunidad de conocer a mi predecesor, la hierba que crecía a través de sus costillas era ya lo bastante alta para ocultar los huesos. El esqueleto estaba completo. El ser sobrenatural no había sido tocado después de su muerte. Y la aldea seguía desierta, las puertas de las chozas como boquetes negros, todo podrido y deforme en el interior de los recintos en ruinas. Con toda certeza, una calamidad había tenido lugar allí. La gente había desaparecido. Un terror irracional los había dispersado a todos, hombres, mujeres y niños, por la selva, y ya nunca más habían regresado. Qué fue de las gallinas es algo que tampoco pude averiguar. Supongo que la Causa del Progreso se habrá hecho con ellas de alguna manera. Sea como fuere, gracias a este glorioso incidente obtuve mi cargo, incluso antes de que pudiera albergar serias esperanzas de conseguirlo.

Casi enloquecí con las prisas y los preparativos, y en menos de cuarenta y ocho horas ya estaba cruzando el canal para presentarme ante mis jefes y firmar el contrato. Al cabo de unas pocas horas llegué a esa ciudad que siempre me ha hecho pensar en un sepulcro blanqueado. Un prejuicio de mi parte, sin duda. No tuve problemas para encontrar las oficinas de la Compañía. Era el edificio más grande de la ciudad y todas las personas que conocí presumían de él. Al fin y al cabo, se trataba de un imperio en ultramar y de hacer dinero a espuertas con el comercio.

Una calle estrecha y desolada sumida en las tinieblas, casas enormes, innumerables ventanas con persianas venecianas, un silencio muerto, la hierba creciendo entre las piedras de los muros, imponentes arcadas para los coches a derecha e izquierda, gigantescas puertas de dos batientes abiertas de par en par. Me colé por una de esas aberturas, subí por una escalera limpia y sin adornos, árida como un desierto, y abrí la primera puerta que encontré. Dos mujeres, una gorda y otra flaca, sentadas en sendas sillas con asiento de mimbre, tejían con madejas de lana negra. La flaca se levantó y se acercó a recibirme sin dejar de tejer, la mirada gacha. Y justo cuando yo empezaba a considerar la idea de esquivarla, como haría uno con un sonámbulo, la mujer se detuvo y alzó la vista. Su vestido era tan escueto como el envoltorio de un paraguas. La mujer se dio la vuelta y sin decir palabra me condujo hasta una sala de espera. Le di mi nombre y me puse a mirar alrededor. Mesa de centro, sillas austeras en las cuatro paredes y, en un extremo, un enorme y reluciente mapa marcado con todos los colores del arcoíris. Se apreciaba una vasta extensión pintada de rojo —algo agradable a la vista en cualquier momento, pues uno sabe que en esos sitios se están haciendo las cosas como es debido—; otra cantidad igualmente abundante de azul, un poco de verde, manchas naranjas y en la costa este, un parche de color púrpura para indicar el lugar donde los alegres pioneros del progreso beben alegres jarras de cerveza. No obstante, yo no me dirigía a ninguno de esos colores. Mi destino era el color amarillo. Muerto en pleno centro. Y justo allí se encontraba el río, fascinante, mortífero como una serpiente. ¡Que me parta un rayo! Una puerta se abrió en ese instante y un semblante secretarial con el pelo canoso, aunque provisto de una expresión compasiva, apareció en el umbral y un exiguo dedo índice me hizo señas para que ingresara en el santuario. Dentro la luz era tenue y un pesado escritorio se arrellanaba en el centro del despacho. Desde el extremo opuesto de aquella estructura vi salir una figura de pálida robustez envuelta en una levita. Era el gran hombre en persona. Debía de medir un metro setenta, calculo, y aun así tenía en su mano el control de tantísimos millones. Me estrechó la mía, murmurando alguna vaguedad, satisfecho con mi francés, supongo. Bon voyage.

"En menos de un minuto ya me encontraba de vuelta en la sala de espera junto al compasivo secretario, que, contrito y, pese a todo, simpático, me hizo firmar unos documentos. Creo que en ellos me comprometía, entre otras cosas, a no revelar ningún tipo de trato comercial secreto. Pues bien, no pienso hacerlo.

"Empecé a sentirme ligeramente incómodo. Ya saben que no estoy acostumbrado a esa clase de ceremonias, y había algo ciertamente ominoso en la atmósfera. Era como si con ello me hicieran partícipe de una conspiración o, no sé, de algo que no era del todo limpio. Como sea, me alegré de poder salir de allí. En la sala contigua, las dos mujeres seguían tejiendo febrilmente con su lana negra. La gente iba llegando, y la más joven de las dos iba de un lado a otro para recibirlos. La más vieja no se levantaba de su silla. Sus zapatillas de tela estaban apoyadas en un calentador de pies, y un gato dormitaba en su regazo. Llevaba en la cabeza una cofia blanca almidonada, tenía una verruga en la mejilla y unos lentes de marco plateado en la punta de la nariz. Me miró por encima de los anteojos. La instantánea e indiferente placidez de esa mirada me dejó turbado. Dos jóvenes de aspecto cándido y jovial seguían en ese momento a la otra mujer, y la más vieja los miró con la misma expresión de desinterés y suficiencia. Aquella mujer parecía saberlo todo sobre ellos y sobre mí mismo. Una extraña sensación se apoderó de mí. La encontré siniestra y de mal agüero. Cuántas veces, estando allá lejos, no habré evocado la imagen de estas dos mujeres, guardianas de las puertas de la Oscuridad, tejiendo su lana negra como para hacer una mortaja tibia, la una conduciendo, conduciendo sin cesar a los hombres a lo desconocido, mientras la otra escudriñaba los rostros ingenuos y joviales con su vieja mirada indiferente. ¡Ave, vieja tejedora de lana negra! Morituri te salutant. Solo unos cuantos hombres, de los muchos que alguna vez mirara, pudieron volver a verla. Menos de la mitad.

"Solo restaba hacer una visita al doctor. 'Una mera formalidad', me aseguró el secretario, con aire de tomarse muy a pecho mis preocupaciones. Dicho lo cual, un tipo joven con el sombrero ladeado sobre la ceja izquierda —un ujier, supongo; debía de haber más de uno trabajando allí, pese a que el silencio del lugar era más propio de una casa en la ciudadela de los muertos— descendió por no sé qué escaleras y me pidió que lo siguiera. Era un hombre desprolijo y torpe, con manchas de tinta en las mangas de su chaqueta, y su corbata se veía larga y manoseada debajo de un mentón que parecía una protuberancia en la punta de una vieja bota. Era un poco temprano para ir a ver al médico, así que propuse que tomáramos un trago, cosa que desató en él una vena jovial. Cuando ya estábamos sentados delante de nuestras copas de vermut, el muchacho ensalzó las glorias de la Compañía. Pasado un rato, y de manera casual, le expresé mi sorpresa ante el hecho de que no se uniera a la expedición. De inmediato, el joven adoptó un aire frío y circunspecto. 'No soy tan idiota como parezco —les dijo Platón a sus discípulos', fue lo que sentenció, vaciando su copa con gran resolución antes de levantarse.

"El viejo doctor me tomó el pulso, con la cabeza claramente ocupada en otro asunto durante el examen. 'Bien, bien por aquí', murmuró. Y a continuación, con cierta avidez, me pidió permiso para medirme el cráneo. Algo sorprendido, di mi consentimiento, y entonces él sacó un aparato que parecía un compás y se puso a tomar las medidas de arriba abajo, de izquierda a derecha, mientras tomaba notas cuidadosamente. Era un hombrecito mal afeitado, enfundado en un abrigo harapiento, calzado con pantuflas, así que lo consideré un loco inofensivo. 'Siempre pido permiso, en aras de los intereses de la ciencia, para medir los cráneos de las personas que viajan a ese lugar', dijo. '¿Y cuando vuelven también?', le pregunté. 'Oh, nunca vuelvo a verlos', contestó, 'además, los cambios tienen lugar en el interior, ya sabe'. Y sonrió para sí mismo como si hubiera recordado una broma. 'Así que usted va a viajar allí. Por la fama, claro. Y debe de ser interesante también'. Luego me observó con detenimiento y añadió un comentario con tono profesional: '¿Algún caso de locura en su familia?'. Aquello consiguió fastidiarme. '¿Y esa pregunta', dije, 'la hace también en aras de la ciencia?'. 'Ya lo creo', contestó, sin reparar en mi irritación. 'Sería interesante para la ciencia observar los cambios mentales de los individuos sobre el terreno, pero…'. '¿Es usted un alienista?', lo interrumpí. 'Todo médico debería serlo, al menos un poco', respondió impasible. 'Verá usted, tengo una pequeña teoría que ustedes, monsieurs, los que van a ese lugar, tendrán que ayudarme a probar. Tal será mi parte de los beneficios que el país cosechará gracias a la posesión de tan magníficas dependencias. El mero lucro se lo dejo a los demás. Disculpe mis preguntas, pero usted es el primer inglés que viene a mi consulta…'. Me apresuré a asegurarle que yo no era en absoluto un caso típico. 'Si lo fuera', le dije, 'no estaría aquí departiendo con usted ahora mismo'. 'Lo que usted dice suena bastante profundo, pero quizás sea erróneo', respondió soltando una carcajada. 'Evite la irritación más que la exposición prolongada al sol. Adieu. ¿Cómo dicen ustedes los ingleses? Ah, sí, goodbye, goodbye. En los trópicos uno debe, ante todo, mantener la calma'. En este punto el hombrecillo levantó el índice… 'Du calme, du calme. Adieu'.

"Una cosa más me quedaba por hacer: despedirme de mi formidable tía. La encontré radiante. Tomamos una taza de té —la última taza de té decente en muchos días— en una sala de estar de lo más confortable, como no podía ser menos tratándose de una dama, y allí tuvimos una larga y serena charla junto a la chimenea. En el curso de estas confidencias comprendí a las claras que me habían presentado ante la esposa del alto dignatario, y solo Dios sabe ante cuántas personas más, como una criatura excepcionalmente talentosa, toda una suerte para la compañía, un hombre de los que no se encuentran todos los días. ¡Por todos los santos! Y pensar que me iba a hacer cargo de un vaporcito de tercera. Sin embargo, parecía que me consideraban como a un empleado con mayúsculas, con su propio capital, ya saben. Una especie de emisario de la luz, poco menos que un apóstol. Ésa era la clase de bulos que infestaban la prensa y las conversaciones en esos días, y la excelente dama, envuelta en todo ese batiburrillo de patrañas, se dejó llevar por el entusiasmo. Habló de 'destetar a esos millones de ignorantes de sus horribles costumbres', hasta que, les doy mi palabra, me hizo sentir bastante incómodo. En un momento me atreví a insinuar que la Compañía tenía una finalidad lucrativa. 'Olvidas, querido Charlie, que el trabajador vale lo que le pagan', dijo con lucidez. Es extraño comprobar cuán poco contacto con la realidad tienen las mujeres. Viven en su propio mundo, un mundo como nunca lo ha habido y como no lo habrá jamás. Es demasiado hermoso visto en su conjunto, pero si ellas hubieran tenido que construir el mundo, éste se habría venido abajo con la primera puesta de sol. Cualquiera de esos embrollados asuntos con los que hemos tenido que lidiar los hombres desde el mismo día de la creación habría bastado para derribarlo todo.

"Después de estas palabras la dama me abrazó, me aconsejó que vistiera de franela, que escribiera seguido, en fin. Me marché y, cuando estaba en la calle, no sé por qué, tuve la extraña sensación de que yo era un impostor. Era raro que un hombre como yo, acostumbrado a embarcarme a cualquier parte del mundo de un día para otro, sin pararme a considerarlo más que si fuera a cruzar una simple calle, hubiera tenido un momento —no diré de duda, pero sí de perplejidad— ante un asunto que parecía tan normal. El único modo que tengo de explicárselos será decir que, por un instante, me sentí como si, en lugar de dirigirme al centro de un continente, estuviera a punto de embarcarme rumbo al centro de la tierra."

"Zarpé a bordo de un vapor francés que se detuvo en todos y cada uno de los malditos puertos que había por allí y sin otro propósito, al parecer, que desembarcar soldados y agentes de aduana. Yo observaba la costa. Observar la costa mientras ésta se desliza frente al barco es como contemplar un enigma. Te mira, te sonríe, frunce el ceño, insinuante, grandiosa, cruel, insulsa o salvaje, pero siempre muda y casi a punto de susurrarte: 'Ven a descubrirme'. Esta vez casi carecía de todo rasgo, como si estuviera aún por hacer, con un aspecto monótono y adusto. El linde de una selva colosal, de un verde tan oscuro que era casi negro, bordeado por la espuma blanca, discurría en una línea recta, como trazada adrede, a lo largo de kilómetros y kilómetros de un mar azul cuyos resplandores estaban opacados por una neblina sutil. El sol pegaba con fuerza y la tierra parecía sudar en medio del vapor. De vez en cuando aparecían algunos brochazos verdosos y rucios agrupados a la orilla de la espuma blanca, en ocasiones coronados por una pequeña bandera. Asentamientos de unos siglos de antigüedad y, pese a ello, no más grandes que cabezas de alfiler en medio de la inmensidad intacta del entorno. Navegábamos junto a la costa, nos deteníamos, desembarcaban algunos soldados y continuábamos; volvíamos a detenernos, desembarcaban los oficiales de aduana para recaudar impuestos en lo que parecía una jungla dejada de la mano de Dios, con un cobertizo de latón y un asta de bandera perdidos ahí en medio; también desembarcaban más soldados —presuntamente para cuidar de los oficiales de aduana—. Según oí decir, algunos se habían ahogado antes de llegar a la orilla, pero, más allá de que fuera cierto o no, nadie parecía especialmente preocupado por el asunto. Simplemente los dejábamos allí y seguíamos nuestro camino. La costa era igual día tras día, como si no nos hubiéramos movido. Pero en realidad íbamos dejando atrás varios lugares, puestos comerciales con nombres como Gran Bassam o Pequeño Popo, nombres que parecían sacados de una especie de sórdida farsa que se estuviera interpretando frente a un siniestro telón de fondo. La desocupación propia de cualquier pasajero, mi aislamiento en medio de todos estos hombres con quienes no tenía nada en común, la consistencia aceitosa y lánguida del mar, la sombra uniforme de la costa, todo ello parecía mantenerme apartado de la verdad de las cosas, preso en las labores de un espejismo luctuoso y sin sentido. Oír de vez en cuando la voz rugiente de las olas era un auténtico placer, como oír las palabras de un hermano. Era algo natural, que tenía su razón de ser, un sentido. A veces un bote proveniente de la orilla ofrecía un contacto momentáneo con la realidad. Un bote con remeros negros. Podías verlos venir desde lejos por el brillo del blanco de sus ojos. Lanzaban gritos, cantaban. Ríos de sudor recorrían sus cuerpos. Sus rostros eran como máscaras grotescas. Pero tenían hueso, músculo, una vitalidad salvaje, una intensa energía de movimientos, cosas que eran tan naturales y verdaderas como las olas que rompían contra la costa. No necesitaban una excusa para estar allí. Resultaba reconfortante mirarlos. Por un instante sentía que aún pertenecía a un mundo de hechos concisos. Pero esa sensación no duraba demasiado. Siempre aparecía algo que acababa espantándola. En una ocasión, recuerdo, nos topamos con una fragata anclada frente a la costa. Ni siquiera había un cobertizo en ese lugar, pero el barco disparaba contra los matorrales. Al parecer los franceses estaban librando una de sus guerras en las inmediaciones. Su insignia colgaba fláccida como un harapo; el morro de los cañones de ocho pulgadas asomaba por toda la parte inferior del casco. El oleaje espeso y aceitoso hacía subir y bajar perezosamente el barco, meneando los finos mástiles. En la vacía inmensidad de la tierra, el cielo y el agua, allí estaba la fragata incomprensible, disparándole a un continente. ¡Bum! Retumbaba uno de los cañones de ocho pulgadas, una pequeña llamarada que salía disparada y se perdía entre los arbustos, una fina humareda blanca que no tardaba en desaparecer, el silbido endeble de un proyectil… y no ocurría nada. Nada podía ocurrir. Había un toque de locura en ese procedimiento, cierto desvarío tétrico en la imagen; algo que no se disipó cuando un compañero de a bordo me aseguró, muy serio, que había un campamento de nativos —¡'enemigos' fue la palabra que usó!— escondido por ahí en algún lugar.

"Entregamos la correspondencia en la fragata (oí que la tripulación se estaba muriendo de fiebre a razón de tres hombres por día) y seguimos navegando. Nos detuvimos en unos cuantos lugares más, bautizados con nombres de farsa, donde la gozosa danza de la muerte y el comercio se ejecutaba en medio de una atmósfera inmóvil y telúrica, como en el interior de una catacumba recalentada; todo ello a lo largo de la costa informe azotada por el terrible oleaje, como si la propia naturaleza hubiera intentado mantener a raya a los intrusos, entrando y saliendo por ríos, torrentes de muerte en vida cuyas orillas estaban llenas de barro putrefacto, cuyas aguas, espesas como babas, invadían la contorsión de los manglares, que ante nuestros ojos parecían retorcerse al extremo de la impotencia y la desesperación. En ningún sitio nos detuvimos el tiempo suficiente para hacernos una impresión definida, pero la sensación general de vaga y opresiva irrealidad iba pesando más y más. Era como una tediosa peregrinación en la que iba recogiendo indicios de una pesadilla.

"Tendrían que pasar más de treinta días para que pudiera ver la desembocadura del gran río. Anclamos al pie de la sede del gobierno. Sin embargo, mi trabajo no empezaría sino hasta unas doscientas millas más adelante. En cuanto me fue posible, partí rumbo a un lugar que se hallaba treinta millas río arriba.

"Conseguí embarcar en un pequeño vapor. Su capitán era un sueco y, al enterarse de que yo era marinero, me invitó a subir al puente. Era un hombre joven, delgado, rubio y parsimonioso, de aspecto desgarbado, que caminaba arrastrando los pies. Mientras nos alejábamos del mísero muelle, sacudió despectivamente la cabeza mirando hacia la orilla. '¿Ha estado viviendo allí?', preguntó. Yo asentí. 'Menudos elementos los tipos del gobierno, ¿no le parece?'. Y prosiguió, hablando en inglés con gran precisión y considerable acritud: 'Es gracioso ver lo que alguna gente es capaz de hacer por unos pocos francos al mes. Me pregunto qué será de esta clase de tipos cuando vuelven a su país'. Le contesté que esperaba poder averiguarlo pronto. '¿Pronto?', exclamó, mirándome de arriba abajo, aunque sin perder de vista el agua. 'Yo no estaría tan seguro', continuó. 'El otro día llevé a bordo a un hombre que se colgó durante el viaje. También era sueco'. '¿Se colgó, dice? Por todos los santos, ¿y por qué?', exclamé yo, mientras él no despegaba los ojos del camino. 'Quién sabe', dijo. 'Quizás se hartó del sol. O del país'.

"Al fin llegamos a un recodo del río. Un acantilado rocoso apareció ante nosotros; había montículos de tierra removida junto a la orilla, unas pocas casas en una colina, y otras más, con techo de zinc, en medio de los escombros de una excavación, o al borde del precipicio. El ruido constante de una cascada pendía sobre toda esta escena de devastación habitada. Mucha gente, la mayoría negros desnudos, iba y venía por el lugar como un hormiguero. Un muelle se proyectaba sobre el río. Por momentos el sol cegador sumergía todo esto en el repentino recrudecimiento de un resplandor. 'Allí está la estación de su Compañía', dijo el sueco, señalando tres barracas de madera construidas sobre la pendiente rocosa. 'Le haré llegar sus cosas. ¿Cuatro bultos, dijo? Muy bien. Adiós'.

"Me topé con una caldera abandonada en medio de la hierba antes de hallar el sendero que conducía a lo alto de la colina. El camino pasaba junto a las rocas y también frente a una pequeña locomotora volcada en el suelo, con las ruedas al aire (le faltaba una). Aquella cosa parecía más muerta que el cadáver de un animal. Encontré por el sendero varias piezas más de maquinaria en desuso, un montículo de rieles oxidados. A la izquierda vi un puñado de árboles que conformaban una enramada sombría donde un montón de cosas oscuras y endebles parecían agitarse.

Me froté los ojos. El sendero se empinaba en este punto. Una sirena ululó a mi derecha y entonces vi correr a un montón de gente negra. La detonación sorda y pesada hizo temblar el suelo, una humareda brotó de los riscos y eso fue todo. No se apreció ningún cambio en la faz de la roca. Estaban construyendo un ferrocarril. Los riscos no interrumpían el trazado, pero estas explosiones sin sentido eran al parecer la única obra en marcha.

"Un ligero tintineo a mis espaldas me hizo volver la vista atrás. Seis hombres negros avanzaban en fila, caminando esforzadamente por el sendero. Andaban muy erguidos, a paso lento, soportando sobre sus cabezas pequeñas cestas llenas de tierra y el tintineo seguía el ritmo de sus pasos. Llevaban el torso envuelto en unos harapos negros cuyos extremos se meneaban en sus espaldas como colas. Se les marcaban todas las costillas y las articulaciones de sus miembros eran como nudos en una cuerda. Cada uno tenía un collar de hierro y todos iban conectados por una cadena cuyos eslabones se balanceaban entre los cuerpos, tintineando rítmicamente. De repente, otro estallido proveniente de los riscos me trajo a la memoria aquel barco de guerra que disparaba contra un continente. Era el mismo tipo de rugido aciago. Sin embargo, ni siquiera con un esfuerzo de la imaginación les cabía a estos hombres el apelativo de enemigos. Preferían llamarlos criminales y la ley implacable, al igual que los explosivos, había llegado hasta ellos desde el otro lado del mar como otro misterio insondable. Sus magros pechos se hinchaban a la vez, las aletas de la nariz se les dilataban, temblorosas, y los ojos miraban atónitos hacia los peñascos. Pasaron a unos pocos centímetros de mí, sin mirarme, con esa indiferencia letal y absoluta de los salvajes infelices. A la cola de este cargamento de materia prima, uno de los elegidos, producto de las nuevas fuerzas al mando, marchaba sin entusiasmo con un rifle cruzado sobre el pecho. Tenía una casaca militar a la que le faltaba un botón y ante la proximidad de un hombre blanco, se apresuró a apoyar el cañón del rifle sobre su hombro. Lo hizo por pura precaución, pues, vistos desde la distancia, todos los blancos eran tan parecidos entre sí que aquel hombre no tenía manera de saber quién podría ser yo. No tardó en bajar la guardia y con una sonrisa amplia, muy blanca y llena de picardía, no sin antes echarle un vistazo a la carga, el hombre pareció hacerme partícipe de su exaltada confianza. Al fin y al cabo, yo también formaba parte de esa gran causa que empleaba tan elevados y justos procedimientos."

"En lugar de subir tras ellos, me desvié para bajar por la izquierda, con la sola intención de esperar a que el grupo de encadenados desapareciera de mi vista antes de trepar por la cuesta. Ya saben que no soy particularmente sensible; siempre he tenido que luchar y defenderme. He tenido que resistir e incluso atacar, que no es más que un modo de resistir, sin medir las consecuencias, respondiendo a las exigencias del tipo de vida que el azar me hubiera deparado. He conocido al demonio de la violencia, al demonio de la codicia y al demonio del ardiente deseo; pero ¡por todas las estrellas del cielo!, ésos eran unos diablos poderosos, lascivos y de ojos rojos que dominaban a otros hombres. Hombres, les digo. Y aun así, mientras esperaba allí en la ladera, pude prever que, a plena luz del día, bajo el mismo sol de esa tierra, me las vería con un diablo rechoncho, simulador y de ojos taimados, un diablo delirante, avaro y despiadado. Cuán pérfido e insidioso podía ser es algo que solo descubriría varios meses más tarde y dos mil millas tierra adentro. Por unos instantes me sentí desmoralizado, como bajo el efecto de una advertencia. Finalmente decidí volver a bajar por la cuesta, oblicuamente, en dirección a los árboles que había visto antes.

Rodeé un enorme agujero que alguien había estado cavando en la pendiente y cuya función me resultó imposible adivinar. No era una cantera ni un arenal, no. Era simplemente un hueco. Tal vez tuviera que ver con el deseo filantrópico de darles a los criminales algo que hacer. No lo sé. Luego estuve a punto de tropezar en una grieta muy delgada, apenas una cicatriz en la pendiente. Entonces descubrí que un montón de tubos de drenaje importados para el asentamiento habían sido depositados allí. No había uno solo que no estuviera roto. No era más que un amasijo de chatarra sin sentido. Al fin llegué a la enramada bajo los árboles. Mi idea era pasear a la sombra durante un rato. Pero tan pronto me hallé en aquel sitio tuve la impresión de que había penetrado en el horrendo círculo de un pequeño infierno. La cascada estaba cerca y un estruendo incesante, uniforme y desbocado llenaba la luctuosa quietud del bosquecillo, donde no soplaba ni un suspiro, donde no se movía ni una hoja, en medio de ese misterioso sonido: parecía como si los ritmos exaltados de esta tierra errante se hubieran vuelto audibles de repente.

Siluetas negras se acurrucaban, dormían, se sentaban entre los árboles, apoyadas en los troncos, aferradas a la tierra, apenas definidas, medio difuminadas bajo la luz atenuada, personificando todos los gestos del dolor, el abandono y la desesperación. Se oyó el estallido de otra mina en los riscos, seguido de un leve temblor bajo mis pies. Los trabajos proseguían. ¡Los trabajos! Y éste era nada menos que el lugar donde algunos de los trabajadores venían a morir.

Y estaban muriendo lentamente, eso estaba claro. No eran enemigos, no eran criminales, ya no eran siquiera algo terrenal. No eran más que sombras negras de la enfermedad y el hambre, entreveradas confusamente en esa penumbra verdosa. Traídos desde todos los rincones de la costa con el amparo legal de unos contratos temporales, perdidos en ese territorio que les era ajeno, mal alimentados con comida extraña, aquellos hombres enfermaban, se volvían ineficientes y al final solo se les permitía arrastrarse hasta ese sitio para descansar. Estas formas moribundas eran libres como el viento. Y casi tan insustanciales. De pronto, al bajar la vista, junto a mi mano, me encontré con un rostro. Un negro saco de huesos recostado contra un árbol sobre uno de sus hombros. Lentamente, los párpados se abrieron y los ojos hundidos me miraron, enormes y vacíos, con una especie de ciego centelleo proveniente de las profundidades de las órbitas, que volvieron a cerrarse con la misma lentitud. El hombre parecía joven, casi un niño, aunque ya saben que con ellos es difícil adivinar la edad que tienen. No hallé otra cosa que hacer salvo ofrecerle una de las galletas del barco del sueco que llevaba en el bolsillo. Sus dedos se cerraron muy despacio sobre la galleta. Y entonces ya no hubo ningún movimiento, ninguna mirada. Tenía atado al cuello un trocito de lana blanca. ¿Para qué? ¿De dónde lo había sacado? ¿Era un emblema? ¿Un ornamento? ¿Un fetiche? ¿Un acto propiciatorio? ¿Había siquiera alguna idea relacionada con ese trozo de lana? Llamaba la atención alrededor de su cuello negro este pedazo de fibra blanca traída desde tan lejos.

Cerca de aquel árbol, dos bultos angulosos más yacían con las piernas encogidas. Uno de ellos, con el mentón apoyado en las rodillas, miraba al vacío con una expresión de intolerable aflicción: su hermano fantasma tenía la cabeza totalmente gacha, como afectado por un terrible cansancio. Y esparcidos en torno a ellos había varios más, sumidos en todas las poses imaginables de la contorsión y el colapso, como sacados de la pintura de una masacre o una epidemia. Paralizado de horror vi cómo una de esas criaturas se levantaba en cuatro patas y se acercaba al río para beber. Después de vaciar el cuenco de su mano con la lengua, se sentó al sol con las canillas cruzadas frente a él y al cabo de unos segundos dejó que su cabeza rizada cayera sobre su huesudo pecho.

Ya no quería seguir caminando entre las sombras y me apresuré a llegar a la estación. Cuando me aproximaba a las dependencias, me topé con un hombre blanco, y cómo sería de inesperada la elegancia de su atuendo que, por un instante, lo tomé por una especie de visión. Vi un cuello alto almidonado, puños blancos, una fina chaqueta de alpaca, pantalones níveos, un corbatín claro y botas relucientes. No llevaba sombrero. El pelo partido a la mitad, bien cepillado, bien aceitado, debajo de una sombrilla de franjas verdes con un enorme mango blanco. Un individuo asombroso; y tenía detrás de la oreja un lapicero.

Estreché la mano de aquel milagro ambulante y supe así que era el jefe de contables de la Compañía y que toda la contabilidad se hacía en esa estación. Había salido un momento, dijo, "para tomar un poco de aire fresco". La expresión me sonó maravillosa y extraña por su evocación del sedentarismo de la vida en los despachos. Ni siquiera les habría mencionado a este caballero, pero fue por boca del mismo que oí por primera vez el nombre de la persona que se encuentra indisolublemente ligada a mis recuerdos de aquella época. Por lo demás, sentía respeto por ese caballero. Sí, respetaba sus cuellos, sus enormes puños, su pelo tan bien cepillado. Sin duda su aspecto era comparable al del maniquí de un peluquero. Pero en medio de la desmoralización de aquel lugar, el hombre conservaba su elegancia. Eso se llama temple. Sus cuellos almidonados y la pulcritud de sus camisas eran triunfos del carácter. Llevaba allí casi tres años. No pude evitar preguntarle cómo conseguía mantenerse tan pulcro. Apenas se ruborizó un poco antes de contestarme con total modestia: "He estado enseñando a una de las nativas que viven cerca de la estación. No ha sido fácil. Al principio no le gustaba el trabajo". De modo que este hombre había conseguido algo. Y además estaba dedicado en cuerpo y alma a sus libros de contabilidad, los cuales mantenía siempre en perfecto orden.

Todo lo demás en aquella estación era un revoltijo. Las cabezas, las cosas, los edificios. Ristras de negros polvorientos con los pies rajados llegaban y se iban; un flujo constante de bienes manufacturados, algodones sucios, cuentas y cables de cobre eran enviados a las profundidades de la oscuridad; y a cambio se recibía a cuentagotas el preciado marfil.

Tuve que esperar en la estación durante diez días. Una eternidad. Me hospedé en una cabaña en medio del patio, pero para mantenerme al margen del caos a menudo me refugiaba en la oficina del contable. Era un cobertizo construido con listones horizontales puestos de tan mala manera que mi amigo, inclinado sobre su gran escritorio, quedaba de pies a cabeza cubierto con franjas de luz solar. No hacía falta abrir la gran ventana para ver el exterior. Hacía el mismo calor adentro que afuera. Enormes moscas zumbaban con alevosía y no picaban sino que te acribillaban. Por lo general me sentaba en el suelo mientras, con su intachable aspecto (y a veces incluso un poco perfumado), sentado en una alta butaca, el contable escribía y escribía. A veces se levantaba para ejercitar los músculos. Cuando pusieron en su despacho un catre con un enfermo (cierto agente del interior que se había quedado inválido), el contable demostró su incomodidad con gentileza. "Los gemidos de este pobre enfermo", dijo, "distraen mi atención. Y así es extremadamente difícil no cometer errores administrativos, peor aún con este clima".

Uno de esos días, sin levantar la cabeza de sus papeles, comentó casualmente: "Cuando llegue al interior seguramente conocerá al señor Kurtz". Quise saber quién era ese tal señor Kurtz y el contable respondió que se trataba de un agente de primer rango. La decepción que dicha información me produjo lo obligó a dejar el lápiz sobre la mesa y añadir lentamente: "Es un hombre de veras notable". Indagando un poco más averigüé que el señor Kurtz estaba entonces a cargo de un puesto comercial de gran importancia en el auténtico país del marfil, "en lo más profundo del mismo. Y envía tanto marfil como todos los demás puestos juntos…". Dicho lo cual el contable reanudó su labor. El enfermo estaba demasiado grave siquiera para rezongar. Las moscas zumbaban en medio del sosiego del despacho.

De repente se oyó un murmullo de voces y el repiqueteo de unos pasos. Había llegado una caravana. Una violenta algarabía de bastos sonidos se desató al otro lado de los listones. Todos los cargadores hablaban al unísono y, en medio del barullo, retumbó la quejumbrosa voz del agente, amenazando con "mandarlo todo al demonio" por enésima vez aquel día…

El contable se levantó de su butaca. "Qué alboroto más horripilante", dijo. Con su amabilidad de siempre, atravesó el despacho para echarle un vistazo al enfermo, y cuando volvía me dijo: "Ya no nos puede escuchar".

"¿Cómo?", pregunté aterrado, "¿está muerto?".

"No, todavía no", respondió él, sin perder la compostura. Luego, señalando con un movimiento de la cabeza hacia el tumulto que se había formado en el patio de la estación, dijo: "Cuando uno tiene que llevar las cuentas correctamente, es imposible no acabar odiando a estos salvajes… odiarlos hasta la muerte". Se quedó pensativo durante unos instantes.

"Cuando vea al señor Kurtz —continuó—, dígale de mi parte que aquí todo", y entonces miró su escritorio, "transcurre de manera satisfactoria. Prefiero no escribirle. Con los mensajeros que tenemos no se sabe quién puede acabar apoderándose de las cartas que uno envía… en esa Estación Central".

Me miró por unos segundos con sus ojos apacibles y saltones. "Oh, Kurtz llegará lejos, muy lejos —prosiguió—. Más pronto que tarde se convertirá en alguien importante dentro de la Administración. Es lo que tienen planeado para él allá arriba, ya sabe, el Consejo en Europa".

El contable volvió a sus papeles. El ruido del patio había cesado y, antes de salir, me detuve en el umbral. Entre el zumbido perenne de las moscas, el agente enfermo yacía insensible y enrojecido; el otro, inclinado sobre sus libros de contabilidad, consignaba correctamente los datos de unas transacciones perfectamente correctas; y a veinte metros de esa misma puerta se divisaban las serenas copas de la arboleda de la muerte.

Por fin, al día siguiente, me marché de la estación con una caravana de sesenta hombres, en una caminata de doscientas millas.

De nada vale extenderse al respecto. Senderos, senderos por doquier; una red de senderos grabada en el interior de esa tierra vacía, entre pastizales frondosos, llanos quemados, zarzales, subiendo y bajando por desfiladeros escalofriantes, subiendo y bajando por peñascos abrasadores; y esa soledad, la soledad, ni una sola choza, nada. La población había desaparecido hacía mucho tiempo. Ahora que lo pienso, si un montón de misteriosos negros armados con toda clase de temibles armas de repente decidiera viajar por el camino entre Deal y Gravesend, usando los carros hallados a diestra y siniestra para transportar pesadas cargas, imagino que todas las granjas y cabañas de los alrededores no tardarían en quedar deshabitadas; solo que, en este caso, no quedaban ni siquiera las viviendas.

Aun así, durante la caminata pasamos por varias aldeas abandonadas. Hay algo patéticamente infantil en las ruinas de unas casas hechas con paja. Todo era igual día tras día: el estampido y el fragor de sesenta pares de pies descalzos marchando a mis espaldas, cada par de pies debajo de una carga de sesenta libras. Acampar, cocinar, dormir, levantar el campamento, marchar. De vez en cuando aparecía un porteador muerto con su arnés, echado entre la hierba a un lado del camino, junto a la cantimplora vacía y su largo bordón. Siempre rodeados de un silencio profundo. A lo sumo, alguna noche callada se escuchaba el clamor distante de unos tambores, hundiéndose, naufragando en el espacio, un vasto temblor, cada vez más tenue; un sonido extraño, llamativo, sugerente y salvaje, aunque quizás cargado de un significado profundo, como ocurre con las campanadas de las iglesias en los países cristianos.

En una ocasión nos topamos con un hombre que llevaba la chaqueta del uniforme sin abotonar, acampando en el sendero con una escolta armada de lívidos zanzíbares, un hombre muy hospitalario y alegre, por no decir borracho. Se ocupaba del mantenimiento de los caminos, nos explicó. No puedo decir que haya visto ningún camino y mucho menos nada de mantenimiento, a menos que el cuerpo sin vida de ese joven negro con un agujero de bala en la frente —con el cual estuve a punto de tropezar tres millas más adelante— pudiera ser considerado como una mejora permanente.

También tenía un compañero blanco. No era mal tipo, quizás un poco rollizo. Aunque, claro, tenía el exasperante hábito de desmayarse en las laderas muy calientes, a millas de distancia de la más mínima porción de sombra o fuente de agua. Resultaba fastidioso, como imaginarán, sostener tu propia chaqueta como un parasol sobre la cabeza de un hombre, en espera de que éste volviera en sí.

No pude evitar preguntarle por las razones de su presencia en semejante lugar.

"Vine para hacer dinero, por supuesto. ¿Para qué más iba a ser?", contestó desdeñoso. Luego enfermó de fiebre y hubo que transportarlo en una hamaca colgada de un palo. Dado que pesaba casi ciento veinte kilos, tuve mil altercados con los porteadores. Se quejaban, huían, se escabullían por las noches con sus cargas. Fue casi un motín. Así que una tarde me dirigí a ellos en inglés, ayudándome con gestos, ninguno de los cuales pasó desapercibido para los sesenta pares de ojos que tenía ante mí. Y a la mañana siguiente ordené que la hamaca marchara al frente de la expedición. Una hora más tarde me encontré con toda aquella carga arrojada de mala manera entre los matorrales: hombre, hamaca, gemidos, sábanas, pavor. El pesado palo le había despellejado parte de la nariz. El hombre estaba ansioso por verme matar a alguien, pero no hallé ni sombra de los porteadores en las inmediaciones.

Recordé las palabras del viejo doctor: "Sería interesante para la ciencia observar los cambios mentales de los individuos sobre el terreno". En ese momento sentí que empezaba a volverme interesante desde un punto de vista científico.

Sin embargo, aquello no pasó a mayores. A los quince días de viaje volví a divisar el gran río y, con esfuerzo, conseguí llegar a la Estación Central, que se hallaba en un recodo rodeado de maleza y selva, con una extensa ribera de lodo maloliente delante de la fachada y los tres lados restantes custodiados por una absurda valla de juncos. Una brecha desprolija hacía las veces de portal y solo hacía falta echar un vistazo rápido a todo el lugar para saber que el espectáculo corría a cargo del diablo regordete.

Unos cuantos hombres blancos armados con largas varas salieron de los cobertizos caminando a paso lánguido, solo para echarme un vistazo antes de volver a dispersarse. Uno de ellos, un tipo nervioso y fortachón de bigotes negros, en cuanto me hube presentado, me informó con gran locuacidad y no pocas digresiones que mi vapor se hallaba hundido en el fondo del río.

La noticia me dejó perplejo. ¿Qué, cómo, por qué?

"Oh, pero no pasa nada", dijo. El "administrador en persona" se encontraba allí. Todo en orden. "¡Todo el mundo se ha comportado espléndidamente, espléndidamente!". Y al instante agregó, muy agitado: "Tendrá que reunirse de inmediato con el administrador general. ¡Lo está esperando!".

En ese momento no atiné a comprender el verdadero significado de ese hundimiento. Supongo que ahora puedo entenderlo, pero no estoy seguro… en absoluto. Sin duda, todo aquel asunto era demasiado estúpido —ahora que lo pienso— para que en conjunto resultara natural. Y aun así, en ese momento, aquello se me presentó simplemente como una situación irritante y confusa. El vapor estaba hundido. Dos días atrás, obligados por no sé qué urgencia, habían tenido que zarpar de un lugar río arriba con un timonel voluntario que, al cabo de solo tres horas de navegación, destrozó el casco del vapor contra unas rocas. El barco naufragó cerca de la margen sur del río.

Me pregunté qué sentido tendría estar allí, ahora que mi vapor se había hundido. Lo cierto es que tenía mucho trabajo por delante, pues ahora tendría que reflotar el barco desde las profundidades del río.

Al siguiente día ya me había puesto manos a la obra. Entre eso y las reparaciones, una vez que conseguí que enviaran las piezas desde la estación, pasaron unos meses.

Mi primer encuentro con el administrador fue curioso. Para empezar, ni siquiera me invitó a sentarme después de la caminata de veinte millas que había hecho esa mañana. Era un hombre de aspecto común, en sus rasgos, sus modales y su voz, de estatura media y de complexión ordinaria. Sus ojos, de un color azul anodino, despedían quizás una notable frialdad y ciertamente era capaz de mirarte como si dejara caer sobre ti el peso de un hacha bien afilada. Pero incluso en esos momentos la serenidad de su talante parecía desmentir sus intenciones. Por lo demás, solo ofrecía una indefinible y leve expresión en los labios, algo sigiloso que no llegaba a ser una sonrisa. No, no era una sonrisa. Recuerdo el gesto, pero no soy capaz de explicarlo. Era inconsciente. Aquella sonrisa, quiero decir. Aunque justo después diría algo que la intensificaría por un instante. Aparecía al final de su discurso como un sello que hubiera aplicado sobre las palabras, de modo que incluso el significado de las frases más simples resultara absolutamente inescrutable.

Era un simple comerciante, empleado desde su juventud en estos países. Nada más. Todos lo obedecían y, sin embargo, no inspiraba ni afecto ni miedo, ni siquiera respeto. Inspiraba inquietud. ¡Eso era! Inquietud. No una desconfianza rotunda, no. Era solo inquietud. No tienen idea de cuán efectiva puede llegar a ser una facultad como ésa.

No tenía ningún talento para la organización, ni iniciativa, ni siquiera orden. Eso se notaba en el deplorable estado de la estación. No tenía educación ni inteligencia. ¿Cómo es que se mantenía en el cargo? Quizás porque nunca enfermaba… Había servido allí en tres períodos, a lo largo de tres años… A fin de cuentas, tener una salud de hierro en medio de la degradación general de los organismos constituye una clase de poder en sí misma. Cada vez que regresaba a descansar a casa lo hacía en medio de gran alboroto, pomposamente. Marinero en tierra. Aunque con una diferencia, al menos aparente. Algo que pude captar en las conversaciones casuales que tuve con él, y es que no originaba absolutamente nada. Lo único que podía hacer era alargar la rutina, pero eso era todo. Y, sin embargo, era formidable. Era formidable por ese pequeño detalle que hacía imposible averiguar cómo mantenía el control. Nunca nos reveló el secreto. Quizás no hubiera nada que revelar. Y esa suspicacia lo obligaba a uno a detenerse… pues su rostro no ofrecía una sola señal.

En una ocasión, en que varias enfermedades tropicales habían obligado a casi todos los "agentes" de la estación a guardar reposo, se le oyó decir: "Los hombres que vienen aquí no deberían tener entrañas". Y para sellar el comentario adoptó ese gesto suyo, esa sonrisa, como quien abre una puerta a la oscuridad de sus adentros. Por un instante parecía vislumbrarse algo allí… pero el sello lo cubría.

En cierta ocasión, harto como estaba a la hora del almuerzo por las constantes disputas entre los hombres blancos sobre la prelación en los turnos, ordenó que se sirviera la comida en una enorme mesa redonda, para lo cual fue necesario construir un cobertizo especial. Aquel era el lugar más desastroso de toda la estación. No importaba dónde se sentara, el primer puesto era siempre el suyo. Los demás daban igual. Y uno sentía que aquello era resultado solo de su inalterable convicción. No era ni amable ni descortés. Pero permitía que su "muchacho" —un obeso jovencito negro de la costa— tratara a los demás hombres blancos con provocadora insolencia, delante de sus propias narices.

El caso es que empezó a hablar en cuanto me vio llegar. Yo había recorrido un largo camino, pero él no podía esperar. Tendría que empezar sin mí. Las estaciones río arriba esperaban apoyo. Después de tantos retrasos ya no sabía quién seguía vivo y quién muerto ni cómo se las estarían arreglando allí, etcétera, etcétera. No prestó ninguna atención a mis explicaciones y, sin dejar de jugar con una barra de lacre, repitió varias veces que una estación muy importante corría un grave peligro y que su jefe, el señor Kurtz, se encontraba enfermo. Esperaba que solo fueran rumores, pues el señor Kurtz era…

De repente me sentí cansado e irritable. "Me importa un bledo Kurtz", pensé. Entonces lo interrumpí diciéndole que ya había oído hablar del señor Kurtz en la costa.

"¡Oh, así que también hablan de él allá!", murmuró para sí mismo y, a continuación, me aseguró que el señor Kurtz era el mejor agente que tenía a su servicio, un hombre excepcional, de la mayor importancia para la Compañía, de ahí que su ansiedad debiera resultarme comprensible. Se sentía, me dijo, "muy, muy incómodo", cambiando de posición una y otra vez en su silla. Luego, cuando se disponía a preguntarme "cuánto tardaría", lo interrumpí de nuevo. Estaba hambriento y ni siquiera había podido sentarme aún, de modo que empezaba a ponerme un poco salvaje, ya saben.

"No tengo manera de saberlo", dije. "Ni siquiera he podido examinar los daños… Unos meses, como mínimo".

Aquella conversación me parecía una pérdida de tiempo.

"Unos meses", repitió él. "Pues bien, digamos que serán tres meses, antes de que podamos zarpar, sí. Con eso bastará para solucionar el asunto".

Salí de aquella cabaña (el administrador vivía solo en una casita de adobe con una especie de baranda), mascullando para mis adentros lo que pensaba de él: era un charlatán y un imbécil. Más tarde tendría que retractarme al comprobar atónito con cuánta precisión había estimado el tiempo necesario para culminar con el "asunto".

Me puse a trabajar al día siguiente dándole, por así decirlo, la espalda a la estación. Solo de esa manera me pareció que podía consolarme y mantener contacto con los hechos de la vida. Aun así, a veces uno tiene que pararse a mirar alrededor. Y fue así como vi la estación, a esos hombres que marchaban sin ton ni son bajo la resolana del patio. Me pregunté de pronto qué sentido tenía todo aquello. Caminaban de aquí para allá empuñando sus absurdas y largas varas, como un montón de peregrinos embrujados que hubieran perdido la fe dentro de una cerca podrida. La palabra "marfil" volaba por los aires, entre susurros, entre suspiros. Casi se diría que le estaban rezando. Un miasma de estúpida rapacidad atravesaba aquella atmósfera, como el hedor que se desprende de un cadáver. ¡Por Júpiter! ¡Nunca he visto nada tan irreal en toda mi vida! Y ahí afuera, la selva silenciosa que rodeaba aquella mota de terreno despejado me asaltó como algo grandioso e invencible, como el mal o la verdad, esperando pacientemente a que acabara esta fantástica invasión pasajera.

¡Qué meses aquéllos! En fin, dejémoslo. Muchas cosas pasaron. Una de esas noches, una choza de paja llena de calicó, telas de algodón, cuentas y vaya uno a saber qué más, ardió en llamas de una manera tan repentina que cualquiera habría pensado que la tierra se estaba abriendo para dejar que el fuego infernal consumiera todas esas baratijas. Yo fumaba mi pipa tranquilamente junto a los restos del barco cuando vi las siluetas encabritadas, recortadas contra la luz, agitando los brazos en alto; el fortachón de bigotes corrió despavorido hasta el río con un cubo de latón en la mano, me aseguró que todo el mundo se estaba comportando "espléndidamente, espléndidamente", recogió casi un cuarto de galón de agua y salió corriendo de nuevo. Noté que había un agujero en el fondo del cubo.

Me acerqué al lugar. Toda prisa era inútil. Se veía a las claras que la choza había ardido como una caja de fósforos. Algo irremediable desde el primer momento. La llama había alcanzado gran altura y obligado a todos a retroceder, iluminándolo todo a su alrededor. Pero no tardó en apagarse. La choza no era más que un montón de rescoldos ardientes. Cerca de allí, alguien estaba apaleando a un negro. Decían que, de algún modo, era el responsable de haber provocado el fuego; fuera cierto o no, el hombre lanzaba unos horribles chillidos. Durante los siguientes días lo vería sentado bajo la sombra de un árbol, con aspecto de estar muy enfermo, intentando recuperarse. Finalmente acabaría marchándose y la selva, sin inmutarse, lo acogería de nuevo en su seno.

Mientras me acercaba a los rescoldos desde la oscuridad, me vi de pronto a la espalda de dos hombres que cuchicheaban. Oí que pronunciaban el nombre de Kurtz y luego hablaron de "aprovecharse de este desafortunado accidente". Uno de esos hombres era el administrador, a quien procedí a saludar.

"¿Alguna vez ha visto algo así?", dijo. "Es increíble, ¿eh?". Y se apartó.

El otro hombre permaneció junto a mí. Era un agente de alto rango, joven, caballeroso, un tanto reservado, con una pequeña barba bifurcada y la nariz aguileña. Trataba a los otros agentes con distancia y éstos, por su parte, decían que aquél era un espía del administrador. Antes de esa conversación apenas si recordaba haberle dirigido la palabra. Nos pusimos a hablar y, poco a poco, empezamos a alejarnos del siseo de los escombros. Luego él me invitó a su cuarto, que estaba en el edificio principal de la estación.

Encendió un fósforo y así pude darme cuenta de que este joven aristócrata poseía no solo un tocador repujado en plata, sino también una vela entera, toda para él solo. Por esos días se había decretado que solo el administrador tendría derecho a usar las velas que quisiera. Las paredes de barro estaban adornadas con tapices nativos. Una colección de lanzas, azagayas, escudos y puñales colgaba de ellas a manera de trofeos.

La labor que le habían encomendado a este caballero era la de fabricar ladrillos. O eso me habían dicho. Sin embargo, no había un solo trozo de ladrillo en toda la estación y aquel hombre llevaba allí más de un año… esperando. Al parecer no había podido fabricar los ladrillos porque le faltaba algo, no sé qué. Paja, quizás. El caso es que ahí no se conseguía y, dado que era improbable que se lo enviaran desde Europa, no entendí del todo qué era lo que estaba esperando. Un acto de generación espontánea, tal vez.

El caso es que todos, los dieciséis o veinte peregrinos que vivían allí, todos estaban esperando algo. Y puedo jurarles que no parecía una ocupación improcedente, a juzgar por cómo la asumían; aunque, hasta donde pude ver, lo único que obtenían al final era la enfermedad. Mataban el tiempo urdiendo intrigas y calumnias unos contra otros de una manera bastante ridícula. Reinaba en toda la estación una atmósfera de conspiración, pero al final no ocurría nada, por supuesto. Era algo tan irreal como todo lo demás: como la fachada filantrópica de la empresa entera, como sus discursos, como su gobierno y su actitud hacia el trabajo. El único sentimiento real era el deseo de obtener un cargo en una estación comercial donde se recibiera mucho marfil, de modo que pudieran ganar altos porcentajes. De ahí sus intrigas, sus difamaciones y sus odios. Ahora bien, en cuanto a levantar un solo dedo contra alguien, ¡oh, no! ¡Por todos los cielos! Al fin y al cabo, existe algo en el mundo que permite a un hombre robar un caballo, mientras otros no pueden ni mirar el cabestro. Robar un caballo con alevosía. Sí, señor, así de fácil. El ladrón puede incluso llegar a montarlo libremente. Y, sin embargo, existe cierta manera de mirar un cabestro que podría sacar de sus casillas al más caritativo de todos los santos.

No tenía la más mínima idea de por qué intentaba ser sociable conmigo, pero mientras charlábamos allí en su cuarto, tuve la impresión de que el caballero intentaba averiguar algo. De hecho, quería sonsacármelo. Aludía constantemente a Europa, a la gente que supuestamente yo debía de conocer allí, dirigiendo las preguntas hacia la identidad de mis amistades en la ciudad sepulcral. Sus ojillos brillaban como pequeños discos de mica, intrigantes, aunque el hombre procuraba no perder ese toque de arrogancia.

Al principio me desconcertó, pero poco después me invadió una horrible curiosidad. Ni siquiera yo mismo era capaz de imaginar qué había en mí que pudiera interesarle tanto. Era fascinante ver cómo se esforzaba en vano, porque lo cierto es que dentro de mí solo sentía escalofríos y en mi cabeza no había nada salvo el asunto del vapor averiado. Era evidente que me había tomado por un perfecto embustero. Al final acabó por irritarse y, para disimular un airado gesto de fastidio, hizo como que bostezaba. Yo me levanté. Pero entonces me llamó la atención un pequeño bosquejo al óleo, pintado sobre una tabla, que representaba a una mujer en túnica, con los ojos vendados, empuñando una antorcha encendida. El fondo era sombrío, casi negro. La mujer daba la impresión de estar paralizada y el efecto de la luz de la antorcha en su rostro era siniestro.

La pintura me obligó a detenerme y el hombre se levantó cortésmente para sujetar ante ella una vela embutida en el pico de una botella de champaña (recomendación médica). Cuando le pregunté de quién era, me contó que la había pintado el señor Kurtz en esa misma estación, más de un año atrás, mientras esperaba la llegada de un medio que lo llevara a su dependencia comercial.

"Perdone la pregunta", dije, "¿quién es este tal señor Kurtz?".

"Es el jefe de la Estación del Interior", respondió cortante, apartando la mirada.

"Muchas gracias", dije riéndome. "Y usted es el fabricante de ladrillos de la Estación Central. Todo el mundo sabe eso".

Guardó silencio durante unos instantes.

"Kurtz es un prodigio", dijo por fin. "Es un emisario de la piedad, de la ciencia, del progreso y el diablo sabrá de qué más. Lo necesitamos" —y en este punto adoptó de repente un tono declamatorio—, "para que nos guíe en esta causa que Europa nos ha encomendado, por así decirlo; necesitamos inteligencias superiores, necesitamos toda la simpatía posible y un objetivo común".

"¿Y quién dice eso?", pregunté.

"Mucha gente", respondió. "Algunos incluso han escrito sobre el asunto. Y entonces él vino aquí, un ser especial, como ha de saber".

"¿Por qué he de saberlo?", lo interrumpí, realmente sorprendido, pero él no me prestó atención y prosiguió.

"Sí, hoy es el jefe de la mejor estación; el próximo año lo harán administrador adjunto y en dos años más... Pero me atrevo a decir que usted sabe qué cargo ocupará Kurtz dentro de dos años. Usted pertenece a la nueva manada. La manada de la virtud. La misma gente que lo envió a él fue quien lo recomendó a usted. Oh, no se atreva a negarlo. Eso salta a la vista".

La luz de la vela se posó sobre mí. Las influyentes amistades de mi querida tía habían producido un efecto inesperado en este joven. Estuve a punto de soltar una carcajada.

"¿Acaso lee usted la correspondencia confidencial de la Compañía?", le pregunté.

No fue capaz de contestar una sola palabra. Y yo me estaba divirtiendo de lo lindo.

"Cuando el señor Kurtz", continué en tono severo, "cuando el señor Kurtz llegue a administrador general, usted no va a tener la más mínima oportunidad de ascenso".

De repente el joven sopló la vela y salió del cuarto. Afuera, la luna brillaba en lo alto del cielo. Lánguidas siluetas negras rodaban por el espacio, arrojando cubos de agua sobre el resplandor de las brasas, que seguían produciendo aquel siseo. Nubes de vapor se elevaban a la luz de la luna. El negro castigado gemía de dolor en algún lugar.

"¡Qué ruido hace esta bestia!", dijo el infatigable hombre de los bigotes, que andaba por allí cerca. "Le está bien empleado. ¿Transgresión? ¡Castigo! ¡Pum! Sin piedad, sin piedad. Es la única manera. Solo así evitaremos todas las sublevaciones en el futuro. Justo le estaba diciendo al administrador que…".

Solo entonces notó la presencia de mi acompañante, cosa que lo dejó abatido de inmediato. "¿Aún sigue despierto?", dijo con una especie de amable servilismo. "Normal, claro. Peligro… agitación". Se alejó a toda prisa.

Yo caminé hasta la orilla del río y el joven me siguió. Desde allí, las imprecaciones sonaban como un murmullo insidioso: "¡Vamos, inútiles, vamos!". Pude ver a los peregrinos en pequeños grupos, gesticulando, discutiendo. Muchos de ellos todavía empuñaban sus varas. Llegué a creer de verdad que dormían con esos palos en la mano.

Más allá de la cerca, la selva lucía espectral bajo la luna y, a través de la sutil vibración del aire, a través de los sonidos en sordina que se producían en aquel lamentable solar, el silencio de la tierra encontraba su hogar en nuestro propio corazón: su misterio, su grandeza, la asombrosa realidad de su vida secreta.

El negro malherido gemía lastimeramente no sé dónde, cerca de allí. Al rato lanzó un profundo suspiro que me obligó a alejarme de aquel lugar. De repente sentí cómo una mano se introducía bajo mi brazo.

"Mi estimado amigo", dijo el caballero, "no quiero que me malinterprete, especialmente usted, que va a poder ver al señor Kurtz mucho antes de que yo tenga ese placer. No me gustaría que él se hiciera una idea equivocada sobre mi posición…".

Dejé hablar a ese Mefistófeles de pacotilla y por un momento me pareció que podría atravesarlo con un dedo y que en su interior hallaría apenas un poco de polvo. Su intención, cómo no, era llegar a ser administrador adjunto a la sombra del administrador actual, y entendí que la llegada de ese tal Kurtz los había fastidiado a ambos.

Hablaba atropelladamente y yo no hacía nada para detenerlo. Apoyé la espalda contra las ruinas de mi barco, encallado en la orilla como el cadáver de algún enorme animal acuático. El olor del barro, del barro primigenio, ¡por Júpiter!, se me metía por la nariz y ante mis ojos se presentaba la suave quietud de la selva primigenia; sobre la corriente del arroyo se apreciaban algunos remansos bruñidos.

La luna había esparcido sobre todas las cosas una fina capa de plata: sobre la hierba fresca, sobre el barro, sobre el muro acolchado de vegetación que se alzaba más imponente que las murallas de un templo, sobre el gran río, que podía ver a través de un sombrío boquete en la maleza, brillando, brillando a medida que fluía anchuroso sin emitir un solo murmullo.

Todo esto me parecía grandioso, sugerente, sutil, mientras el hombre parloteaba sin cesar. Me pregunté si la serena faz de aquella inmensidad que se presentaba ante nosotros había sido creada originalmente como una amenaza o como un embeleso. ¿Y quiénes éramos nosotros, extraviados en aquel lugar? ¿Podríamos dominar a aquella cosa insensata o acabaría ella dominándonos a nosotros?

Sentí la inmensidad, la intrincada inmensidad de esa cosa que no podía hablar y que tal vez era sorda también. ¿Qué buscábamos allí? Es posible que algo de marfil y también al señor Kurtz, que según decían se encontraba ahí adentro. Estaba harto de oír hablar de lo mismo. ¡Vaya si lo estaba! Pero, no sé cómo, las palabras eran incapaces de producir una sola imagen. Lo mismo habría dado que me hubiesen dicho que allí vivía un ángel o un demonio. Creía en ello tal como cualquiera podría creer que hay habitantes en el planeta Marte.

Una vez conocí a un fabricante de velas escocés que estaba seguro, totalmente seguro de que había gente viviendo en Marte. Si uno le preguntaba por el aspecto o el comportamiento de esos habitantes, el escocés se avergonzaba y mascullaba algo así como que "andaban en cuatro patas". Si uno se atrevía siquiera a sonreír, el hombre te desafiaba a pelear, aunque ya tenía sesenta años.

Yo no habría llegado al extremo de pelear por Kurtz, pero sí estuve a punto de ceder a la mentira. Ya saben cuánto detesto, cuánto odio la mentira. Es algo que no puedo soportar. No porque me crea más honesto que los demás, sino porque la mentira me deprime. Hay en las mentiras cierto hálito fatal, un sabor a mortecina, que es precisamente lo que más odio en el mundo, lo que desearía olvidar. Me mortifica y me asquea tanto como si me llevara a la boca algo podrido. Será algo de mi temperamento, supongo.

En fin, estuve muy cerca de mentir al dejar que ese pobre necio creyera cuanto quiso imaginar respecto a mi influencia en Europa. En un solo instante me había convertido en otro simulacro igual al resto de los peregrinos embrujados. Y todo simplemente porque sospechaba que de alguna manera esto le sería útil al tal señor Kurtz, a quien hasta entonces no había siquiera visto… ya saben. Para mí no era más que una palabra. No era capaz de ver al hombre en el nombre mejor de lo que ustedes podrían hacerlo ahora. ¿Lo ven acaso? ¿Adivinan en él la historia? ¿Ven algo al menos?

Tengo la impresión de que estoy intentando contarles un sueño. Intentándolo en vano, al menos, porque ningún relato puede transmitir las sensaciones que se experimentan durante el sueño, esa mezcla de sinsentido, sorpresa y pasmo en medio del espanto y la agonía, esa impresión de ser capturado por lo increíble que se halla en la esencia de los sueños…

Marlow guardó silencio durante unos segundos.

—… No, es imposible; es imposible transmitir la sensación vívida de ninguna etapa de nuestra existencia, aquello que constituye su verdad, su sentido, su esencia sutil y penetrante. Es imposible. Vivimos tal como soñamos… a solas…

Hizo una nueva pausa, como si reflexionara, y luego añadió:

—Desde luego, en este caso ustedes están en mejor posición para juzgar. Me conocen…

La noche estaba tan oscura que apenas podíamos vernos unos a otros. Desde hacía un buen rato, Marlow, apartado de los demás, no era más que una voz en el vacío. Nadie pronunciaba palabra. Los otros quizás estaban dormidos, pero yo seguía despierto. Y escuchaba, escuchaba, atento a cualquier frase, a cualquier palabra que arrojara una pista capaz de explicar ese ligero desasosiego inspirado por aquel relato que parecía cobrar forma por sí solo, sin intervención de ninguna boca humana en medio de la densa atmósfera nocturna del río.

—… Sí, lo dejé hablar —reanudó Marlow su relato—, y dejé que pensara cuanto quisiera sobre los oscuros poderes que supuestamente me respaldaban. ¡Eso hice, cuando no tenía ningún respaldo! No tenía nada más que ese ruinoso, viejo y maltrecho barco en el que estaba recostado en ese momento, mientras él hablaba sin parar sobre 'la necesidad de que cada hombre progresara por su cuenta'. 'Y si uno viene aquí, como se imaginará, no es precisamente para mirar la luna'. El señor Kurtz era un 'genio universal', pero incluso los genios agradecen trabajar con 'herramientas adecuadas: hombres inteligentes'. Él no fabricaba ladrillos. ¿Por qué? Porque algo se lo impedía, como yo bien sabía. Y si él desempeñaba algunas labores como secretario del administrador, ello se debía a que 'ningún hombre sensato cometería la necedad de rechazar la confianza de sus superiores. ¿Lo entiende usted?'. Sí, lo entendía.

¿Qué más quería?, preguntó. Lo que yo quería realmente eran remaches, ¡por todos los diablos! ¡Remaches! Continuar con el trabajo, tapar el agujero del casco. Remaches era lo que necesitaba. Había cajas enteras de remaches en la estación de la costa. Cajas y cajas apiladas. ¡Rebosantes! ¡Repletas! Cada dos pasos uno tropezaba con un remache en aquel patio de la estación. Montones de remaches habían rodado colina abajo, incluso hasta la arboleda de la muerte. Los había a puñados y con solo agacharse uno podía llenarse los bolsillos. Y, en cambio, donde más se necesitaban, no había un solo remache disponible.

Teníamos placas de latón, pero nada con qué asegurarlas. Y cada semana el mensajero, un negro solitario con una bolsa al hombro y una vara en la mano, salía de nuestra estación rumbo a la costa. Y varias veces a la semana una caravana proveniente de la costa traía mercancías para comerciar: percal horriblemente glaseado que te hacía estremecer con solo mirarlo, cuentas de cristal que no valían ni dos peniques, pañuelos de algodón con variopintos estampados. Y nada de remaches. Tres porteadores habrían podido traer todo lo necesario para reparar el barco.

El joven empleó un tono más confidencial, pero supongo que mi actitud indiferente acabó por exasperarlo, pues de repente juzgó necesario informarme de que no le temía ni a Dios ni al diablo, mucho menos a un simple hombre. Le dije que podía darme cuenta perfectamente, pero que yo necesitaba una cierta cantidad de remaches. Y remaches era lo que el señor Kurtz habría pedido de haber estado al tanto de todo este asunto. Ahora bien, dado que el correo iba a la costa cada semana…

"Mi querido señor", gritó, interrumpiéndome, "yo solo cumplo órdenes". Yo le pedí remaches. Tenía que haber una manera de conseguirlos… alguien inteligente como él. Entonces cambió de actitud. Adoptó una expresión fría y de repente empezó a hablar sobre un hipopótamo, me preguntó si no me molestaba dormir a bordo del vapor (no me despegaba de ese, mi salvaje, ni de día ni de noche). Había un viejo hipopótamo que tenía la mala costumbre de salirse del río para pasar la noche en los predios de la estación. Cada tanto los peregrinos salían en gavilla y malgastaban hasta la última bala de cualquier rifle que tuvieran a mano. Algunos incluso hacían guardia nocturna, pero todo eso no era más que un desperdicio de energía. "Ese animal está encantado", dijo. "Pero eso solo se puede decir de las bestias de este país. Ningún hombre, ¿me comprende?, ningún hombre aquí está encantado". Se quedó en silencio durante un instante bajo la luz de la luna, mostrándome su delicado perfil aguileño, ligeramente abollado, y sus ojos de mica que brillaban sin parpadear. Luego, bruscamente, me dio las buenas noches y se marchó.

Me pareció evidente que se sentía inquieto y bastante intrigado, lo cual me devolvió las esperanzas perdidas en los últimos días. Fue un gran alivio haberme librado de aquel individuo para quedarme a solas con mi influyente amigo, el desfondado, ruinoso, retorcido y maltrecho vapor. Trepé a bordo. El barco traqueteó bajo mis pies como una lata vacía de galletas Huntley & Palmer que alguien estuviera pateando a lo largo de una canaleta. Sus hechuras no eran muy sólidas que digamos, y su forma era más bien fea, pero había pasado tiempo suficiente trabajando duramente en su reparación para encariñarme con ese barco. Ningún amigo influyente habría podido ser más generoso. Ese vapor me dio la oportunidad de ponerme a prueba. No, no es que me guste el trabajo. Hubiera preferido holgazanear y echarme a pensar en cosas más agradables. No me gusta el trabajo. A ningún hombre le gusta. Pero sí me gusta lo que el trabajo trae consigo: la oportunidad de conocerse a uno mismo. De conocer la propia realidad, para uno mismo, no para los demás. Lo que nadie, salvo uno mismo, puede conocer. Lo que los demás ven no es más que el espectáculo, pero nunca llegan a saber lo que significa realmente.

No me sorprendió ver a un hombre sentado sobre la cubierta de popa, con las piernas colgando por encima del lodo. Verán: no me llevaba mal con los pocos mecánicos que había en aquella estación, gente a la que los demás peregrinos naturalmente despreciaban, a cuenta de sus imperfectos modales, supongo. Éste era el capataz, fabricante de calderas de profesión, un buen trabajador. Un hombre recio, fornido, de tez amarillenta y mirada intensa. Parecía siempre preocupado y su cabeza era tan calva como la palma de mi mano. Sin embargo, todo el pelo que se le había caído de la cabeza parecía haber ido a parar a su mentón, donde prosperaba sin problemas, pues la barba le había crecido hasta la cintura. Era viudo, con seis hijos (los había dejado a cargo de una hermana), y la pasión de su vida eran las palomas mensajeras. Era un entusiasta y un experto en la materia. Deliraba con las palomas. Después de las horas de trabajo, a veces salía de su cabaña y venía al barco para hablarme de sus hijos y de sus palomas. De día, cuando tenía que arrastrarse en el lodo debajo del casco del vapor, se ataba la barba con una especie de bayeta blanca que usaba para tal propósito. Tenía bucles de barba alrededor de las orejas. En las tardes se lo veía despatarrado en la orilla, enjuagando con gran esmero aquel trapo en el agua del arroyo, antes de extenderlo solemnemente para ponerlo a secar en un arbusto.

Le di una palmada en la espalda y grité: "¡Vamos a conseguir esos remaches!". Se puso de pie a la vez que exclamaba: "¡No! ¿Remaches?!", como si no diera crédito. Y luego, bajando la voz: "Así que tú, ¿eh?...". No sé por qué se comportaba como un lunático. Me tapé una aleta de la nariz con el índice y meneé la cabeza misteriosamente. "¡Muy bien!", gritó, chasqueando los dedos por encima de su cabeza, con un pie en el aire. Yo ensayé un bailoteo torpe. Nos pusimos a hacer cabriolas sobre la cubierta. Un estremecedor traqueteo brotó de aquel armatoste y la selva virgen de la otra margen del arroyo devolvió un eco atronador que atravesó el sueño de toda la estación. Aquello debió de provocar más de un sobresalto en las casuchas de los peregrinos. Una figura negra oscureció el umbral iluminado de la cabaña del administrador. Desapareció. Y un par de segundos después desapareció también el umbral. Nos quedamos quietos y muy pronto el silencio, espantado poco antes por el repiqueteo de nuestros pies, volvió a fluir por todas partes, proveniente de las entrañas de la tierra. El gran muro de vegetación, una exuberante e intrincada masa de troncos, ramas, hojas, arbustos, orlas, inmóvil a la luz de la luna, era como la estampida silenciosa de una invasión de vida, una oleada vegetal a punto de estallar, lista para derramarse sobre el arroyo y arrasar cada nimia existencia de cada insignificante ser humano. Y no se movía, no.

Desde muy lejos llegaba hasta nosotros en sordina un estallido de portentosos chapoteos y gruñidos, como si un ictiosaurio estuviera tomando un baño en el gran río. "Después de todo", dijo el calderero con tono razonable, "¿por qué no íbamos a conseguir esos remaches?". ¡Por qué no, de hecho! No se me ocurría una sola razón por la que no pudiéramos. "Llegarán en tres semanas", dije confiado.

Pero no llegaron. En lugar de remaches llegó una invasión, una intrusión, un asedio. Llegó por partes a lo largo de las siguientes tres semanas, cada sección encabezada por un burro que transportaba a un hombre blanco vestido con ropa nueva y zapatos brillantes, haciendo venias a diestra y siniestra desde su montura ante los atónitos peregrinos. Una pendenciera tropa de negros trotaba descalza a espaldas del burro. Muchas tiendas de campaña, taburetes, cajas de latón, estuches blancos y balas de heno fueron arrojadas en el patio. La atmósfera de misterio se hizo más densa sobre el habitual desparrame de la estación. Hasta cinco de aquellas tandas llegaron con su absurdo aire de precipitada huida, con su cargamento de innumerables artículos y provisiones, tanto es así que uno pensaría que se estaban dando a la fuga después de un saqueo, a punto de internarse en la selva donde dividirían equitativamente el botín. Era un inextricable batiburrillo de cosas que en sí mismas no eran indecentes, pero a las que la locura humana hacía parecer como restos de un pillaje.

Esta fervorosa banda se llamaba a sí misma la Expedición Exploradora de El Dorado, y creo que sus miembros habían hecho voto de silencio. Sus charlas, sin embargo, eran más propias de sórdidos bucaneros: atrevidas sin ser temerarias, codiciosas sin ser audaces y crueles sin un ápice de coraje. No había un átomo de previsión o de serios propósitos en todo aquel arrume de gente, y ninguno parecía consciente de que estas cosas eran necesarias para andar por el mundo. Arrancar tesoros de las entrañas de la tierra era su deseo, sin otra justificación moral que la de los ladrones a la hora de abrir una caja fuerte.

¿Quién cubría los gastos de tan noble empresa? No lo sé. Pero el tío de nuestro administrador era el jefe de la banda.

Por su aspecto parecía el carnicero de un vecindario pobre, y en sus ojos había una mirada de astucia adormecida. Cargaba su enorme panza con ostentación sobre unas piernas cortas y, durante el tiempo en que su pandilla infestó nuestra estación, no cruzó palabra con nadie, salvo con su sobrino. Se pasaban el día entero deambulando por ahí con las cabezas muy juntas en su perenne confabulación.

Para entonces había dejado de preocuparme por los remaches. La capacidad de un hombre para esa clase de obsesiones es más limitada de lo que cualquiera supondría. Me dije: "¡Al demonio!". Y dejé que las cosas siguieran su curso. Tenía tiempo de sobra para meditar, y una que otra vez me ponía a pensar en ese tal Kurtz. No es que tuviera especial interés en él, no. Pero sí tenía curiosidad por ver si este hombre, que había llegado al país equipado con ciertas ideas morales, conseguiría escalar a lo más alto después de todo, y cómo desempeñaría sus funciones una vez que ascendiera hasta allí.

II

—Una tarde, recostado en la cubierta de mi vapor, oí un ruido de voces que se aproximaban. Eran el tío y el sobrino dando un paseo por la orilla. Apoyé de nuevo mi cabeza sobre el brazo y, cuando estaba a punto de quedarme dormido, oí que alguien susurraba, casi como hablándome al oído: "Soy inofensivo como un niño, pero no me gusta que me digan lo que tengo que hacer. ¿Acaso no soy yo el administrador? Me ordenaron que lo enviara allí. Es increíble".

Comprendí que los dos hombres estaban en la orilla, por el lado de la proa, justo debajo de mi cabeza. No me moví; tampoco habría sido capaz: estaba adormilado.

"Un asunto desagradable, sí", gruñó el tío.

"Él mismo solicitó a la administración que lo enviaran allí", siguió el otro, "con la idea de demostrar lo que podía hacer; y yo recibí órdenes de proceder. Imagínese la influencia que debe de tener ese hombre. ¿No es aterrador?".

Ambos estuvieron de acuerdo en que era algo aterrador. A continuación hicieron algunos comentarios extravagantes: "Capaz de hacer llover y de traer el buen tiempo… un solo hombre… el Consejo… por la cara", trozos de frases absurdas que lograron sacarme de mi modorra, así que ya casi había recuperado todas mis facultades cuando el tío dijo:

"El clima podría librarte de esta dificultad. ¿Está solo allí?".

"Sí", respondió el administrador, "envió a su ayudante río abajo con una nota dirigida a mí en estos términos: Expulse a este pobre diablo del país y no se moleste en enviarme más gente de esta clase. Prefiero estar solo que contar con el tipo de hombres que usted me proporciona. Esto fue hace más de un año. ¡Imagínese la imprudencia!".

"¿Algo más desde entonces?", preguntó el tío con voz ronca.

"Marfil", esputó el sobrino, "montones de marfil, de primera calidad, muchísimo, como para fastidiarnos".

"¿Y algo más con el marfil?", insistió el profundo ronquido.

"Facturas", fue lo que el otro respondió fulminante, por así decirlo.

Luego se hizo el silencio. Estaban hablando de Kurtz, claro.

Para entonces ya me hallaba totalmente despierto, pero, como estaba echado tan a gusto, me quedé inmóvil, máxime cuando nada me inducía a cambiar de posición.

"¿Y cómo llegó todo ese marfil hasta aquí?", gruñó el más viejo, que parecía estar muy ofendido.

El otro explicó que había llegado en una flota de canoas a cargo de un inglés de mediano rango a quien Kurtz estaba empleando por entonces; que Kurtz aparentemente había tenido intención de volver también, dado que en su estación se habían quedado sin provisiones y mercancías. No obstante, al cabo de unas trescientas millas de viaje, de repente había decidido regresar, cosa que hizo solo en un pequeño canalete acompañado apenas por cuatro remeros, dejando que el oficial de rango medio siguiera río abajo con el marfil.

Los dos hombres parecían pasmados ante el hecho de que alguien siquiera hubiera intentado semejante cosa. Se les escapaba el motivo, sin embargo. En cuanto a mí, aquella fue la primera vez que creí ver a Kurtz. Fue una imagen clara y fugaz: el canalete, cuatro remeros salvajes y el hombre blanco solitario que de repente le da la espalda al cuartel general, a la comodidad, quizás a ciertos recuerdos del hogar. Con la mirada puesta en las profundidades de la selva, rumbo a su estación desolada y vacía. Yo tampoco podía adivinar el motivo. Quizás simplemente era un buen hombre aferrado a su trabajo.

Su nombre, imaginen, no había sido mencionado ni una sola vez. Se referían a él como "ese hombre". El oficial de rango medio que, según pude deducir, había liderado un viaje difícil con gran prudencia y aplomo, recibía el invariable mote de "canalla". El "canalla" había informado que el "hombre" se encontraba muy enfermo… al parecer por no haberse recuperado del todo…

Los dos hombres se alejaron entonces unos cuantos pasos y empezaron a ir y venir a cierta distancia. Los oí decir: "Campamento militar… doctor… doscientas millas… muy solo ahora… retrasos inevitables… nueve meses… ninguna noticia… extraños rumores".

Volvieron a acercarse justo cuando el administrador decía: "Nadie, hasta donde yo sé, salvo un comerciante vagabundo… un tipo apestoso que les roba el marfil a los nativos".

¿A quién se referían? Por los fragmentos de la conversación deduje que se trataba de algún hombre que supuestamente operaba en el distrito de Kurtz, alguien que no era del agrado del administrador.

"No nos libraremos de la competencia desleal hasta que colguemos a uno de estos pillos para dar ejemplo", dijo.

"Por supuesto", gruñó el otro. "¡Colgarlo, cómo no! Aquí se puede hacer cualquier cosa, cualquier cosa. Es lo que intento decirte: aquí nadie, ya sabes, aquí nadie puede poner en peligro tu puesto. ¿Por qué? Has aguantado el clima. Has sobrevivido a todos los demás. El peligro está en Europa; pero antes de marcharme de allí tuve la precaución de...".

En ese momento se alejaron, susurrando. Luego volví a escucharlos con claridad:

"Esta serie de retrasos extraordinarios no es culpa mía. Yo hice todo lo que estaba en mis manos".

El gordo suspiró: "Qué desgracia".

"Y la pestilente insensatez de sus conversaciones", siguió el otro; "Me fastidió enormemente mientras estuvo aquí: Cada estación ha de ser como un faro en el camino que nos guíe hacia mejores cosas, un centro de comercio, por supuesto, pero también para la humanización, la educación y el mejoramiento. Imagínelo. ¡Ese imbécil! ¡Y pensar que quiere ser administrador! No, no, es un...".

En este punto se sofocó por la excesiva indignación y yo aproveché para asomarme un poco. Me sorprendió ver cuán cerca estaban: justo debajo de mí. Podría haber escupido sobre sus sombreros. Miraban al suelo, absortos. El administrador retorcía sutilmente una de sus piernas. De pronto su sagaz pariente levantó un poco la mirada.

"¿Te has sentido bien desde que llegaste esta vez?", le preguntó.

El otro dio un brinco.

"¿Quién? ¿Yo? Oh, como una rosa, como una rosa. En cambio los demás... pfff, todos enfermos, ¡por Dios! Y encima se mueren tan rápido que ni siquiera me da tiempo a sacarlos del país. ¡Es increíble!".

"Mhhh, no me digas", masculló el tío.

"Oh, muchacho, encomiéndate a esto... te lo digo, encomiéndate a esto...".

Lo vi extender una de las rechonchas aletas que tenía por brazos en un gesto que abarcaba la selva, el arroyo, el barro, el río; con ese ademán pomposo dirigido a la faz iluminada de la tierra parecía estar convocando una acechanza de la muerte, un mal oculto en la profunda oscuridad de su corazón. Fue algo tan sorprendente que, de un solo salto, me puse de pie y miré hacia atrás, al linde de la selva, como si esperara una respuesta de algún tipo ante esa oscura demostración de confianza.

A todos nos asaltan ideas ridículas alguna vez, ya lo saben. La elevada quietud del bosque se enfrentaba a estas dos figuras con su ominosa paciencia, esperando a que la fantástica invasión tocara a su fin.

Maldijeron a la vez. De puro miedo, creo yo. Luego, fingiendo que no habían advertido mi presencia, se marcharon hacia la estación. La tarde empezaba a caer. Y así, a medida que se alejaban cuesta arriba con las cabezas muy juntas, daban la impresión de ir tirando de sus dos ridículas sombras desiguales, que se arrastraban lentamente sobre la alta hierba sin doblar una sola hoja.

En unos pocos días, la Expedición El Dorado se internó en la paciente selva, que se cerró sobre la caravana como se cierra el mar sobre un nadador. Mucho después llegaría la noticia de que los burros habían muerto. En cuanto al destino de los animales menos valiosos de la expedición no sé nada. Sin duda, como el resto de nosotros, recibieron su merecido. Preferí no indagar mucho más.

Para entonces me sentía algo inquieto ante la perspectiva de conocer pronto a Kurtz. Y cuando digo muy pronto, quiero decir relativamente pronto. Dos meses enteros tendrían que pasar desde que zarpáramos de nuestro arroyo para llegar a orillas de la estación de Kurtz.

Remontar ese río fue como viajar de vuelta a los primeros días de la creación del mundo, cuando la vegetación dominaba el planeta y los grandes árboles eran los reyes. Un río deshabitado, un gran silencio, un bosque impenetrable. El aire era tibio, denso, pesado, pegajoso. No había alegría en el intenso brillo de la luz. A lo largo de numerosos trechos, la vía fluvial desolada se perdía en un horizonte sombrío. En plateados bancos de arena, los hipopótamos y los cocodrilos tomaban el sol. Las anchurosas aguas discurrían a través de un archipiélago de islas boscosas; uno se perdía allí como podría hacerlo en un desierto, y todo el día había que recular en los bajíos, intentando dar con el canal, hasta que uno se sentía como bajo un hechizo, apartado para siempre de todo lo que alguna vez conociera, en algún remoto lugar, quizás en otra vida.

A veces uno se veía asaltado por recuerdos de su pasado, como suele ocurrir cuando no se cuenta con un solo instante de sosiego. Pero ese pasado llegaba en forma de sueño inquietante y rumoroso, y aparecía como algo asombroso entre las sobrecogedoras realidades de este mundo extraño de plantas y agua y silencio. Y ese silencio que nos rodeaba no se parecía ni siquiera un poco a la paz del mundo. Era más bien la quietud de una fuerza implacable que estuviera rumiando inescrutables planes. Te encaraba con un aspecto vengativo.

Aunque, para ser francos, no tardaría en acostumbrarme; un día cualquiera dejé de verlo. No tenía tiempo. Debía seguir buscando el canal, a tientas. Debía discernir, casi siempre por pura inspiración, las señales de los bajíos ocultos. Estaba atento a la aparición de cualquier piedra. Aprendí a apretar los dientes con astucia antes de que mi corazón se desbocara cada vez que, por un golpe de suerte, pasaba rozando algún obstáculo infernal que habría dado al traste con mi viejo armatoste y ahogado así a todos los peregrinos. Debía buscar cualquier indicio de madera seca que pudiéramos cortar en las noches para alimentar las calderas al día siguiente.

Cuando uno tiene que estar concentrado en esta clase de cosas, en los meros incidentes de la superficie, la realidad —la realidad, créanme— se desvanece. La verdad interior se oculta. Con suerte, claro, con suerte. Sin embargo, yo la sentía de todos modos. A menudo sentía su misteriosa quietud, cómo observaba mis trucos de mono, tal como los observa a ustedes, amigos, mientras hacen sus respectivos nudos por... ¿cuánto era? ¿Media corona por viaje?

—No seas descortés, Marlow —protestó una voz, y entonces supe que al menos había otro hombre despierto, aparte de mí, escuchándolo.

—Les pido disculpas. Olvidaba la congoja que viene con el salario. Al fin y al cabo, ¿qué importa la paga cuando el truco está bien hecho? Ustedes hacen muy bien los suyos. Y a mí tampoco se me dieron mal los míos, pues conseguí mantener a flote aquel vapor en mi primer viaje. Aún hoy me produce asombro. Imaginen a un hombre con los ojos vendados a quien se le pide que conduzca un carruaje por un camino en mal estado. Sudé y sufrí lo mío en aquella labor, créanme. Después de todo, para un marinero, raspar el fondo de una cosa que, se supone, ha de flotar todo el tiempo que esté bajo su mando es un pecado imperdonable. Aunque nadie se entere, no importa. Uno nunca olvida el golpe, ¿eh? Un mazazo en pleno corazón. Vuelve siempre en el recuerdo, en los sueños. Uno se despierta a medianoche pensando en el golpe, incluso años después, y le entran escalofríos.

Con esto no quiero decir que el barco se hubiera mantenido a flote todo el tiempo. Más de una vez hubo que vadear en los bancos, con veinte caníbales chapoteando alrededor y empujando. Habíamos reclutado a algunos de estos hombres en el camino, para completar la tripulación. Gente buena, a su manera. Eran caníbales, claro. Pero era gente con la que se podía trabajar, y siempre les estaré agradecido. Además, en ningún momento se comieron a nadie delante de mí. Eso sí, llevaban una provisión de carne de hipopótamo que acabó por pudrirse y trajo hasta mis narices el pestilente misterio de la vida salvaje. ¡Buagh! Todavía siento ese olor.

A bordo iban el administrador y tres o cuatro peregrinos, con varas y todo. Muy de vez en cuando llegábamos a alguna estación cerca de la orilla, en las faldas de lo desconocido, y los hombres blancos que se afanaban por salir de sus casuchas derruidas, entre gestos de alegría y sorpresa y bienvenida, tenían un aspecto muy extraño: parecían hallarse allí como cautivos de algún conjuro mágico.

La palabra "marfil" iba y venía por el aire durante un rato. Y un instante después ya continuábamos navegando en el silencio, a lo largo de las extensiones desoladas, rodeando los mansos recodos, entre los altos muros de nuestro serpenteante camino, donde reverberaba como un aplauso hueco el arduo traqueteo de la rueda de popa. Árboles, árboles, millones de árboles, gigantescos, enormes, ascendiendo a los cielos; y a sus pies, frotándose contra los bajíos, a contracorriente, avanzaba el pequeño y mugroso barco de vapor como una babosa que se arrastrara por el suelo de un formidable pórtico.

La selva te hacía sentir diminuto, perdido y, aun así, la sensación no era del todo deprimente. Al fin y al cabo, por pequeño que fuera, el bicho mugroso seguía arrastrándose. Y eso era todo lo que uno le pedía. A dónde se imaginaban los peregrinos que se dirigía, no lo sé. A algún lugar donde esperaban obtener algo, seguramente. Para mí, se arrastraba en dirección a Kurtz y nada más.

Sin embargo, en un momento, las tuberías de vapor empezaron a perder líquido y la velocidad del barco disminuyó aún más. Los trechos se abrían imponentes ante nosotros y se cerraban a nuestras espaldas, como si la selva trabajara morosamente río abajo para cerrarnos el camino de regreso. Nos adentrábamos más y más en el corazón de las tinieblas.

Se estaba tranquilo allí. Algunas noches, el retumbar de los tambores tras la cortina de árboles viajaba río arriba y se quedaba suspendido como un vago rumor sobre nuestras cabezas hasta que rayaba el día. No sabría decir si eran tambores de guerra, de paz o de oración. Las madrugadas venían precedidas por el descenso de una fría calma; los leñadores dormían, sus fuegos casi extintos; el chasquido de una rama te sobresaltaba.

Éramos vagabundos en un mundo prehistórico, en un planeta que asumía para nosotros una faz desconocida. Se diría que éramos los primeros hombres que tomaban posesión de una herencia maldita, solo domesticable al precio de angustiosos y terribles esfuerzos.

Pero de repente, al doblar trabajosamente un recodo, vislumbrábamos unos muros rústicos, unos techos de paja puntiagudos, un estallido de gritos, un revoloteo de extremidades negras, un amasijo de aplausos y zapateos, balanceos de cuerpos, ojos desorbitados a la sombra inmóvil del nutrido follaje. Lentamente, el barco pasaba al borde de ese frenesí oscuro e incomprensible. El hombre prehistórico nos maldecía, rezaba por nosotros, nos daba la bienvenida… ¿Quién podía saberlo?

Estábamos incapacitados para comprender todo cuanto nos rodeaba. Pasábamos como espectros, perplejos y secretamente afligidos, como lo estaría cualquier hombre cuerdo frente a una sublevación de locos en un manicomio. No podíamos comprenderlo porque estábamos demasiado lejos y ya no recordábamos nada, porque viajábamos a través de la noche de los primeros tiempos, por una era perdida de la que a duras penas quedaban señales, pero ya ningún recuerdo.

La tierra parecía otro mundo. Nos hemos acostumbrado a la figura encadenada del monstruo ya dócil, pero allí, en ese lugar, aún era posible ver aquella cosa monstruosa en libertad. Era algo sobrenatural, y los hombres parecían… No, no eran inhumanos. En fin, verán, eso es lo peor de todo: esa suspicacia sobre si eran o no humanos. Se iba insinuando poco a poco en uno. Aullaban, daban brincos y cabriolas y ponían caras horrorosas; pero lo que de veras nos aterraba era precisamente la idea de que fueran humanos —al igual que nosotros—, la idea de nuestro remoto parentesco con esos gruñidos salvajes y exaltados.

¿Desagradable? Sí, era muy desagradable. Pero si uno era lo suficientemente hombre, tenía que admitir que adentro, muy adentro, surgía la huella de una respuesta, por tenue que fuera, a la terrible honestidad de ese ruido; la vaga sospecha de que éste albergaba algún significado que, a tanta distancia de la noche de los tiempos, quizás uno podría llegar a comprender. ¿Por qué no? La mente humana es capaz de cualquier cosa. En ella se almacena todo, todo el pasado y todo el futuro. ¿Qué había, pues, en ese gruñido? ¿Alegría, miedo, tristeza, devoción, valor, furia? Imposible saberlo. Pero sin duda había verdad, una verdad desnuda, sin el manto del tiempo.

Que los idiotas se estremezcan y nos miren boquiabiertos… un hombre sabe y puede mirar sin pestañear. Pero ha de ser al menos tan hombre como aquellos que lo miran desde la orilla. Debe enfrentarse a la verdad con su propia materia auténtica. Con su propia fuerza innata. ¿Principios? Los principios no sirven de nada. Las posesiones, la ropa, no son más que bonitos harapos. Harapos que se caerían a la primera sacudida. No, lo que se necesita es una creencia deliberada. Hay algo en esas líneas enemigas que me llama, ¿no es así? Pues bien: escucho, concedo; pero yo también tengo voz y, para bien o para mal, es un habla que no puede ser silenciada.

Por supuesto, un imbécil, lleno de temores y finos sentimientos, está siempre a salvo. ¿Quiénes son estos hombres que gruñen? ¿Se estarán preguntando si bajé a tierra para aullar y bailar con los salvajes? Pues no. No lo hice. ¿Finos sentimientos, entonces? ¡Al cuerno con las delicadezas! No tenía tiempo. Estaba muy ocupado fabricando vendas con la mezcla de albayalde y los jirones de sábanas para tapar las fugas en las tuberías de vapor. Tenía que estar pendiente del timón y evitar todos esos obstáculos y mantener en marcha el armatoste por las buenas o por las malas. Había suficiente verdad descarnada en estas cosas para mantener a salvo a un hombre con experiencia.

Y de cuando en cuando tenía que vigilar al salvaje que hacía las veces de fogonero. Un espécimen mejorado. Alguien capaz de mantener encendida una caldera vertical. Allí estaba, debajo de mí, y les doy mi palabra de que observarlo era tan edificante como ver a un perro con pantalones y sombrero de plumas caminando sobre sus patas traseras en una parodia. Unos pocos meses de entrenamiento habían sido suficientes para este admirable elemento. Con evidente sufrimiento y prontitud, ponía siempre un ojo en el regulador de vapor y otro en el medidor del agua.

Y tenía los dientes afilados también, el pobre diablo, y el pelo lanudo afeitado en extraños patrones, además de las tres cicatrices ornamentales en cada mejilla. Tendría que haber estado allí batiendo palmas y zapateando en la orilla, pero en lugar de eso continuaba trabajando duramente, esclavo de una siniestra brujería llena de saberes nuevos. Era una persona útil porque había sido instruido en sus labores; y lo que entendía era esto: que si el agua de aquella cosa transparente desaparecía, el espíritu maligno dentro de la caldera se enfurecería y, sediento e insaciable, llevaría a cabo su terrible venganza. De modo que por eso sudaba y alimentaba el fuego y observaba el cristal con temor reverencial (con un fetiche improvisado hecho de harapos atado a la muñeca y un trozo de hueso pulido del tamaño de un reloj atravesándole el labio inferior), mientras las orillas boscosas se deslizaban ante nosotros lentamente, dejando atrás la algarabía para volver a las millas de silencio interminable… reptando muy despacio hacia nuestro encuentro con Kurtz.

Pero los imprevistos se nos acumulaban, el agua era traicionera y llena de bajíos, la caldera de hecho parecía tener a un diablillo malvado en su interior, así que ni el fogonero ni yo teníamos un segundo para asomarnos a nuestros espeluznantes pensamientos.

A unas cincuenta millas de la Estación del Interior nos topamos con una choza de juncos, al lado de un asta melancólicamente fláccida, con los jirones irreconocibles de lo que alguna vez fuera una bandera de algún tipo. Había también una pila de troncos escrupulosamente amontonados. Esto nos tomó por sorpresa. Nos acercamos a la orilla y encima del montón de leña encontramos un trozo de tabla con inscripciones borrosas hechas a lápiz. Nos costó descifrar lo que decía:

"Madera para ustedes. Vengan pronto. Acérquense con cautela". Había una firma pero era ilegible. No era Kurtz, sino una palabra mucho más larga.

"Vengan pronto". ¿Adónde? ¿Río arriba? "Acérquense con cautela". Justo lo que no habíamos hecho. Sin embargo, la advertencia no podía referirse a ese mismo lugar. Algo no andaba bien río arriba. Pero qué y cuán grave era, no lo sabíamos. Comentamos la torpeza de ese estilo telegráfico. La selva a nuestro alrededor no dijo nada y tampoco nos permitía ver muy lejos. Una cortina de sarga roja colgaba hecha jirones del umbral de la cabaña y aleteaba tristemente delante de nosotros. La vivienda estaba totalmente derruida, pero pudimos ver que un hombre blanco había vivido en ella no mucho tiempo atrás. Quedaba la mesa rústica, una tabla sobre dos caballetes; un montículo de basura en un rincón oscuro y, junto a la puerta, me agaché a recoger un libro.

Un libro sin tapas, con las páginas tan manoseadas que parecían alisadas en su propia mugre, si bien el lomo había sido primorosamente remendado con un hilo de algodón todavía limpio. Fue un hallazgo extraordinario. Su título era Investigación sobre algunos temas náuticos y estaba escrito por un tal Towser, o Towson —menudo nombre—, capitán de la Armada Real. El texto parecía en extremo tedioso, con diagramas ilustrativos e insufribles tablas de números. El ejemplar tenía sesenta años. Traté de manipular esta notable antigüedad con la mayor delicadeza posible, no se me fuera a desintegrar entre los dedos.

En el libro, Towson o Towser también indagaba concienzudamente en temas como el límite de la resistencia de las cadenas y los aparejos de los barcos. Una lectura poco emocionante, aunque a primera vista uno podía detectar en ella un propósito coherente, un interés honesto por la forma correcta de cumplir con un trabajo, cosas que hacían brillar estas humildes páginas, a pesar del paso de los años, con una luz que no tenía nada que ver con la mera profesionalidad. El sencillo marinero, con su perorata sobre cadenas y aparejos, me hizo olvidar la jungla y a sus peregrinos en medio de una deliciosa sensación de haber dado con algo inequívocamente real.

El solo hecho de que ese libro estuviera allí me parecía maravilloso. Pero aún más asombrosas eran las notas escritas a lápiz en el margen, simples referencias al texto. ¡No podía creerlo! ¡Estaban escritas en clave! Sí, parecía una escritura cifrada. Imaginen a un hombre que lleva consigo un libro de estas características hasta ese lugar perdido y, además de estudiarlo, ¡hace notas al margen escritas en clave! Era un misterio de lo más extravagante.

Llevaba un rato vagamente molesto por un ruido alarmante. Cuando levanté la vista descubrí que la pila de leños había desaparecido y el administrador, ayudado por todos los peregrinos, me gritaba desde el río. Dejé caer el libro en mi bolsillo. Les aseguro que la falta de lecturas era para mí como verme privado del abrigo de una vieja y sólida amistad.

Puse en marcha de nuevo el fatigado motor.

"Debe de haber sido ese miserable tratante… el intruso", comentó el administrador lanzando una mirada malévola hacia el lugar del que nos alejábamos.

"Debe de ser inglés", dije.

"Eso no lo librará de meterse en un lío si no se anda con cuidado", masculló el administrador con gesto sombrío.

Yo le hice ver con fingido candor que en este mundo nadie está a salvo de meterse en líos.

La corriente era más rápida ahora, el barco parecía estar en las últimas, la rueda de popa giraba ya sin fuerza y de pronto me vi escuchando en vilo cada pulsación de la hélice, pues, a decir verdad, esperaba que el desvencijado aparato se apagara en cualquier momento. Era como ser testigo de los últimos estertores vitales de un organismo. Y, sin embargo, seguíamos avanzando. A veces elegía un árbol como referencia para medir nuestros progresos en el camino hacia Kurtz, pero invariablemente acababa perdiéndolo de vista antes de que pudiéramos alcanzarlo. Mantener la mirada fija durante tanto tiempo en un solo objeto sobrepasaba los límites de la paciencia humana. El administrador exhibía una maravillosa resignación. Yo me revolvía inquieto y me devanaba los sesos pensando si debía o no hablar abiertamente con Kurtz; pero, antes de llegar a ninguna conclusión, tuve la intuición de que mi silencio o mis palabras, es más, que todas mis acciones serían igualmente inútiles. ¿Qué importaba lo que alguien sabía o ignoraba? ¿Qué importaba quién era el administrador? A veces uno tiene esa clase de revelaciones. Los elementos esenciales de este asunto se encontraban muy adentro, bajo la superficie, más allá de mi alcance y de mi capacidad de incidencia.

En la tarde del segundo día calculamos que nos hallábamos a unas ocho millas de la estación de Kurtz. Yo quería acelerar el paso, pero el administrador se puso muy serio y me dijo que la navegación en esa zona era tan peligrosa que lo más recomendable, dado que el sol ya estaba cayendo, sería detenernos y esperar hasta la mañana siguiente. Además, señaló que si queríamos seguir el consejo de acercarnos con cautela, lo adecuado sería llegar durante el día y no al atardecer o en plena noche. Me pareció bastante sensato. Ocho millas significaban casi tres horas de caldera; también alcancé a divisar una serie de sospechosos rápidos al final de aquel trecho. No obstante, el retraso me aburría hasta límites inenarrables, cosa por lo demás bastante irracional, pues ¿qué más daba pasar allí otra noche después de tantos meses? Dado que teníamos suficiente leña y la consigna era la cautela, detuve el barco en mitad del río. Aquel brazo del río era estrecho, recto, con altas pendientes en cada orilla como cortes de una vía férrea. Las tinieblas se deslizaron hasta nosotros mucho antes de que el sol se hubiera puesto. La corriente bajaba mansa y veloz, pero una sorda inmovilidad persistía en las orillas. Los árboles vivos, entrelazados por las plantas trepadoras y toda aquella maleza que crecía al pie de los troncos, parecían haberse convertido en piedra, desde la rama más fina hasta la hoja más liviana. No era un estado de somnolencia. Era algo sobrenatural, como un trance. No se escuchaba un solo ruido, nada, y uno solo podía mirar y mirar, aterrado, creyendo por momentos que nos habíamos quedado todos sordos. Por si fuera poco, la noche cayó repentinamente para dejarnos ciegos. A eso de las tres de la mañana, un enorme pez saltó en el río y el estallido del agua me asustó como si hubieran disparado un arma. Al alba había una niebla inmaculada, muy tibia y viscosa, más cegadora que la oscuridad de la noche. Ni se movía, ni pasaba. Simplemente estaba allí, inmóvil alrededor de nosotros como una materia sólida. A las ocho o nueve, más o menos, se levantó como una persiana. Alcanzamos a entrever la gigantesca multitud de árboles, la inmensa maraña de la selva, coronada por la pequeña esfera incandescente del sol. Todo perfectamente inmóvil. Y, a continuación, la persiana blanca cayó de nuevo, suavemente, como deslizándose entre surcos engrasados. Ordené que bajaran el ancla, que ya habíamos empezado a levar. Antes de que la cadena dejara de correr con su traqueteo en sordina, un grito, un grito muy estridente, como de infinita angustia, se elevó lentamente en medio de la atmósfera opaca. Luego se apagó. Un clamor, una queja modulada con salvajes disonancias, llenó nuestros oídos. Lo inesperado de aquel ruido me puso los pelos de punta. Ignoro cómo habrá afectado a los demás: para mí fue como si la niebla misma se hubiera puesto a gritar. Aquel bramido tumultuoso y lúgubre parecía haberse levantado repentinamente desde todos los rincones a la vez. Aquello culminó en un apresurado rapto de chillidos intolerables que no tardaron en desaparecer, dejándonos paralizados en una amplia variedad de gestos imbéciles, obstinadamente atentos a ese silencio que era casi tétrico y exorbitante. "¡Por Dios, qué significa…!", balbuceó a mi lado uno de los peregrinos —un hombrecito gordo con el pelo y los bigotes rojos, que llevaba unas botas con suela de caucho y las botamangas del pijama rosa metidas dentro de los calcetines—. Otros dos peregrinos se quedaron con la boca abierta durante un minuto entero; luego se precipitaron a la pequeña cabina de donde salieron desbocados, lanzando miradas de pánico por doquier, con los Winchester preparados para disparar. Pero lo único que podíamos ver era nuestro propio barco, sus contornos borrosos como si todo el armatoste estuviera a punto de disolverse y, a su alrededor, una delgada franja nebulosa del río que no tendría más de dos pies de ancho. Para nuestros ojos y oídos, el resto del mundo ya no estaba. En ninguna parte. Borrado, desaparecido, barrido sin que hubiera quedado ni el suspiro de una sombra.

Fui hasta la proa y ordené que dejaran la cadena a media profundidad, de modo que pudiéramos levar el ancla en cualquier momento y poner en marcha el barco de inmediato si fuera necesario. "¿Nos van a atacar?", murmuró una voz aterrada. "Con esta niebla nos van a masacrar a todos", susurró otro. Los rostros se retorcían por la tensión y las manos temblaban ligeramente, los ojos ya no sabían parpadear. Era muy curioso ver el contraste de expresiones entre los hombres blancos y los negros de nuestra tripulación, que en esa parte del río eran tan extranjeros como nosotros, a pesar de que sus hogares estuvieran a solo ochocientas millas de allí. Los blancos, por supuesto terriblemente alterados, mostraban además un aspecto extraño de perplejidad provocada por el espeluznante aullido. Los otros tenían una expresión natural de concentración y alerta; pero sus rostros no parecían perturbados, incluso dos de ellos estaban sonriendo mientras tiraban del ancla. Varios de ellos intercambiaban frases cortas y guturales con las que parecían estar confirmando algo que les producía satisfacción. A mi lado estaba el jefe, un joven negro de espaldas anchas, envuelto en una sobria túnica azul oscuro con flecos, la nariz fiera y el pelo ingeniosamente peinado en bucles grasosos. "¡Ajá!", dije, por puro compañerismo. "Atrápenlo", espetó con los ojos inyectados en sangre, haciendo brillar por un segundo sus dientes afilados. "Atrápenlo. Es para nosotros". "¿Para ustedes, eh?", dije. "¿Y qué piensan hacer con él?". "Comérnoslo", respondió cortante y, apoyando el codo sobre la barandilla, miró hacia la niebla con una actitud digna y profundamente meditativa. Sin duda alguna me habría sentido horrorizado si no hubiera reparado entonces en el hecho de que él y sus colegas debían de estar hambrientos; que a lo largo del último mes su hambre no había hecho más que aumentar día tras día. Llevaban seis meses con nosotros (no creo que ninguno de ellos tuviera una noción clara del paso del tiempo, como la tenemos nosotros después de incontables eras; ellos aún pertenecían a los orígenes del tiempo, no contaban con una experiencia heredada que les enseñara lo que era eso) y, por supuesto, mientras hubiera un pedazo de papel que siguiera lo estipulado en alguna ley farsante o cosa similar redactada sobre la marcha, nadie siquiera se molestaba en pensar de qué vivirían estos hombres. Ciertamente habían traído consigo algo de carne podrida de hipopótamo, que en todo caso no les habría durado mucho, incluso si los peregrinos no hubieran arrojado una buena cantidad de ella por la borda en medio de la algarabía. Algo que podría parecer una arbitrariedad, pero, créanme, en realidad era un caso de legítima defensa. No se puede respirar el olor a hipopótamo muerto al despertar, al dormir, al comer y conservar al mismo tiempo los precarios anclajes que nos mantenían atados a nuestra existencia. Además, cada semana se les entregaban tres piezas de cable de cobre, cada una de nueve pulgadas de largo, con la idea de que intercambiaran el cobre por provisiones en los poblados ribereños. Se imaginarán cómo funcionaba aquello. O bien no había poblados o los habitantes eran hostiles, o bien el administrador, que al igual que nosotros se alimentaba de conservas enlatadas (con un ocasional tropezón de carnero viejo), se negaba a que nos detuviéramos por algún recóndito motivo. Así que, a menos que se comieran el cable o lo usaran como trampas para peces, no veo qué utilidad podía tener para ellos ese extravagante salario. Debo decir, eso sí, que recibían su paga con una regularidad digna de tan importante y honorable compañía comercial. Por lo demás, lo único que tenían para comer —aunque no lucía ni remotamente comestible— eran unos pocos bultitos de una sustancia similar a la masa medio cocida, de un color lavanda sucio, que envolvían en hojas y de vez en cuando se llevaban a la boca en porciones tan pequeñas que parecían hacerlo más por apariencia que con el serio propósito de alimentarse. ¿Por qué, en nombre de todos los demonios gruñones del hambre, no se nos echaron encima —eran treinta contra cinco— y no se dieron un buen atracón de una buena vez, es algo que no deja de asombrarme siempre que lo pienso. Eran hombres poderosos, sin demasiada capacidad para sopesar las consecuencias de sus actos, hombres valientes, fuertes, incluso a pesar de que sus pieles estuvieran marchitas y sus músculos ya no fueran tan duros. Pude ver que una especie de inhibición, uno de esos secretos humanos que desafían toda probabilidad, había entrado en juego. Miré a estos hombres con un interés repentino y creciente, no porque creyera que podrían comerme en cualquier momento, sino porque debo confesarles que fue solo entonces cuando percibí, bajo esta nueva luz, el aspecto enfermizo de los peregrinos; y deseé, sí, lo deseé con todo mi ser, que mi semblante no fuera tan, ¿cómo decirlo?, tan poco apetitoso: un toque de fantástica vanidad que encajaba bien con la sensación de irrealidad que inundaba todos mis días por aquella época. Es posible también que tuviera un poco de fiebre. Uno no puede vivir tomándose el pulso todo el tiempo. A menudo sentía "una ligera fiebre" o un ligero malestar de otro tipo: los rasguños traviesos de la vida salvaje, el juego preliminar antes de la carnicería que llegaría a su debido momento. Sí, los miré como haríamos con cualquier ser humano, con curiosidad acerca de las pulsiones, los motivos, capacidades, debilidades, que mostrarían en medio de una prueba de necesidad física inexorable. ¡Y se inhibían! ¿Pero qué clase de inhibición era esa? ¿Lo hacían por superstición, por repudio, por paciencia, por miedo? ¿O acaso por alguna forma primitiva del honor? Ningún temor puede resistirse a la fuerza del hambre, ninguna paciencia puede doblegarla, el repudio sencillamente no existe donde medra el hambre. Y en cuanto a las supersticiones, creencias y lo que podríamos llamar principios, lo cierto es que pesaban menos que una hoja mecida por la brisa. ¿No conocen el diabólico poder de la inanición prolongada? ¿Su exasperante tormento, sus negros pensamientos, su ferocidad sombría y acechante? Pues bien, yo sí. Priva a cualquier hombre de toda su fuerza innata para luchar contra el hambre como es debido. Es más fácil enfrentarse al luto, al deshonor y a la perdición de nuestra alma que aguantar hambre de manera prolongada. Triste, pero cierto. Y estos hombres no tenían razones terrenales de ningún tipo para mostrarse escrupulosos. ¡Inhibición! Habría esperado más de una hiena merodeando entre los cadáveres de un campo de batalla. Y, sin embargo, ahí delante de mí estaban los hechos, los hechos deslumbrantes, ante mis ojos, como la espuma en las profundidades del mar, como el detalle de un enigma inefable, un misterio más grande —si uno se ponía a pensarlo— que la curiosa e inexplicable nota de desesperación y angustia en el clamor de aquel salvaje que nos había azotado desde la orilla, más allá de la blancura cegadora de la niebla.

Dos peregrinos discutían en atropellados susurros sobre la orilla a la que debían permanecer atentos.

—Izquierda.

—No, no, no, ¿cómo puedes decir eso? Derecha, derecha, claro.

—Esto es muy serio —rebotó la voz del administrador a mis espaldas—. Me daría mucha pena si algo le ocurriera al señor Kurtz antes de que podamos llegar.

Lo miré a los ojos y no tuve la menor duda de que estaba siendo sincero. Era la clase de hombre que desea conservar las apariencias a toda costa. Ésa es su inhibición. Pero cuando masculló algo sobre la necesidad de seguir adelante cuanto antes, ni siquiera me molesté en responderle. Yo sabía, ambos sabíamos que era imposible. Si perdíamos anclaje con el fondo, quedaríamos totalmente suspendidos en el vacío. No podríamos saber hacia dónde estaríamos dirigiéndonos, si a favor o en contra de la corriente, o en diagonal, hasta que chocáramos con una de las dos orillas. Y aun así tampoco sabríamos en cuál estaríamos. Desde luego, no ordené ningún movimiento. No estaba de humor para estrellar el barco. Imposible encontrar un sitio peor y más mortífero para naufragar. Podíamos ahogarnos de inmediato o no, pero era seguro que acabaríamos muriendo de una u otra manera.

—Tiene usted mi autorización para correr todos los riesgos —dijo después de un instante de silencio.

—Me niego —dije, cortante, que era justamente lo que él esperaba que respondiera, aunque es posible que mi tono lo haya sorprendido.

—Muy bien, me pliego a su buen juicio. Usted es el capitán —dijo con afectada cordialidad.

Alcé los hombros por toda señal de gratitud y miré hacia la niebla. ¿Cuánto tiempo duraría? Era el panorama más desolador. Ir en busca del señor Kurtz, ávidos de marfil, a través de esa enmarañada selva repleta de peligros, era como tratar de llegar hasta un fabuloso castillo donde durmiera una princesa encantada.

—¿Usted cree que quieran atacarnos? —me preguntó el administrador en tono confidencial.

Yo no creía que fueran a hacerlo, por varias razones obvias. La niebla espesa era una de ellas. Si se hubieran apartado de la orilla en sus canoas, se habrían perdido ahí en medio, como nos habría ocurrido a nosotros si hubiéramos intentado movernos. También había supuesto que la selva en ambos márgenes debía de ser bastante impenetrable; y aun así, unos ojos habían conseguido vernos desde allí adentro. Los árboles de la orilla en efecto eran muy tupidos, pero la maleza que había detrás sin duda tenía que ser accesible. Por otro lado, durante la breve tregua de la niebla no había visto ninguna canoa, mucho menos en las inmediaciones del barco. Sin embargo, lo que hacía inconcebible la idea del ataque era la naturaleza de esos ruidos, de los gritos que habíamos oído. No tenían un carácter feroz, ni nada que hiciera presagiar una inminente acción hostil. Por inesperado, salvaje y violento que hubiera sido, aquel grito solo me había transmitido una irresistible impresión de desconsuelo. Por alguna razón, la aparición del barco había suscitado en esos salvajes una angustia sin límites. Les hice saber que el peligro, si podía hablarse de tal cosa, residía solo en la proximidad de una gran pasión humana a punto de desencadenarse. Incluso la extrema aflicción podía dar lugar en últimas a un estallido de violencia. Aunque, por lo general, solo derivara en indolencia…

¡Tendrían que haber visto la cara de los peregrinos! No tuvieron agallas para sonreír, ni siquiera para desdeñar mis palabras. Aunque creo que pensaban que me había vuelto loco. Loco de miedo, supongo. Les di una verdadera charla. Queridos muchachos, no hay de qué preocuparse. ¿Mantener la vigilancia? Bueno, habrán pensado que estaba buscando algún resquicio en la niebla como un gato acecha a un ratón; por lo demás, nuestros ojos no habrían sido más útiles si hubiéramos estado enterrados debajo de una gigantesca bola de algodón. Y así nos sentíamos: asfixiados, acalorados, sofocados. Asimismo, todo cuanto había dicho, por extravagante que sonara, era absolutamente fiel a la verdad. Lo que más tarde describiríamos como un ataque no fue más que un intento de repulsa. Aquello estuvo muy lejos de ser una agresión. Ni siquiera se trató de una acción defensiva, en sentido estricto: lo hicieron bajo la presión de la angustia y fue en esencia un acto de pura protección.

Se desató, diría yo, un par de horas después de que la niebla se hubiera disipado, y su inicio tuvo lugar en una zona ubicada a poco menos de dos millas de la estación de Kurtz. Acabábamos de virar a trompicones en un recodo cuando alcancé a ver un islote, un simple montículo de hierba de color verde muy intenso en mitad del río. No había nada parecido alrededor. Pero al avanzar un poco más, me di cuenta de que era el saliente de un gran banco de arena, o más bien de una larga cadena de bajíos que corría por el centro del río. Eran arenales descoloridos, a duras penas inundados, apenas visibles bajo la superficie, tal como se aprecia el espinazo bajo la piel de un hombre. Según mis cálculos, podría pasar por la derecha o por la izquierda. Por supuesto, no sabía cuál de los dos canales sería el adecuado. Los bancos eran muy similares entre sí; la profundidad parecía la misma, pero dado que me habían dicho que la estación se encontraba en la margen oeste, naturalmente opté por esta dirección.

Tan pronto entramos de lleno en el canal, me di cuenta de que era mucho más estrecho de lo que había supuesto. A mano izquierda se extendía ininterrumpidamente el banco de arena y a la derecha teníamos una orilla escarpada cubierta por una tupida capa de maleza. Justo detrás, los troncos de los árboles se alzaban como filas de dientes. Gruesas ramas sobrevolaban el canal y en algunos trechos se interponían rigurosamente en medio de la corriente. La tarde estaba bien avanzada, la selva ya mostraba su semblante lúgubre y una franja amplia de sombra había caído sobre el agua. Sobre aquella sombra navegaba con esfuerzo el vapor, lentamente, como pueden imaginar. Conduje el barco muy cerca de la orilla, donde el agua era más profunda, según me indicaba el palo de sonda.

Uno de mis hambrientos y estoicos amigos iba sondeando en la proa, justo debajo de mí. Este vapor era prácticamente una gabarra con cubierta. En la superficie había dos pequeñas cabinas de teca, con puertas y ventanas. La caldera estaba en la cabina delantera y el cuarto de máquinas en la cabina de popa. Cubriéndolo todo había un techo liviano apoyado en unos soportes. La chimenea se proyectaba a través de ese tejado y, frente a ella, un pequeño compartimiento hecho de listones ligeros hacía las veces de cabina de mando. Esta cabina contenía un catre, dos sillas plegables, un rifle Martini-Henry cargado en una esquina, una mesa diminuta y el timón. Tenía una puerta amplia en la parte delantera y grandes postigos a ambos lados que, por supuesto, permanecían siempre abiertos. Me pasaba los días apertrechado ahí arriba, en el extremo de la proa de aquel tejado, junto a la puerta. Por las noches dormía en el catre, o al menos lo intentaba. Un negro atlético perteneciente a alguna de las tribus costeras, educado por mi pobre predecesor, era el timonel. Lucía unos pendientes de cobre en las orejas, una túnica azul que le tapaba desde el pecho hasta los tobillos y actuaba como el amo del mundo. Era uno de los dementes más inestables que he conocido jamás. Si uno lo vigilaba, su fanfarronería al timón no conocía límites; pero, en cuanto te perdía de vista, instantáneamente caía presa de una abyecta desidia y dejaba que ese destartalado vapor le ganara la partida en un minuto.

Yo miraba con preocupación el palo de sondeo, que en cada intento sobresalía más y más del agua, cuando vi que el encargado abandonaba su labor repentinamente y se echaba a descansar en la cubierta, sin siquiera molestarse en subir a bordo el palo. Aun así, no lo soltaba y dejaba que el otro extremo se arrastrara por el agua. A su vez, el calderero, a quien también podía ver desde allí arriba, se acurrucó súbitamente delante de la caldera y agachó la cabeza. Yo estaba atónito. Luego tuve que volver la vista a toda prisa porque había un tronco flotando en la mitad del río. Palos, pequeños palos, volaban por todas partes: pasaban zumbando delante de mi nariz, caían a mis pies, acribillando las paredes de la cabina del piloto. Y entretanto, el río, la orilla, la selva, todo permanecía en silencio, perfectamente mudo. Solo se oía el traquetear de la rueda de popa y el repiqueteo de aquellos palos. Esquivamos el tronco como pudimos. ¡Flechas, por Júpiter! ¡Nos estaban disparando flechas! Entré a la cabina rápidamente para cerrar el postigo que daba a la orilla. El estúpido piloto, aferrado a las cabillas del timón, levantaba las rodillas y zapateaba contra el suelo, retorciendo la boca como un caballo al que le hubieran puesto el freno. ¡Maldita sea! Remontábamos el río a solo diez pies de la orilla. Para alcanzar el pesado batiente tuve que sacar medio cuerpo a través de la ventanilla y vi entre las hojas un rostro feroz que me miraba fijamente. Entonces, como si alguien hubiera descorrido un velo, distinguí de repente brazos desnudos, piernas, ojos brillantes en el profundo entrevero de sombras. La selva era un hervidero de extremidades humanas en movimiento y pieles brillantes del color del bronce. Las ramas se agitaban, se mecían y chasqueaban, las flechas salían volando desde ahí adentro, hasta que pude cerrar el batiente.

—Mantén el rumbo —le dije al timonel.

Su cabeza estaba rígida, miraba hacia adelante pero tenía los ojos desorbitados, no dejaba de zapatear y de su boca salía un poco de espuma.

—¡Cálmate! —le grité, furioso. Pero fue como si le hubiera ordenado a un árbol no mecerse con el viento.

Salí de la cabina. Abajo se oía un ir y venir de pasos sobre la cubierta de metal; exclamaciones confusas; un grito:

—¿Podemos dar la vuelta?

Alcancé a ver que la corriente tomaba forma de V más arriba. Imposible. ¿Otro obstáculo? Un estruendo de fusiles se desató a mis pies. Los peregrinos habían abierto fuego con sus Winchester, pero solo malgastaban la munición disparando contra la selva. Una sucia humareda se elevó hasta situarse por delante de nosotros. Solté una maldición. Ahora no podíamos ver ni la corriente ni el obstáculo. Me asomé a la puerta y un enjambre de flechas cayó sobre el barco. Quizás estaban envenenadas, pero no parecía que pudieran matar ni a un gato. La selva comenzó a aullar. Nuestros leñadores entonaron su propio grito de guerra. El sonido de un disparo a mis espaldas me dejó aturdido. Miré sobre mi hombro y la cabina aún estaba llena de ruido y humo cuando me abalancé sobre el timón. El estúpido negro lo había soltado para abrir el postigo y vaciar la munición del Martini-Henry, asomado a la enorme abertura con un gesto feroz. Tuve que ordenarle a gritos que volviera, mientras yo trataba de retomar el rumbo después del repentino desvío. No había espacio para dar la vuelta ni aunque hubiéramos querido, y el obstáculo debía de estar muy cerca, en medio del humo denso; no podíamos perder un segundo, así que viré hacia la orilla, directamente hacia el banco de arena, donde sabía que el agua era más profunda.

Pasamos muy despacio, rompiendo las ramas bajas de los árboles en un torbellino de palitos y hojas. Los disparos cesaron de repente, tal como había previsto que ocurriría cuando se les acabara la munición.

Agaché la cabeza para evitar un fugaz zumbido que atravesó la cabina de un postigo al otro. Por detrás del trastornado piloto, que sacudía el rifle vacío y lanzaba gritos hacia la orilla, pude ver vagamente a algunos hombres que corrían agachados, saltaban, se deslizaban, sus formas definidas, por momentos incompletas, evanescentes. Algo grande apareció en el aire delante del postigo, el rifle cayó al suelo y el hombre retrocedió velozmente, me miró de una manera extraordinaria, profunda, familiar. Luego se desplomó. Su cabeza rebotó dos veces de costado contra el timón y el extremo de una especie de larga caña repiqueteó por el suelo, derribando una de las sillas plegables. Parecía como si, después de luchar por arrebatarle aquella cosa a alguien en la orilla, hubiera perdido el equilibrio en medio del esfuerzo. El humo se había disipado, nos habíamos librado del obstáculo y al mirar hacia adelante pude ver que a otras cien yardas, más o menos, tendríamos espacio para maniobrar y apartarnos de la orilla; pero mis pies estaban tan tibios y húmedos que tuve que mirar al suelo. El hombre se había girado bocarriba y ahora me miraba directamente a los ojos, sujetando con ambas manos aquella caña. Era una lanza que, arrojada o clavada por alguno de los salvajes, se le había alojado en un costado, justo debajo de las costillas. Mis zapatos estaban empapados. Estancado al pie del timón se veía el charco de sangre oscura y resplandeciente. Los ojos del hombre brillaban con un fulgor sobrenatural. En ese momento se reanudaron los disparos de fusil. El hombre me miró con angustia, aferrado a la lanza como quien se aferra a un objeto preciado, como si temiera que yo pudiera arrebatársela. Tuve que hacer un esfuerzo para dejar de mirarlo y ocuparme del timón. Con una mano busqué sobre mi cabeza el cordón de la sirena y tiré de él varias veces, produciendo un silbido tras otro. El tumulto de furia y gritos de guerra enmudeció por un instante. Luego, desde las profundidades de la selva, surgió un lamento trémulo y prolongado, un aullido de terror funesto y pura desesperación que uno imaginaría solo concebible tras la pérdida de la última esperanza sobre la faz de la tierra. Reinaba la conmoción en la selva; la lluvia de flechas cesó, tronaron unos pocos disparos. Luego se hizo un silencio donde solo las pulsaciones lánguidas de la rueda de popa llegaron hasta mis oídos. Puse rumbo firme a estribor en momentos en que uno de los peregrinos, vestido con pijama rosa y muy acalorado, apareció en el umbral.

—Me envía el administrador… —empezó diciendo en tono oficial pero se interrumpió de inmediato—. ¡Dios mío! —exclamó al ver al hombre malherido.

Los dos hombres blancos lo mirábamos y él, a su vez, nos envolvía con su mirada inquisitiva y lustrosa. Les aseguro que parecía estar a punto de hacernos una pregunta en algún lenguaje comprensible, pero al final murió sin pronunciar una sola palabra, sin moverse, sin retorcer un solo músculo. Solo en el último instante, como en respuesta a algún gesto invisible para nosotros, a un susurro que no podíamos oír, frunció el ceño y su negra máscara mortuoria asumió entonces una expresión inconcebiblemente sombría, ensimismada y amenazadora.

—¿Puede ocuparse del timón? —le pregunté con urgencia al agente, que me miró dubitativo.

No obstante, lo agarré del brazo de tal modo que el peregrino entendió de inmediato que no tenía opción. En honor a la verdad, en el fondo estaba desesperado por cambiarme los zapatos y los calcetines.

—Está muerto —murmuró el agente, tremendamente impresionado.

—No cabe duda —dije yo, tirando como loco de los cordones de mis zapatos—. Y supongo que igual suerte habrá corrido el señor Kurtz a estas alturas.

De momento, ésa era la idea predominante. Tuve una sensación de decepción muy profunda, como si hubiera descubierto de repente que todo este tiempo había estado persiguiendo una cosa totalmente carente de sustancia. No me habría sentido más defraudado si hubiera hecho semejante viaje con el único propósito de entrevistarme con el señor Kurtz… Lancé a la cubierta uno de mis zapatos y entonces tomé conciencia de que eso era exactamente lo que había estado procurando: hablar con el señor Kurtz. Hice un extraño descubrimiento, y es que, verán, nunca me lo había imaginado haciendo otra cosa que charlar. En ningún momento me dije: "Ahora ya no podré conocerlo" o "Ahora ya no podré estrechar su mano", sino: "Jamás podré charlar con él". El hombre era para mí una voz. Desde luego no quiero decir con ello que nunca lo hubiera asociado a algún tipo de actividad. ¿Acaso no me habían dicho en todos los tonos de la envidia y la admiración que Kurtz había conseguido reunir, intercambiar, arrebatar o robar más marfil que todos los demás agentes juntos? La cuestión era otra. Me refiero al hecho de que Kurtz fuera una criatura particularmente dotada y que, entre todos sus talentos, el más prominente, el que más concitaba una sensación de presencia real, era su habilidad para hablar, sus palabras: el don de la expresión, el más asombroso, el más iluminador, su cualidad más exaltada y la más repudiada, el perseverante manantial de luz o la corriente traicionera que fluye desde el corazón de unas tinieblas impenetrables.

El otro zapato salió volando hasta las aguas del endiablado río. Pensé: "¡Por Júpiter! Se acabó. Llegamos tarde. Ha desaparecido: el don se ha desvanecido por culpa de una lanza, de una flecha, de un palo. Al final no podré escucharlo". Y mi pena alcanzó una extravagante nota de emoción, tan intensa como la que podía percibir en el lastimero ulular de los salvajes en la jungla. No me habría sentido más desolado y triste si me hubieran usurpado una convicción o si hubiera perdido mi destino en la vida… ¿Se puede saber por qué resoplas de esta forma tan bestial? Tú, quien seas. ¿Te parece absurdo? Muy bien, absurdo. ¡Por Dios! ¿Acaso un hombre nunca… venga, dame un poco de tabaco…?

Hubo una pausa de profunda quietud, luego se encendió un fósforo y el rostro enjuto de Marlow apareció, fatigado y demacrado, las arrugas pesadas, los párpados caídos, el aspecto de atención concentrada. Y con cada vigorosa calada de la pipa, su cara parecía naufragar o surgir de la oscuridad entre el parpadeo regular de la diminuta llama. El fósforo se apagó.

—¡Absurdo! —gritó—. Esto es lo peor cuando uno intenta explicarle a… Aquí están todos tan contentos, sabiendo que los esperan dos domicilios en tierra, como viejos barcos doblemente anclados, con un carnicero a la vuelta de la esquina, un policía a la vuelta de la otra, excelentes provisiones y una temperatura normal, oídme bien, normal durante todo el año. Y me dicen que es absurdo. ¡Absurdo! ¡Pues que así sea! ¡Absurdo! Queridos amigos, ¿qué se puede esperar de un hombre que ha lanzado al agua un par de zapatos nuevos por simple y llano nerviosismo? Ahora piénsenlo por un segundo: es sorprendente que no me hubiera puesto a llorar. Ya saben que por lo general me precio de mi fortaleza. Pero me dolía en el alma la sola idea de perderme el privilegio inestimable de escuchar al talentoso señor Kurtz. Por supuesto, me equivocaba. Ese privilegio estaba reservado para mí. Sin duda. Me hartaría de oírlo. Y estaba en lo cierto, por otro lado. Una voz. Aquel hombre era poco más que una voz. Y oí. Lo oí a él, oí en ella, en esa voz, otras voces: voces que eran poco más que voces. Y el recuerdo de esa época aún me asedia, impalpable, como la agónica vibración de un balbuciente, estúpido, atroz y sórdido salvaje, o de un simple idiota, privado de toda razón. Voces, voces… Incluso la propia muchacha… ahora…

Se quedó en silencio durante un buen rato.

—Logré conjurar el fantasma de sus méritos gracias a una mentira —prosiguió—. ¡Muchacha! ¿Acaso mencioné a una muchacha? Oh, no, ella no. Absolutamente. Ellas, las mujeres, digo, no tienen nada que ver con esto. O no deberían, al menos. Debemos ayudarlas a permanecer en su maravilloso mundo propio si no queremos que el nuestro sea aún peor. Oh, si no hubiera involucrado a la chica… Tendrían que haber visto el indolente cuerpo del señor Kurtz mientras decía: "Mi prometida".

Entonces habrían percibido directamente hasta qué punto ella no tenía nada que ver. ¡Y el prominente hueso frontal del señor Kurtz! Dicen que en ocasiones el pelo sigue creciendo, pero este, cómo llamarlo, espécimen, era impresionantemente calvo. La madre naturaleza le había dado una palmadita en la cabeza y lo había dejado como una bola; como una bola de marfil. Lo había acariciado y ¡zas! Sin un pelo. Lo había elegido, lo había amado, abrazado, se había metido en sus venas, consumido su carne y fundido con su alma mediante alguna inconcebible ceremonia de iniciación diabólica. Él era su favorito, su niño mimado. ¿Marfil? No faltaba más. Por toneladas, por pilas. El mugroso cobertizo rebosaba marfil. Uno pensaría que no quedaba un solo colmillo en todo el país, ni siquiera debajo de la tierra. "Casi todo fósil", comentaría desdeñoso el administrador. Y aunque aquello no estuviera más fosilizado que yo mismo, ellos se referían así al marfil que se sacaba de debajo de la tierra. Al parecer los negros enterraban en ocasiones los colmillos. Pero evidentemente no habían conseguido enterrar este cargamento lo bastante profundo para evitar que el talentoso señor Kurtz cumpliera con su destino. Llenamos toda la bodega del barco y tuvimos que apilar un montón en la cubierta. Así él vio y disfrutó de ello mientras pudo, pues su aprecio por aquel favor de la naturaleza perduró en él hasta el último momento. Tendrían que haberlo oído cuando decía: "Mi marfil". Oh, sí, yo lo oí muchas veces. "Mi prometida, mi marfil, mi estación, mi río, mi…", todo le pertenecía. Retuve el aliento esperando que la selva prorrumpiera en una prodigiosa carcajada que hiciera estremecer a las estrellas fijas en su sitio. Todo, todo le pertenecía. Pero esto era lo de menos. Lo importante era saber a quién le pertenecía él, cuántos poderes de la oscuridad lo reclamaban como suyo. Ésa era la reflexión que te ponía todos los pelos de punta. Era imposible (tampoco hacía ningún bien) tratar de imaginarlo. Él había llegado a ocupar su elevado trono entre los demonios de aquella tierra. Quiero decir, literalmente. No tienen idea. ¿Cómo podrían si bajo los pies tienen siempre el pavimento sólido, si están rodeados de buenos vecinos listos a agasajarlos o a salirles al paso, si cruzan delicadamente entre el carnicero y el policía, entre el terror sagrado del escándalo y los patíbulos y los manicomios? ¿Cómo podrían imaginar esa región particular de los tiempos primitivos donde los pies nos conducen sin traba alguna por el camino de la soledad, rotunda soledad, sin un solo policía, por el camino del silencio, rotundo silencio donde no se oyen las voces de advertencia de nuestros amables vecinos, ni el murmullo de la opinión pública? Todas estas pequeñas cosas hacen una gran diferencia. Cuando se desvanecen, uno debe confiar en su propia fuerza innata, en su propia capacidad de convicción. Por supuesto, alguien podría ser lo bastante ingenuo para caer en desgracia; incluso demasiado indolente para saberse siquiera bajo el asedio de los poderes de la oscuridad. De acuerdo, ningún tonto negoció jamás su alma con el diablo: el tonto es demasiado tonto o el diablo demasiado diablo, no sé. También se puede ser una criatura tan atronadoramente exaltada como para no ver ni oír otra cosa que las visiones y sonidos celestiales. En ese caso, la tierra no es más que un lugar de reposo. Ahora, si ser así resulta mejor o peor para uno es algo que no me atrevo a decir. Sin embargo, la mayoría de nosotros no somos ni de una forma ni de otra. La tierra es para nosotros un lugar donde vivir, un sitio donde debemos soportar visiones, sonidos y olores también, ¡por Júpiter! Respirar el olor a hipopótamo muerto, por así decirlo, sin contaminarse. Y es así, ¿entienden?, es así como se obtiene la fuerza, la fe en tu habilidad para cavar discretos agujeros donde puedas enterrar la materia en cuestión; tu poder de devoción, no hacia ti mismo, sino hacia un oficio oscuro y extenuante. Y eso ya es lo bastante difícil. No crean, sin embargo, que pretendo disculparme o siquiera ofrecer una explicación; intento darle forma, sobre todo para mí, al señor Kurtz, a la sombra del señor Kurtz. Aquel iniciado espectro venido de Ninguna Parte que me honró con sus asombrosas confidencias antes de desaparecer para siempre. Y ello gracias a que hablaba inglés, pues en parte el Kurtz original había sido educado en Inglaterra y, como él mismo tenía la bondad de decir, sus simpatías se hallaban en el lugar correcto. Su madre era mitad inglesa, su padre, mitad francés. Europa entera había colaborado en la fabricación del espíritu de Kurtz y al poco tiempo supe que, muy oportunamente, la Sociedad Internacional para la Erradicación de las Costumbres Salvajes le había encargado la elaboración de un informe que les sirviera de guía para el futuro. Un informe que, por supuesto, Kurtz escribió. Yo lo he visto. Lo he leído. Era elocuente, vibrante de elocuencia, pero demasiado idealista, creo yo. ¡Diecisiete páginas de escritura apretada en las que había invertido sus escasos ratos libres! Aunque aquello debió de escribirlo antes de que su, llamémosla así, crisis nerviosa lo llevara a participar en ciertas danzas nocturnas que culminaban en inenarrables ritos, los cuales, según fui recopilando reticentemente de lo que se decía en ocasiones, se efectuaban en su honor. ¿Lo entienden? En honor al propio Kurtz. Pero se trataba sin duda de una hermosa composición en prosa. No obstante, a la luz de la información posterior, el párrafo inicial me resulta algo aciago. Empezaba argumentando que nosotros, los blancos, gracias al estadio de desarrollo que habíamos alcanzado, debíamos "por fuerza aparecer bajo el aspecto de seres sobrenaturales; nos acercamos a ellos con el aura prodigiosa de una deidad", y cosas por el estilo. "Con el mero ejercicio de nuestra voluntad podemos ejercer un poder benéfico prácticamente ilimitado", etcétera, etcétera. De ahí en adelante me cautivó y me dejé llevar por la lectura. La argumentación era soberbia, aunque difícil de recordar, ya me entienden. Me sugirió la imagen de una inmensidad exótica gobernada por una augusta benevolencia. Me hizo estremecer de entusiasmo. Tal era el poder desmedido de su elocuencia, de las palabras, de las nobles y fervorosas palabras. No había ninguna alusión práctica que interrumpiera el torrente mágico de las frases y, salvo una especie de nota al pie de la última página, garabateada evidentemente mucho después con mano temblorosa, podría entenderse como la exposición de un método. Era una anotación muy simple, y al final de esa conmovedora arenga a favor de todos los sentimientos altruistas te quemaba, aterradora y luminosa, como el resplandor de un relámpago en medio de un cielo despejado: "¡Exterminen a todos los bárbaros!". Lo curioso es que Kurtz parecía haber olvidado por completo ese valioso posdata, ya que, tiempo después, al recuperar la cordura, me suplicaría repetidas veces que me ocupara de "mi panfleto" (así lo llamaba), seguro de que en el futuro ejercería una buena influencia sobre su carrera. Yo tenía pleno conocimiento de todas estas cosas y, a la postre, el informe quedaría a mi cuidado. Me he ocupado lo bastante de él como para reclamar el derecho inalienable de arrojarlo, si así lo decido, a descansar para siempre en la papelera del progreso, entre todos los detritos y, si se me permite decirlo así, todos los gatos muertos de la civilización. Pero entonces, como pueden ver, no tengo elección. Kurtz no caerá en el olvido. Sea lo que fuese, desde luego no era un hombre común y corriente. Tenía el poder de encantar o aterrorizar a las almas rudimentarias e inducirlas a ejecutar un aquelarre en su honor; también podía llenar las pequeñas almas de los peregrinos de amargos recelos: al menos tenía un devoto amigo y había conquistado un alma de este mundo que no era ni rudimentaria ni ensimismada. No, no puedo olvidarlo, aunque no estoy preparado para afirmar que aquel sujeto valiera la vida que perdimos intentando llegar hasta él. Eché terriblemente de menos a mi difunto timonel. Lo eché de menos incluso mientras su cadáver aún yacía bajo el cobertizo del piloto. Tal vez les parezca extraño que me lamentara por un salvaje que no valía más que un grano de arena en medio de un Sáhara negro. Pues bien, sepan que aquel hombre había hecho algo: pilotar; durante meses lo había tenido a mis espaldas, como una ayuda, como un instrumento. Lo nuestro era una especie de sociedad. Él pilotaba para mí y yo cuidaba de él, me preocupaba por sus deficiencias; de modo que una especie de vínculo sutil se había creado entre nosotros, cosa de la cual solo me hice consciente una vez que el lazo se rompió inesperadamente. Y la íntima profundidad de esa mirada que me lanzara al recibir la herida permanece grabada hasta hoy en mi memoria, como el reclamo de un lejano parentesco afirmado en ese instante supremo.

¡Pobre necio! Si tan solo se hubiera apartado de esa ventana. No tenía dominio, ningún dominio de su persona. Como Kurtz. Un árbol mecido por el viento. Tan pronto me hube puesto un par de zapatillas secas, lo arrastré fuera de la cabina después de sacarle la lanza del costado, una operación que, lo confieso, ejecuté con los ojos bien cerrados. Sus talones rebotaron en el pequeño escalón de la puerta; sus hombros quedaron aprisionados contra mi pecho. Lo abracé desde atrás desesperadamente. ¡Oh, cuánto pesaba! ¡Era muy pesado! Más pesado que cualquier hombre sobre la faz de la tierra. O eso debí imaginar entonces. Luego, sin otra alternativa, lo arrojé por la borda. La corriente lo atrapó como a una brizna de hierba y pude apreciar cómo el cuerpo rodaba dos veces sobre sí mismo antes de perderlo de vista para siempre. A esas alturas todos los peregrinos y el administrador se hallaban congregados en la cubierta alrededor de la cabina, cuchicheando nerviosamente como una familia de urracas; un murmullo escandalizado se dejó sentir ante mi despiadada prontitud. Para qué querían conservar aquel cuerpo en el barco es algo que no puedo ni imaginar. Quizás querían embalsamarlo. Aunque también oí otro rumor, bastante ominoso, en la cubierta de abajo. Mis amigos los leñadores también estaban escandalizados y con una razón más aparente —aunque admito que la razón en sí misma era por demás inadmisible—. ¡Y tanto! Pero yo había resuelto que mi difunto timonel solo fuera alimento para los peces. Había sido un timonel de tercera categoría mientras vivía, pero ahora que estaba muerto podría convertirse en una tentación de primera y era muy probable que desatara alguna disputa. Además, yo estaba ansioso por hacerme con el timón, pues el hombre del pijama rosa estaba demostrando ser un caso perdido para el oficio.

No bien terminó el sencillo funeral, agarré el mando del barco. Íbamos a velocidad media, manteniendo el curso por la mitad del río y yo escuchaba las conversaciones a mi alrededor. Daban a Kurtz por perdido, no querían saber nada de la estación; según ellos, Kurtz estaba muerto y la estación, incendiada y etcétera, etcétera. El peregrino pelirrojo estaba fuera de sí y repetía que al menos el pobre Kurtz había sido vengado como era debido.

—Seguro que hemos hecho una auténtica matanza ahí en la maleza, ¿eh? ¿Qué me dicen? ¿Eh?

Y se puso a bailar, el miserable y nimio colorado, sediento de sangre. ¡Y pensar que casi se había desmayado al ver al timonel muerto en la cabina! No pude evitar decirle:

—En cualquier caso, han producido una humareda gloriosa.

Había visto, por la forma en que las copas de los árboles crujían y volaban, que casi todos los disparos habían ido a parar muy alto. Es imposible atinarle a nada a menos que uno fije el blanco y dispare desde el hombro; pero estos tipos habían estado disparando desde la cadera y con los ojos cerrados. La retirada, propuse —y no me equivocaba—, había sido provocada por el estruendo de la sirena del vapor. Esto los hizo olvidarse de Kurtz y todos empezaron a aullar airadamente toda clase de protestas.

El administrador se había arrimado al timón para murmurar en tono confidencial acerca de la necesidad de alejarnos lo máximo posible de aquella zona del río antes del anochecer a como diera lugar, cuando divisé a lo lejos un claro en la orilla y los contornos de lo que parecía una construcción.

—¿Qué es eso? —pregunté.

El administrador aplaudió maravillado.

—¡La estación! —gritó.

Me aproximé de inmediato, aunque sin aumentar la velocidad.

A través de mi catalejo vi la pendiente de una colina con unos pocos árboles dispersos, totalmente despejada de maleza. Un largo y ruinoso edificio en la cima se encontraba medio hundido entre la hierba. Los grandes agujeros oscuros en el tejado puntiagudo se apreciaban desde lejos; la selva y los árboles componían el fondo de la imagen. No se veían empalizadas ni cercas de ningún tipo, aunque al parecer alguna vez las había habido, pues a un costado de la casa seguía en pie media docena de postes mal torneados, la parte superior ornamentada con bolas de madera tallada. Los alambres, o lo que quiera que hubiese entre medias, habían desaparecido. Por supuesto, la jungla lo rodeaba todo. La orilla del río estaba despejada y muy cerca del agua vi a un hombre blanco con un sombrero enorme que hacía señas persistentemente con todo el brazo. Al examinar el linde del bosque a un lado y otro de la estación, creí percibir ciertos movimientos. Formas humanas que se arrastraban aquí y allá. Navegué prudentemente a lo largo de unos metros, luego paré las máquinas y dejé que el barco se deslizara. El hombre de la orilla empezó a gritar, instándonos a desembarcar.

—Hemos sido atacados —contestó el administrador.

—Lo sé, lo sé. Tranquilo —gritó el otro despreocupadamente, como si nada—. Vengan, no pasa nada. Me alegro de verlos.

Su aspecto me recordaba algo que había visto antes. Algo gracioso que había visto no sé dónde. Mientras maniobraba para atracar en la orilla me preguntaba: "¿A quién me recuerda este hombre?". De repente lo recordé. Parecía un arlequín. Su ropa estaba hecha de algún material que quizás fuera holanda cruda, pero estaba cubierta de parches, parches vistosos de color azul, rojo y amarillo. Parches por detrás, parches por delante, parches en los codos y las rodillas; una colorida faja alrededor de la chaqueta, bordes escarlata en los bajos de los pantalones. Y la luz del sol le daba un aspecto extremadamente alegre y prolijo, pues gracias a ella uno podía ver con cuánto esmero se habían hecho todos esos remiendos. Un rostro imberbe, infantil, muy limpio, ningún rasgo destacable, la nariz despellejada, ojillos azules, sonrisas y fruncimientos que se sucedían en ese rostro abierto como hacen la luz y las sombras en una planicie barrida por el viento.

—¡Cuidado, capitán! —gritó—. Anoche había un tronco atascado allí.

—¿Cómo? ¿Otro?

Confieso que maldije de mala manera. Había estado a punto de romper mi maltrecho casco en el último instante de aquel encantador viaje. El arlequín de la orilla apuntó con su nariz en dirección a mí.

—¿Es usted inglés? —preguntó sonriendo.

—¿Y usted? —respondí con un grito desde el timón.

La sonrisa se desvaneció y él negó con la cabeza como lamentando mi decepción. De inmediato recuperó el buen humor.

—¡Es igual! —exclamó animoso.

—¿Llegamos a tiempo? —pregunté.

—Él está ahí arriba —dijo sacudiendo la cabeza hacia la colina y adoptando de repente un aire lúgubre.

Su rostro era como un cielo de otoño, nublado por un instante y luminoso al siguiente.

Una vez que el administrador y su escolta de peregrinos armados hasta los dientes hubieron entrado al edificio, el arlequín subió a bordo.

—Esto no me gusta nada. Los nativos siguen allí en el bosque —dije.

Él me aseguró muy serio que todo estaba en orden.

—Son gente sencilla —añadió—. En fin, me alegra que haya podido llegar. Me costó lo suyo mantenerlos apartados.

—Pero usted dijo que todo estaba en orden —protesté.

—Oh, ellos no representan ningún peligro —dijo.

Y como yo lo mirara perplejo se apresuró a corregirse:

—O no exactamente.

Luego exclamó vivazmente:

—¡Por Dios, su cabina necesita una buena limpieza!

Y sin pararse a tomar aire me aconsejó que dejara suficiente vapor en la caldera para hacer sonar el silbato en caso de peligro.

—Un buen estruendo le será más útil que todos sus rifles. Son gente sencilla —repitió.

Cambiaba de tema con tanta velocidad que conseguía abrumarme. Parecía deseoso de compensar un prolongado silencio y al final, riéndose, insinuó que así era.

—¿Acaso no habla usted con el señor Kurtz? —pregunté.

—No se habla con un hombre así; se lo escucha —dijo visiblemente exaltado—. Pero ahora…

Sacudió el brazo y en un abrir y cerrar de ojos se lo vio sumido en un abatimiento profundo. Un instante después, con un salto, se recompuso y, estrechándome ambas manos, sacudiéndolas sin parar, parloteó:

—Hermano marinero… honor… placer… encantado… me presento… ruso… hijo de un arcipreste… Gobierno de Tambov… ¿Cómo? ¡Tabaco! ¡Tabaco inglés! ¡El excelente tabaco inglés! A eso llamo yo camaradería. ¿Acaso puede haber un marinero que no fume?

La pipa le infundió cierta calma y poco a poco me enteré de que se había escapado de la escuela para hacerse a la mar en un barco ruso; escapó de nuevo, trabajó durante un tiempo en barcos ingleses y ahora se había reconciliado con el arcipreste. Se encargó de dejarlo muy claro.

—Pero cuando se es joven es preciso ver cosas, reunir experiencia, ideas, expandir la mente.

—¿Aquí? —lo interrumpí.

—¡Nunca se sabe! Aquí he conocido al señor Kurtz —dijo, puerilmente solemne, en un tono de reproche.

Me mordí la lengua. Al parecer había logrado convencer a una casa comercial holandesa en la costa para que le suministrara mercancías y provisiones y así había emprendido su viaje al interior con el corazón ligero y una idea de lo que le aguardaba no más precisa de la que tendría un bebé. Había estado vagando a solas por aquel río durante casi dos años, apartado de todo y de todos.

—No soy tan joven como parezco. Tengo veinticinco años —dijo.

—Al principio el viejo Van Shuyten me dijo que me fuera al demonio —narró con evidente gozo—, pero me pegué a él y le insistí y le insistí, hasta que al final tuvo miedo de que yo le arrancara una de las patas traseras a su perro favorito y me dio unas cuantas baratijas y algunas armas y me dijo que no quería volver a verme nunca más. El viejo holandés, Van Shuyten. El año pasado le envié un pequeño cargamento de marfil, de modo que ya no podrá llamarme ladrón cuando regrese. Espero que lo haya recibido. El resto me importa un bledo. Había reunido algo de leña para usted. Aquella era mi vieja casa. ¿La vio usted?

Le di el libro de Towson. Hizo ademán de darme un beso pero se contuvo.

—Era el único libro que me quedaba y ya lo daba por perdido —dijo, mirándolo extasiado—. Son muchos los accidentes que le aguardan a un hombre que viaja solo, ya sabe. Las canoas se estropean a veces. Y a veces hay que huir a toda prisa cuando la gente se enfada.

Entonces se puso a hojear el libro.

—¿Usted escribió todas esas notas en ruso? —le pregunté.

Él asintió.

—Pensaba que estaban escritas en algún código —dije.

Él sonrió y de inmediato se puso muy serio.

—Tuve muchos problemas para mantener a raya a toda esta gente —dijo.

—¿Intentaron matarlo? —pregunté.

—¡Oh, no! —exclamó, y luego recuperó la compostura.

—¿Por qué los atacaron? —quise saber.

Él dudó un instante y, a continuación, con gesto avergonzado, dijo:

—Ellos no quieren que Kurtz se marche.

—¿De veras? —dije intrigado.

Él negó con la cabeza, en un gesto lleno de misterio y sabiduría.

—De verdad —dijo alzando la voz—, este hombre ha expandido mi mente.

Y abrió sus brazos todo cuanto pudo, mirándome con sus ojillos azules, perfectamente redondos.

III

—Lo miré, perdido en mi propia perplejidad. Ahí estaba ante mí, con su atuendo variopinto, como si se hubiera fugado de una troupe de mimos, entusiasta y fabuloso. Su misma existencia resultaba improbable, inexplicable y por completo maravillosa. Era un problema irresoluble. Imposible imaginar cómo había llegado a existir, cómo había conseguido llegar tan lejos, cómo se las había arreglado para sobrevivir, cómo era posible que no hubiera desaparecido.

—Me adentré un poco más —dijo—, luego un poco más y un poco más, hasta que llegué tan lejos que ya no sabía cómo volver. Es igual. Tengo tiempo de sobra. Sé cómo arreglármelas. Usted llévese a Kurtz rápido, muy rápido, por favor.

El aura de la juventud envolvía sus harapos multicolores, su indigencia, su soledad, la desolación esencial de sus vagabundeos inútiles. Durante meses, durante años, en realidad, su vida entera no había valido lo que se gana en un solo día y, sin embargo, ahí seguía, galante, irresponsablemente vivo, aparentemente indestructible solo por la virtud de sus escasos años y su audacia instintiva. Me vi inducido a algo parecido a la admiración. A la envidia. El glamour lo apremiaba, el glamour lo mantenía indemne. Ciertamente, de la vida salvaje no esperaba otra cosa que espacio para respirar y perseverar. Su necesidad era solo existir y continuar hacia adelante corriendo los riesgos más extremos y en medio de las máximas privaciones. Si alguna vez lo absolutamente puro, la falta de cálculo, el espíritu gratuito de la aventura habían gobernado a un ser humano, era allí, en aquel jovencito cubierto de parches. Casi envidié ese fuego tan claro y modesto que poseía. Un fuego que parecía haber consumido cualquier idea de identidad de un modo tan radical que, incluso mientras hablaba contigo, te olvidabas de que era él, ese mismo hombre que estaba ante tus ojos, quien había pasado por todas esas aventuras. Pese a ello no envidié su devoción por Kurtz. El muchacho ni siquiera había meditado al respecto. Fue algo que le vino dado y él lo aceptó con una especie de fatalismo entusiasta. Debo decir que, desde cualquier punto de vista, aquella me pareció la cosa más peligrosa a la que él se había enfrentado hasta entonces.

Ambos se habían encontrado inexorablemente como dos barcos que, anclados el uno junto al otro, acaban rozándose de costado. Supongo que a Kurtz le agradaba tener público, pues en cierta ocasión en que acampaban en medio de la selva se habían pasado toda la noche hablando, aunque era más probable que hubiera sido Kurtz quien llevara la voz cantante.

—Hablamos de todo —dijo, bastante extasiado con el recuerdo—. Me olvidé hasta de dormir. Fue como si la noche entera hubiera durado apenas una hora. ¡De todo, hablamos de todo!... Incluso del amor.

—¡Ah! —dije irónico—, ¿así que les habló del amor?

—No, no es lo que usted cree —gritó él, casi apasionadamente—. Habló en general. Me hizo entender cosas… cosas.

Elevó los brazos al cielo. En ese momento nos hallábamos en la cubierta y el jefe de mis leñadores, que descansaba allí cerca, se giró para mirarlo con unos ojos brillantes y pesados. Miré a mi alrededor y no sé por qué, pero les aseguro que nunca antes aquella tierra, ese río, esa selva, la misma bóveda resplandeciente del cielo, me habían parecido tan oscuros y desesperanzadores, tan impenetrables al raciocinio humano, tan implacables con la debilidad humana.

—Y desde entonces, supongo, ha permanecido junto a él —dije.

Por el contrario, parecía que su relación se hallaba entonces muy deteriorada por varios motivos. Como él mismo me informó orgullosamente, había cuidado de la salud de Kurtz a lo largo de dos enfermedades (se refería a ello como quien habla de una hazaña peligrosa), pero por norma general Kurtz vagabundeaba a solas en lo profundo del bosque.

—Muchas veces, al venir a esta estación, me veía obligado a esperar y a esperar durante días a que apareciera —dijo—. ¡Ah, pero valía la pena esperarlo!... A veces.

—¿Y qué hacía él? ¿Explorar o algo así? —pregunté.

—¡Oh sí, claro!

Así había descubierto muchos poblados, un lago también, aunque el chico no sabía dónde. Era peligroso preguntar demasiado. Sin embargo, la mayoría de sus expediciones habían sido para buscar marfil.

—Pero en ese momento no tenía mercancías para intercambiar —objeté.

—En esa época todavía nos quedaba una buena cantidad de cartuchos —respondió sin mirarme a los ojos.

—Para hablar sin rodeos, saqueó toda la región —dije.

Él asintió:

—¡Y mucho más, sin duda!

Masculló algo acerca de unas aldeas alrededor del lago.

—Kurtz consiguió que la tribu lo siguiera, ¿no es así? —insinué.

El joven vaciló un poco.

—Lo adoraban —dijo.

El tono de estas palabras me pareció tan extraordinario que lo miré con cierta intriga. Me producía curiosidad ver la mezcla de ansiedad y renuencia con la que hablaba de Kurtz. Ese hombre ocupaba su vida entera, sus pensamientos, arrastraba sus emociones.

—¿Qué se puede esperar? —prorrumpió—. Él se acercó a ellos con el trueno y el relámpago, ya me entiende… y ellos nunca habían visto algo semejante… algo tan terrible. Porque él podía ser terrible, ¿sabe? No se puede juzgar al señor Kurtz como se haría con una persona común y corriente. ¡No, no, no! Ahora bien, solo para que se haga una idea, no me importa contárselo: un día estuvo a punto de dispararme… Pero no lo juzgo.

—¿Dispararle? —exclamé—. ¿Por qué?

—Bueno, yo tenía una pequeña reserva de marfil que me había dado el jefe de una tribu cerca de mi casa. Yo solía cazar animales para ellos, ya sabe. El caso es que Kurtz quería que le diera el marfil. No atendía a razones. Declaró que me dispararía a menos que le entregara el marfil y a continuación debía esfumarme del país, pues tenía poder para hacerlo y así se le antojaba, y no había nada sobre la faz de la tierra que pudiera impedirle matar a quien se le diera la gana. Y no mentía, no. Le entregué el marfil. ¡Qué más me daba! Pero no me marché. Oh, no, no. No podía dejarlo solo. Tuve que ser cauteloso, por supuesto, hasta que volvimos a amistarnos por un tiempo. Entonces tuvo su segunda recaída. A partir de ese momento tuve que alejarme de él; pero no me importó. Kurtz pasaba la mayor parte del tiempo viviendo en esas aldeas junto al lago. A veces, cuando bajaba al río, se acercaba a mí; otras veces era mejor andarse con cuidado. Este hombre sufría muchísimo. Odiaba todo esto y por alguna razón no podía marcharse. Cuando tuve ocasión, le rogué que intentara irse mientras hubiera tiempo. Me ofrecí a acompañarlo. Él decía que sí, pero al final se quedaba; emprendía otra cacería de marfil, desaparecía durante semanas, se olvidaba de sí mismo entre esta gente, se olvidaba, ya sabe.

—¡Vaya! —dije—. Está loco.

El joven protestó indignado. El señor Kurtz no podía estar loco. Si lo hubiera oído hablar, solo dos días atrás, no me habría atrevido a insinuar semejante cosa...

Mientras el chico hablaba yo había agarrado mis binoculares para mirar hacia la orilla, barriendo los lindes del bosque a cada lado y en la parte posterior de la casa. Ser consciente de que había gente entre toda esa maleza, gente silenciosa, acechante —tanto como las ruinas de la casa en la colina— me llenaba de inquietud. Todas las señales en la faz de la naturaleza de este asombroso cuento, más que contarlo, me lo sugerían a través de desoladoras exclamaciones, completadas por gruñidos, con frases entrecortadas, con insinuaciones que culminaban en profundos suspiros. El bosque permanecía inmóvil, como una máscara; pesado, como la reja de una prisión, con su aire de conocimiento secreto, de paciente espera, de silencio irreprochable.

El ruso me estaba explicando que había sido más tarde cuando Kurtz regresó al río acompañado de todos esos guerreros de la tribu del lago. Después de varios meses de ausencia —haciéndose adorar, supongo—, había vuelto inesperadamente con la clara intención de hacer una batida, bien en la margen opuesta o río abajo. Evidentemente, el apetito por obtener más marfil había sacado el máximo rendimiento de sus —¿cómo llamarlas?— aspiraciones menos materiales. Sin embargo, su salud había empeorado de un momento a otro.

—Cuando oí decir que estaba postrado vine a verlo… me arriesgué —dijo el ruso—. Oh, pero él es malo, muy malo.

Dirigí los binoculares hacia la casa. No había señales de vida allí, solo el tejado maltrecho, el largo muro de barro asomado por encima de la alta hierba, con tres pequeñas ventanas cuadradas, cada una de distinto tamaño; todo aquello parecía al alcance de mi mano. Entonces hice un movimiento brusco y uno de los postes restantes de la desaparecida cerca reapareció en mi campo de visión. Como les decía antes, me habían impresionado a la distancia ciertos intentos de ornamentación, cosa más bien notable en medio del ruinoso aspecto del lugar. Ahora que de pronto podía verlo todo más de cerca, solo pude echar mi cabeza hacia atrás como sacudido por un golpe. Luego recorrí la distancia entre los postes lentamente con los binoculares y caí en cuenta de mi error. Aquellos remates redondos no eran ornamentales sino simbólicos. Eran expresivos y enigmáticos, sorprendentes y perturbadores. Alimento para el pensamiento y también para los buitres si hubiese habido alguno oteando desde el cielo, aunque en todo caso lo eran para esas hormigas lo bastante industriosas como para trepar por el poste. Habrían resultado incluso más impresionantes —aquellas cabezas sobre las estacas, digo— si sus rostros no hubieran estado orientados hacia la casa. Solo una, la primera que pude reconocer, miraba en nuestra dirección. No estaba tan aterrado como quizás crean. El movimiento de mi cabeza no había sido más que un gesto de sorpresa. Esperaba encontrarme con un pomo de madera o algo así, ya me entienden. Regresé deliberadamente al primero de los postes que había visto… y allí estaba, negra, reseca, demacrada, con los párpados cerrados, una cabeza que parecía dormir al final de aquel palo y en cuyos labios marchitos y encogidos asomaba una estrecha hilera de dientes blancos con los que sonreía, sonreía sin freno por algún sueño jocoso e interminable, en medio de su eterna duermevela.

No estoy revelando ningún secreto comercial. De hecho, el administrador diría más tarde que los métodos del señor Kurtz habían echado a perder todo el distrito. No tengo ninguna opinión al respecto, pero quiero que entiendan claramente que no había nada particularmente lucrativo en el hecho de que esas cabezas estuvieran allí. Solo demostraban que el señor Kurtz carecía de límites en la gratificación de sus diversos apetitos, que había algo insaciable en su interior, una pequeña materia que, cuando la necesidad apremiaba, no se podía hallar bajo su magnífica elocuencia. Imposible saber si él era consciente de esta deficiencia suya. Creo que tuvo noción de la misma hacia el final, solo muy al final. Pero la jungla lo había capturado muy pronto y había llevado a cabo en él su terrible venganza por aquella fantástica invasión. Creo que le había susurrado cosas acerca de sí mismo que él no sabía, cosas de las que no tenía una concepción clara hasta que prestó oídos a esa inmensa soledad. Y el susurro demostró ser irresistible y fascinante. Retumbó con fuerza en su interior porque, en el fondo, estaba vacío... Dejé los binoculares a un lado y fue como si la cabeza que antes apareciera lo bastante cerca como para hablarle hubiera dado un brinco hasta una distancia inaccesible.

El admirador del señor Kurtz lucía un poco decaído. Con voz atropellada y balbuciente me aseguró que no se había atrevido a quitar de allí esos —digámoslo así— símbolos. No tenía miedo de los nativos. Ellos no se sublevarían hasta que el señor Kurtz lo ordenara. Su ascendencia era extraordinaria. Los campamentos de aquella gente rodeaban el lugar y los jefes venían cada día a entrevistarse con él. Se ponían de rodillas...

—No quiero saber nada sobre las ceremonias que emplean para acercarse al señor Kurtz —grité.

Me invadió la curiosa sensación de que semejantes detalles me resultarían mucho más intolerables que las cabezas que se estaban secando en sus estacas frente a la ventana del señor Kurtz. Al fin y al cabo, aquello no dejaba de ser solo un espectáculo salvaje, mientras que esto último fue como si me hubiera transportado fatalmente a una región sin luz poblada de sutiles horrores, donde el salvajismo puro y sencillo era un alivio efectivo, toda vez que se trataba de algo que tenía derecho a existir —como era evidente— a plena luz del día. El joven me miró sorprendido. Supongo que no se le había ocurrido siquiera que el señor Kurtz no fuera para mí un ídolo. Olvidaba que yo no había tenido ocasión de oír esos monólogos sobre, ¿qué era? Ah, sí, el amor, la justicia, el buen comportamiento y no sé qué más cosas. Si se trataba de arrodillarse delante del señor Kurtz, este joven había gateado como el más puro de los salvajes. Me dijo entonces que yo no tenía idea de las condiciones: que estas cabezas eran de los rebeldes. Mi carcajada lo dejó anonadado. ¡Rebeldes! ¿Qué nueva definición me quedaba por oír? Había oído hablar de enemigos, criminales, trabajadores... Éstos eran rebeldes. A mí esas sediciosas cabezas me parecían bastante mansas en sus palos.

—Usted no se imagina cómo esta clase de vida puede poner a prueba a un hombre como él —gritó el último discípulo de Kurtz.

—¿Y a usted? —dije.

—¡Yo! ¡Yo soy solo un hombre sencillo! No tengo grandes ideas. No espero nada de nadie. ¿Cómo osa compararme con...?

Sus sentimientos eran algo que excedía su capacidad para hablar y, de repente, se derrumbó.

—No lo entiendo —gimoteó—. He hecho todo lo posible para ayudarlo a sobrevivir y con eso es suficiente. No tengo influencia alguna en todo esto. No tengo ninguna habilidad. No ha habido una gota de medicina o un bocado de comida caducada durante meses en este lugar. Lo han abandonado de un modo vergonzoso. A un hombre como él, con semejantes ideas. ¡Es una vergüenza! ¡Una vergüenza! No… no he podido dormir desde hace diez noches...

Su voz se fue perdiendo en la calma de la tarde. Las largas sombras de la selva se habían deslizado por la colina mientras hablábamos, más allá del cobertizo en ruinas, más allá de la hilera simbólica de postes; todo ello en medio de la penumbra, en momentos en que nosotros, más abajo, seguíamos rodeados de luz y el trecho del río junto al claro fulguraba con esplendor callado y deslumbrante, bajo un bamboleo siniestro y oscuro. En la orilla no se veía una sola alma. Los arbustos no chasqueaban.

De repente, un grupo de hombres salió de detrás de la casa como si hubieran brotado de la tierra. En un solo cuerpo compacto atravesaron la hierba que les llegaba hasta el pecho, cargando una camilla improvisada. Al instante, en el vacío del paisaje, un grito se elevó con tanta estridencia que logró perforar el aire sereno como una flecha afilada que volara directamente al corazón de la tierra. Y como por obra de un encantamiento, ríos de seres humanos, seres humanos desnudos, con lanzas en las manos, con arcos, escudos, miradas amenazantes y gestos salvajes, se derramaron en el claro al pie del semblante pensativo y oscuro de la selva. Los arbustos se estremecieron, la hierba se contoneó durante un rato y luego todo se sumió en un silencio inmóvil y expectante.

—Si no dice las palabras correctas, estaremos perdidos —me dijo el ruso al oído.

El grupo que transportaba la camilla se detuvo también como petrificado, no muy lejos del barco. Vi que el hombre que iba en la camilla se incorporaba, bien erguido y con un brazo levantado por encima de los hombros de los porteadores.

—Esperemos que este hombre, capaz de hablar tan bien sobre el amor en general, encuentre alguna razón particular que pueda salvarnos esta vez —dijo.

Me quejé amargamente del absurdo peligro que corríamos en esa situación, como si el hecho de hallarnos a merced de ese atroz espectro fuera una deshonrosa necesidad. No pude oír nada, pero a través de mis binoculares vi el delgado brazo extendido en un gesto de mando, el movimiento de la mandíbula inferior, los ojos de aquella aparición emitiendo un brillo oscuro desde el fondo de su huesuda cabeza, que no paraba de producir grotescas gesticulaciones. Kurtz... Kurtz... Eso significa "corto" en alemán, ¿no es así? Pues bien, el nombre era tan acertado como todo lo demás en su vida. Y en su muerte. Daba la impresión de que medía al menos dos metros. La sábana con la que estaba cubierto había caído al suelo y su cuerpo surgía de ella penosamente, como de una mortaja. Pude ver cómo sobresalía la jaula de sus costillas, los huesos del brazo que tenía en alto. Era como si una imagen animada de la muerte tallada en marfil estuviera agitando su mano entre amenazas, delante de una muchedumbre inmóvil hecha de un bronce oscuro y fulgurante. Vi que abría mucho la boca, cosa que le daba un aspecto extrañamente voraz, como si quisiera tragarse todo el aire, toda la tierra, todos los hombres que tenía frente a él. Una voz profunda llegó hasta mí, muy tenue. Debía de estar gritando. De repente cayó de espaldas. La camilla se sacudió mientras los porteadores proseguían su camino y, casi al mismo tiempo, noté que la multitud de salvajes se dispersaba sin ningún movimiento perceptible de retirada, como si la selva que había expelido a estos seres los hubiera inhalado de golpe como se inhala el aliento en una profunda inspiración.

Algunos peregrinos que iban por detrás de la camilla cargaban sus armas: dos pistolas, un rifle pesado y una carabina revólver ligera; eran los relámpagos de aquel Júpiter digno de lástima. El administrador se inclinó para murmurarle algo mientras caminaba junto a él. Lo depositaron en una de las pequeñas chozas —con espacio solo para una cama sencilla y un par de sillitas plegables de campamento, ya saben—. Le habíamos traído la correspondencia atrasada y su cama estaba llena de sobres rotos y cartas abiertas. Su mano endeble se paseaba entre esos papeles. Me impresionó el fuego de sus ojos y la digna languidez de su expresión. No se debía tanto a la extenuación de la enfermedad. No parecía estar sufriendo. El espectro lucía satisfecho y relajado, como si de momento se hubiera saciado de todas las emociones.

Arrugó una de las cartas y mirándome a los ojos dijo:

—Un placer.

Alguien le había escrito hablándole de mí. Esas recomendaciones especiales aparecían nuevamente. El volumen del tono que emitió sin esfuerzo, casi sin molestarse en mover los labios, me dejó asombrado. ¡Esa voz! ¡Esa voz! Grave, profunda, vibrante, a pesar de que el hombre no parecía capaz de soltar ni un resuello. Y, sin embargo, tenía suficiente fuerza en su interior, una fuerza artificial sin duda, para acabar con todos nosotros, como van a oír en un momento.

El administrador apareció discretamente en la entrada; salí de inmediato y él cerró la cortina. El ruso, observado con curiosidad por los peregrinos, miraba hacia la orilla del río. Seguí la dirección de su mirada.

Oscuras formas humanas se apreciaban a lo lejos, revoloteando confusamente contra el tenebroso linde de la selva; y junto al río, dos figuras de bronce apoyadas en sus lanzas reposaban a la luz del sol debajo de fantásticos tocados de pieles manchadas, belicosas e inmóviles en su reposo escultórico. Y de derecha a izquierda, a lo largo de la orilla iluminada, apareció la figura salvaje y portentosa de una mujer.

Caminaba midiendo los pasos, envuelta en una túnica de rayas y flecos, surcando la tierra con talante orgulloso, entre el brillo y el suave tintineo de sus bárbaros ornamentos, la cabeza siempre en alto. Tenía un peinado en forma de yelmo, anillos de metal hasta las rodillas y brazaletes de alambre hasta el codo; una mancha carmesí en su mejilla cobriza, innumerables collares de cuentas de vidrio. Estrafalarias cosas, fetiches, amuletos de brujos que brillaban y se sacudían a cada paso. Todo lo que llevaba puesto debía de valer lo que varios colmillos de elefante. Era indomable y soberbia, de ojos bravos y magníficos. Había algo siniestro y majestuoso en su calculada forma de caminar. Y en la quietud que sobrevino de repente sobre aquella tierra desolada, la inmensa selva, el cuerpo colosal de la vida fecunda y misteriosa pareció reparar en ella pensativamente, como si hubiera descubierto la imagen de su propia alma tenebrosa y apasionada.

Se acercó a cierta distancia del barco, se detuvo y nos encaró. La larga sombra de su cuerpo cayó sobre la orilla del río. Su rostro tenía el aspecto trágico y feroz de la congoja salvaje y del dolor mudo, mezclados con el miedo a una decisión irresuelta, fatigosa. Se quedó mirándonos fijamente y, como la selva misma, con la expresión de quien medita algún inescrutable plan. Transcurrió un minuto entero y ella prosiguió su camino. Hubo un suave tintineo, un destello metálico, un balanceo de mantos y flecos, y entonces se detuvo como si se le hubiera parado el corazón. El joven a mi lado soltó un gruñido. Los peregrinos murmuraron a mi espalda. Ella nos miró a todos como si su vida entera dependiera de la inquebrantable firmeza de su mirada. De repente abrió sus brazos desnudos y los elevó, rígidos, por encima de su cabeza, como si tuviera el incontrolable deseo de tocar el cielo; en ese mismo instante, las veloces sombras se precipitaron sobre la faz de la tierra, esparciéndose por toda la orilla y envolviendo nuestro barco en un abrazo sombrío. Un silencio formidable pendía sobre toda la escena.

Ella se alejó lentamente, caminando a lo largo de la orilla antes de introducirse en la maleza. Solo una vez sus ojos se volvieron a mirarnos como dos ascuas entre las tinieblas, antes de desaparecer.

—Si hubiera intentado subir a bordo, creo de verdad que le habría disparado —dijo nervioso el hombre de los parches—. Llevo dos semanas arriesgando mi vida día y noche para mantenerla lejos de la casa. Un día logró entrar y armó un escándalo por esos harapos miserables que encontré en la bodega para remendar mi ropa. Yo no fui muy decente que digamos. Debió de ser eso, pues estuvo hablando a los gritos con Kurtz durante una hora entera, señalándome de vez en cuando. No entiendo el dialecto de esta tribu. Por suerte para mí, Kurtz estaba demasiado enfermo aquel día para prestarle atención. De lo contrario habría habido algún desaguisado. No entiendo… no… Esto es demasiado para mí. Menos mal que todo ha terminado ya.

En ese momento oí la profunda voz de Kurtz detrás de la cortina.

—¿Sálvame? ¡Salvad el marfil, querrás decir! No me vengas con ésas. ¡Sálvame! ¿Por qué tendría que salvarte a ti? Te estás interponiendo en mis planes. ¡Enfermo, enfermo! ¡No tanto como te gustaría creer! Pero no importa. Todavía puedo llevar a cabo mis ideas. Volveré. Te mostraré de lo que soy capaz. Tú y tus miserables nociones comerciales. ¡Estás interfiriendo en mis asuntos! Volveré… yo…

El administrador salió. Me hizo el honor de tomarme del brazo para hablarme aparte.

—Está muy mal, muy mal —dijo.

Consideró necesario lanzar un suspiro pero olvidó mostrarse consecuentemente afligido.

—Hemos hecho todo lo que podíamos por él, ¿no es así? Pero de nada vale disimular los hechos: el señor Kurtz le ha hecho más mal que bien a la Compañía. No supo ver que el tiempo no era propicio para emprender acciones drásticas. La cautela, la cautela. Ése es mi lema. Debemos obrar con mucho cuidado. El distrito está cerrado para nosotros durante un tiempo. ¡Deplorable! El comercio de marfil se resentirá en términos generales. No niego que contemos con una cantidad notable de marfil, casi todo fósil. Debemos guardarlo a como dé lugar. Pero piense en lo precario de nuestra situación. ¿Y por qué, se preguntará usted? Porque el método es demencial.

—¿Demencial, lo llama usted? —repliqué yo mirando hacia la orilla.

—Sin duda —exclamó, enardecido—. ¿O cómo lo llamaría usted…?

—Yo no veo ningún método —murmuré después de un rato.

—Exactamente —dijo exultante—. Yo lo había previsto. Esto demuestra una absoluta falta de juicio. Es mi deber comunicarlo en el sitio oportuno.

—Oh —dije—, ese señor... ¿cómo se llamaba? El fabricante de ladrillos, redactará un informe legible para usted.

Por un momento se mostró confundido. Creo que nunca había respirado una atmósfera tan viciada, así que preferí pensar en Kurtz en busca de alivio. Sí, efectivamente, de alivio.

—No obstante, creo que el señor Kurtz es un hombre notable —dije con cierto énfasis.

El administrador se sorprendió, me lanzó una mirada gélida y grave y dijo con voz queda:

—Era un hombre notable.

Y se dio la vuelta. Mis momentos de gracia habían terminado. Me vi arrojado junto a Kurtz como partidario de unos métodos que no eran propicios para estos tiempos: ¡era un demente! ¡Ah, pero ya era algo tener al menos la opción de elegir mis propias pesadillas!

En realidad yo había elegido el bando de la selva, no el del señor Kurtz que, no me cuesta admitirlo, era para mí tan útil como si estuviera enterrado. Y de momento yo mismo tenía la impresión de estar enterrado en una enorme tumba llena de secretos inenarrables. Sentía un peso intolerable oprimiéndome el pecho, el olor de la tierra húmeda, la presencia invisible de la victoriosa corrupción, la oscuridad de una noche impenetrable...

El ruso me tocó el hombro. Lo oí murmurar y maldecir algo así como que "el hermano marinero... no pudo ocultar... lo que sabía sobre asuntos que afectarían a la reputación del señor Kurtz". Esperé unos instantes. Para él, evidentemente, el señor Kurtz no estaba enterrado en una tumba. Sospecho que para él, Kurtz era uno de los inmortales.

—¡Muy bien! —dije por fin—. Hable. Resulta que, en cierto modo, soy amigo del señor Kurtz.

Declaró con gran solemnidad que, si no hubiéramos tenido "la misma profesión", él se habría guardado todo aquel asunto sin importar las consecuencias. Sospechaba que había una clara animadversión hacia él de parte de esos hombres blancos que...

—Tiene toda la razón —le dije, recordando cierta conversación que había llegado a mis oídos—. El administrador cree que a usted deberían ahorcarlo.

Me divirtió el hecho de que se mostrara tan preocupado por la noticia.

—Habría sido mejor quitarme de en medio discretamente —dijo muy serio—. Ya no puedo hacer nada más por el señor Kurtz y seguramente no tardarán en hallar una excusa. ¿Cómo podría detenerlos? Hay un puesto militar a unas trescientas millas de aquí.

—Bah, créame lo que le voy a decir —contesté—, quizás tendrá más suerte si tiene amigos entre estos salvajes.

—Tengo montones de ellos —dijo—. Son gente sencilla... y yo no quiero que nada... usted sabe...

Se quedó un instante en silencio, mordiéndose los labios, y prosiguió:

—No quiero que nada malo les pase a estos blancos, pero por supuesto yo pensaba en la reputación del señor Kurtz... aunque usted es un camarada marinero y yo...

—Está bien —dije—. La reputación del señor Kurtz está a salvo conmigo.

Pero en el fondo no sabía qué tan fiables eran mis palabras.

Bajando la voz, me informó de que la orden de atacar el barco había venido del propio Kurtz.

—A veces odiaba la idea de que se lo llevaran de aquí. Y entonces de nuevo... Pero yo no entiendo de estas cosas. Soy un hombre simple. Él solo pretendía espantarlos, que se dieran por vencidos y lo creyeran muerto. No pude impedírselo. Oh, este último mes ha sido nefasto para mí.

—Entiendo —dije—, pero ahora Kurtz se encuentra bien.

—Mhhh, sí… —masculló él, al parecer no muy convencido.

—Gracias —dije—. Me mantendré alerta.

—Pero callado, ¿eh? —me apremió él, angustiado—. Sería terrible para su reputación si alguien aquí...

Juré absoluta discreción en tono muy grave.

—Tengo una canoa y tres compañeros negros esperando no muy lejos de aquí. Me voy. ¿Podría dejarme unos pocos cartuchos Martini-Henry?

Podía y se los di con el debido sigilo. Con un guiño se hizo con un buen puñado de mi tabaco.

—De marinero a marinero. Ya me entiende. Buen tabaco inglés.

A la entrada de la cabina del piloto se dio la vuelta:

—¿No tiene un par de zapatos de sobra? —preguntó, levantando una pierna—. Mire —dijo.

Las suelas estaban atadas con cuerdas a sus pies a modo de sandalias. Saqué un viejo par y él lo miró abrumado antes de metérselo debajo del sobaco izquierdo. Uno de sus bolsillos (rojo brillante) estaba repleto de cartuchos, en el otro (azul oscuro) sobresalía el libro de Towson, Investigación sobre algunos temas y etcétera, etcétera. Parecía considerarse inmejorablemente equipado para volver a hacerle frente a la vida salvaje.

—Ah, nunca, nunca volveré a conocer a un hombre como él. Tendría que haberlo oído recitar poemas... sus propios poemas también, según me dijo. ¡Poemas!

El recuerdo lo hizo entornar los ojos de puro deleite.

—¡Oh, sí! ¡Me ayudó a expandir mi mente!

—Adiós —le dije.

Me estrechó la mano y se desvaneció en la noche. A veces me pregunto si realmente llegué a verlo alguna vez, si acaso habrá sido posible conocer a semejante fenómeno...

Cuando desperté, poco después de la medianoche, su advertencia me asaltó con la insinuación de algún peligro que allí, en medio de la oscuridad estrellada, me pareció lo bastante real para hacerme levantar de la cama con la intención de echar un vistazo por los alrededores. En la colina ardía una hoguera enorme que iluminaba intermitentemente una esquina ruinosa de la casa. Uno de los agentes custodiaba el marfil en compañía de un piquete de unos pocos negros, armados para tal efecto. Pero adentro, en lo profundo de la selva, llamaradas rojas que se agitaban, que parecían hundirse y luego renacer del suelo entre confusas siluetas colosales de intensa negrura, delataban la posición exacta del campamento donde los adoradores de Kurtz llevaban a cabo su inquietante vigilia. El monótono golpe de un gran tambor llenaba el aire de golpes sordos y de una prolongada vibración. El ronroneo continuo de decenas de hombres que cantaban algún extraño encantamiento surgía del muro negro y uniforme de la jungla como el zumbido de las abejas de un panal, y ejercía un raro efecto narcótico sobre mis sentidos medio adormilados. Creo que llegué a quedarme dormido apoyado en la barandilla, hasta que un abrupto estallido de gritos, la sobrecogedora explosión de un frenesí misterioso y reprimido, me despertó maravillado, atónito. El escándalo cesó de inmediato y el murmullo continuó provocando un efecto de silencio audible y sedante. Miré casualmente en el interior de la cabaña. Una luz ardía dentro, pero el señor Kurtz no se encontraba allí.

"Creo que habría soltado un grito si hubiera creído lo que estaba viendo. Solo que al principio no di crédito: aquello parecía del todo imposible. El hecho es que me vi completamente enervado por un Terror puro y homogéneo, un Terror abstracto, absoluto, desconectado de cualquier forma identificable de peligro físico. Lo que hizo de esta emoción algo tan avasallador fue —¿cómo podía definirlo?— la conmoción moral que sentí, como si algo del todo monstruoso, intolerable al pensamiento y detestable al espíritu, se hubiera arrojado sobre mí inesperadamente. Esto duró apenas una fracción de segundo; luego, la habitual sensación de peligro letal y cotidiano, la posibilidad de un ataque repentino, de una masacre o algo similar que percibí como inminente, me resultó francamente amable, reconfortante. Me tranquilizó, de hecho, tanto así que no di ninguna alarma.

"Enfundado en su chaquetón, un agente dormía sobre una silla en la cubierta, a unos pocos pasos de mí. Los gritos no lo habían despertado. Roncaba suavemente. Lo dejé descansar en paz y bajé a tierra. No traicioné al señor Kurtz. Estaba claro que nunca podría traicionarlo. Estaba escrito que sería fiel a esta pesadilla que yo mismo había elegido. Estaba ansioso por tratar a solas con aquel espectro. Y hasta el día de hoy, no sé por qué, había guardado con celo la peculiar oscuridad de esa experiencia.

"Tan pronto salté a la orilla vi un sendero. Un sendero ancho a través de la hierba. Recuerdo la satisfacción con la que me dije a mí mismo: 'No puede caminar. Solo anda en cuatro patas. Lo tengo, es mío'. La hierba estaba húmeda de rocío. Caminé rápidamente apretando los puños. Supongo que tenía el vago propósito de sorprenderlo allí donde estuviera para darle una azotaina, no lo sé. A veces tenía ideas verdaderamente estúpidas. La vieja tejedora con el gato se interpuso en mi memoria como la imagen menos apropiada para surgir en el extremo opuesto de este asunto. Vi una fila de peregrinos desperdiciando plomo en el aire con sus Winchester apoyados en las caderas. Se me ocurrió que nunca podría regresar al barco y me imaginé viviendo solo y desarmado en la jungla hasta una edad avanzada. Esa clase de tonterías, ya me entienden. Y recuerdo haber confundido el golpe del tambor con el latido de mi corazón y me sentí contento con su serena regularidad.

"De todos modos, continué por aquel camino. Luego me detuve a escuchar. La noche era muy clara: un espacio azul oscuro salpicado de rocío y luz estelar, donde las cosas negras reposaban en absoluta quietud. Me pareció detectar algún movimiento unos metros más adelante. Aquella noche me sentía extrañamente seguro de todo. Acabé por salirme del sendero y correr en un amplio semicírculo (creo de veras que riéndome de mí mismo) para encarar aquel revoloteo, aquella agitación que había visto —si es que en efecto había visto algo—. Estaba sitiando a Kurtz como en un juego de niños.

"Acabé encontrándolo y, si no me hubiera oído llegar, habría tropezado con él. Por suerte se levantó a tiempo. Se puso de pie, inestable, alto, pálido, borroso como un vapor exhalado por la tierra y me hizo una venia sutil, silenciosa, etérea, mientras, a mis espaldas, las hogueras se elevaban entre los árboles y el murmullo de muchas voces brotaba de la jungla. Lo había eludido astutamente. Pero cuando al fin pude encararlo fue como si hubiera recuperado la cordura y me hice consciente del riesgo que corría. La cosa no estaba saldada ni mucho menos. ¿Qué pasaría si él empezaba a gritar? Pese a que apenas podía levantarse, su voz seguía colmada de vigor. 'Váyase… escóndase', dijo, con ese tono profundo. Fue horrible. Miré hacia atrás. Estábamos a solo treinta yardas del fuego más cercano. Una figura negra se levantó, caminó sobre sus largas piernas, sacudiendo ambos brazos, a través del resplandor. Tenía cuernos, cuernos de antílope, creo, a manera de tocado. Debía de ser un hechicero, un brujo, sin duda: me pareció bastante amenazador. '¿Sabe lo que está haciendo?', susurré. 'Perfectamente', contestó, elevando la voz solo para pronunciar esa palabra, que a mí me sonó remota y, pese a ello, alta y clara como una llamada emitida a través de un megáfono. 'Si se forma un alboroto estaremos perdidos', pensé para mis adentros. Era evidente que esto no se iba a resolver a puñetazos, incluso sin tener en cuenta mi aversión natural a golpear a aquel espectro; a esta cosa errante y atormentada. 'Se va a perder', dije. 'Se va a perder del todo'. A veces uno tiene esos golpes de inspiración, ya saben. Dije las palabras correctas, aunque de hecho Kurtz no pudiera estar más irremediablemente perdido que en ese mismo momento, cuando estábamos sentando las bases de nuestra intimidad, unas bases hechas para durar y durar, incluso hasta el final. Incluso más allá.

"'"Tenía grandes planes', masculló indeciso. 'Sí', dije yo, 'pero si intenta gritar voy a machacarle la cabeza con…'. No había ni un palo ni una piedra a mano. 'Voy a ahorcarlo', me corregí. 'Estaba en el umbral de las grandes cosas', imploró con voz anhelante, en un tono tan lastimero que me heló la sangre. 'Y ahora por culpa de este estúpido bribón…'. 'Su éxito en Europa está garantizado de todas maneras', dije con firmeza. No quería verme obligado a ahorcarlo, como se podrán imaginar, cosa que por lo demás habría sido de escasa utilidad para cualquier propósito práctico. Traté de romper el conjuro, el pesado y mudo conjuro de lo salvaje que parecía haberlo arrastrado a su implacable seno, despertando en él olvidados y brutales instintos, con el recuerdo saciado de unas pasiones monstruosas. Yo estaba convencido de que era eso y nada más lo que lo había atraído hasta el linde del bosque, hasta la maleza, hasta el resplandor de las hogueras, la llamada de los tambores, el arrullo de los extraños encantamientos; eso y nada más que eso había cautivado su alma ingobernable más allá de los límites de las aspiraciones permisibles. Y no se equivoquen, el Terror de aquella situación no residía en la posibilidad de recibir un golpe en la cabeza —aunque yo sentía un vívido temor hacia ese peligro también—, sino en el hecho de que estaba tratando con un ser al que no se podía apelar en nombre de nada, por elevado o ruin que fuera. Como hacían los negros, tenía que invocarlo a él, a él mismo, a su increíble y exaltada degradación. No había nada por encima o por debajo de él y yo lo sabía. Se había expulsado a sí mismo del mundo terrenal. ¡Maldito sea! Había roto en mil pedazos la propia tierra. Estaba solo y al hallarme frente a él no sabía si pisaba tierra o si flotaba en el aire. Les he estado contando lo que decíamos, les he repetido las frases que pronunciamos, ¿pero de qué ha servido? No son más que las frases normales y cotidianas, los sonidos familiares, vagos que intercambiamos cada día de nuestras vidas. ¿Y qué hay con ello? Para mí, aquellas frases ocultaban las aterradoras insinuaciones de unas palabras oídas en sueños, de frases pronunciadas en pesadillas. ¡Un alma, si alguien ha luchado alguna vez contra un alma, ese soy yo! Y tampoco se puede decir que estaba discutiendo con un lunático. Me crean o no, su inteligencia era perfectamente clara; concentrada, todo hay que decirlo, sobre sí misma con una espeluznante intensidad. Pero era clara. Y en ello residía mi única oportunidad, exceptuando, por supuesto, la posibilidad de matarlo allí, en ese momento, lo cual no era del todo una buena idea, por cuenta del inevitable alboroto. Pero su alma estaba enferma. Al hallarse a solas en medio de la vida salvaje, su alma había tenido ocasión de mirar en su interior y, ¡por todos los cielos, créanme!, había enloquecido. Y ahora yo, pagando por mis pecados, supongo, tendría que soportar el martirio de tener que mirar en su interior por mí mismo. Ninguna forma de elocuencia habría podido ser tan corrosiva respecto a nuestra fe en la humanidad como su última descarga de sinceridad. Luchaba contra sí mismo también, pude verlo, pude oírlo. Vi el inconcebible misterio de un alma que no conocía restricciones, ni fe, ni temor, pese a lo cual no dejaba de luchar ciegamente contra sí misma. Logré conservar la cordura; pero cuando al fin pude recostarlo en su camilla, me limpié el sudor de la frente mientras mis piernas temblaban como si hubiera tenido que cargar media tonelada a mis espaldas por aquella pendiente. Sin embargo, apenas le había dado algo de apoyo, con su brazo huesudo aferrado alrededor de mi cuello. Y lo cierto es que no era mucho más pesado que un niño.

"Al mediodía siguiente, a la hora de nuestra partida, la multitud —de cuya presencia tras la cortina de árboles había conservado una aguda conciencia en todo momento— se esparció por todo el claro y cubrió la pendiente con una masa cobriza de cuerpos desnudos, agitados, vibrantes. Remonté un poco la corriente, luego giré río abajo y dos mil ojos siguieron las evoluciones de aquel demonio fluvial que chapoteaba y sacudía ferozmente el agua con su terrible cola, exhalando humo negro en el aire. Delante de la primera fila, tres hombres embadurnados de tierra roja de la cabeza a los pies, iban y venían a lo largo de la orilla, pavoneándose inquietos. Cuando nos acercamos de nuevo al margen miraron hacia el río, zapatearon contra el suelo, menearon sus cabezas cornudas y contonearon sus cuerpos de color escarlata; sacudieron un puñado de plumas negras en dirección al feroz demonio fluvial, un cuero raído del que pendía una cola y algo que parecía una calabaza seca, a la vez que gritaban periódicamente largas cadenas de palabras asombrosas que no sonaban como lenguaje humano alguno; y los profundos murmullos de la multitud, que se entrecortaban repentinamente, eran como las respuestas de una satánica letanía.

"Habíamos llevado a Kurtz a la cabina del piloto, donde había más aire. Echado en el catre, se asomaba a través del postigo abierto. Había un remolino en la masa de cuerpos humanos y la mujer con el peinado de yelmo y las mejillas cobrizas corrió hasta el último trozo de orilla frente a la corriente. Extendió las manos, gritó algo y toda aquella muchedumbre salvaje repitió el alarido en un rugiente coro de oraciones articuladas, veloces y ansiosas.

"'¿Comprende lo que dicen?', pregunté.

"Me ignoró y continuó mirando hacia afuera con ojos anhelantes y una expresión donde se revolvían la congoja y el odio. No contestó de inmediato, pero capté una sonrisa, algo inefable que apareció en sus labios incoloros y a continuación se retorció convulsivamente en su gesto: '¿Que si comprendo?', dijo lentamente, jadeando, como si una fuerza sobrenatural le estuviera arrancando las palabras de adentro."

"Tiré del cordón de la sirena porque los peregrinos en la cubierta ya estaban sacando sus rifles con ganas de armar jolgorio. Ante el repentino bocinazo hubo un movimiento de abyecto pánico a través de aquella tupida masa de cuerpos. '¡No, no! ¡Los va a espantar!', gritó alguien en la cubierta desconsoladamente. Tiré de la cuerda una y otra vez. La masa se dispersó y todos huyeron, dieron brincos, se agacharon, rodaron para esquivar el terror aéreo del retumbo. Los tres tipos pintados de rojo habían caído de bruces en la orilla, como si les hubieran disparado. Solo la bárbara y soberbia mujer se mantuvo impasible y luego abrió los brazos desnudos en un ademán trágico al ver que nos alejábamos por la iridiscente oscuridad del río.

"Entonces la pandilla imbécil de la cubierta empezó con su pequeña diversión y ya no pude ver nada más por culpa del humo de los disparos.

"La corriente marrón bajaba rauda proveniente del corazón de las tinieblas y nos arrastraba rumbo al mar, doblando la velocidad con la que habíamos remontado el río. La vida de Kurtz también fluía rápidamente en torbellinos y torbellinos que desde su corazón desembocaban en el mar del tiempo inexorable. El administrador parecía muy tranquilo, ya sin preocupaciones vitales, nos miraba con una expresión comprensiva y satisfecha: el 'asunto' había salido casi mejor de lo esperado. Vi que se acercaba el momento en que yo quedaría como único miembro del partido del 'método demencial'. Los peregrinos me miraban con desaprobación. Me encontraba, por así decirlo, en el bando de los muertos. Es extraño comprobar con cuánta naturalidad acepté esa fraternidad imprevista, esa elección de la pesadilla que se me había impuesto en la tierra tenebrosa invadida por estos fantasmas crueles y avariciosos.

"Kurtz habló. ¡Esa voz, esa voz! Resonó profundamente hasta el último momento. Sobrevivió a su fuerza para ocultar en los orondos pliegues de su elocuencia la estéril oscuridad de su corazón. ¡Oh, cuánto luchó! ¡Cuánto luchó! Ahora los desiertos de su cerebro cansado sufrían el acoso de imágenes sombrías, imágenes de riqueza y fama que se revolvían obsequiosamente alrededor de su inextinguible don para la expresión noble y elevada. Mi prometida, mi estación, mi carrera, mis ideas. Esos eran los temas de sus ocasionales disertaciones de elevados sentimientos. La sombra del Kurtz original frecuentaba el lecho del vacío espantajo, cuyo destino era ser enterrado cuanto antes en el lodo primigenio. Pero el amor diabólico y el odio sobrenatural de los misterios en los que había penetrado luchaban por el dominio de aquella alma saciada de emociones primitivas, ávida de una gloria embustera, de una distinción fraudulenta, de todas las apariencias del éxito y el poder.

"En ocasiones se mostraba arrogante e infantil. Quería que los reyes salieran a recibirlo a las estaciones de tren cuando regresara de su fantasmal Tierra de Nadie, donde habría acometido alguna gran empresa. 'Si les demuestras que tienes algo verdaderamente rentable ya no habrá límites al reconocimiento de tus capacidades', decía. 'Desde luego hay que tener cuidado con la elección de las causas. Deben ser causas altruistas, siempre'. Extensos trechos del río que eran como un solo y único trecho, monótonos recodos casi idénticos desfilaban ante el vapor con su multitud de árboles centenarios que vigilaban pacientemente aquel mugriento pedazo de otro mundo, el antecesor que anuncia el cambio, la conquista, el comercio, las masacres, las bendiciones. Yo miraba hacia adelante, pilotando. 'Cierre el postigo', dijo Kurtz de repente un día, 'ya no puedo soportarlo'. Cerré. Se hizo un silencio. '¡Pero no te librarás de que te arranque el corazón!', le gritó a la jungla ya invisible.

"Como era de esperarse tuvimos una avería y hubo que detenerse en la punta de una isla para hacer reparaciones. Este retraso fue la primera cosa que hizo tambalear la desconfianza de Kurtz. Una mañana me entregó un mazo de papeles y una fotografía, todo atado con el cordón de un zapato. 'Guárdeme esto, por favor', dijo. 'Ese imbécil', refiriéndose al administrador, 'es capaz de esculcar entre mis cosas cuando no estoy atento'. Esa misma tarde volví a ver a Kurtz. Estaba echado bocarriba con los ojos cerrados y mientras me retiraba discretamente lo oí murmurar: 'Vive bien, muere, muere…'. Me quedé esperando, pero no dijo nada más. ¿Acaso estaba ensayando algún discurso entre sueños o se trataba de un fragmento o una frase de algún artículo de periódico? Había estado escribiendo para la prensa y tenía el propósito de volver a hacerlo. 'Para desarrollar mis ideas. Es un deber', decía.

"La suya era una oscuridad impenetrable. Lo miré como se mira a un hombre que yace en el fondo de un precipicio donde nunca llega la luz del sol. Pero no tenía demasiado tiempo para dedicarle, pues estaba ayudando al maquinista a desmontar los cilindros agujereados, a enderezar los tubos doblados y demás tareas de ese tipo. Vivía en un desorden infernal de óxido, limaduras, tuercas, pernos, llaves, martillos, barrenos… cosas que yo detestaba porque no me llevo bien con ellas. Me encontraba al frente de la pequeña fragua que por fortuna llevábamos a bordo; trabajaba sin descanso con mi montón de chatarra, salvo cuando tenía escalofríos demasiado intensos y no podía ponerme en pie.

"Una noche cuando entraba a la cabina con una vela me asombró oírlo decir con voz un poco trémula: 'Estoy tumbado aquí, en medio de la oscuridad, esperando a la muerte'. La luz de la vela estaba a un palmo de su rostro. Me obligué a murmurar: 'Bah, tonterías', y me acerqué al borde de su lecho como cautivado.

"El cambio que tuvo lugar en sus rasgos es algo que nunca he visto y espero no volver a ver. Oh, no era clemencia, era fascinación lo que sentía. Fue como si se hubiera roto un velo. Entonces vi en ese rostro de marfil la expresión de un orgullo tenebroso, de un poder implacable, de un pavoroso terror; una desesperación intensa e irreversible. ¿Acaso estaba reviviendo su vida en cada detalle de deseo, tentación y derrota durante ese momento supremo de conocimiento pleno? Sollozó ante alguna imagen, ante alguna visión. Sollozó dos veces con un grito que no fue más que un suspiro… '¡El horror! ¡El horror!'.

"Apagué la vela y salí de la cabina. Los peregrinos estaban cenando en el comedor y yo me senté en el lado opuesto al del administrador, que me lanzó una mirada inquisidora, eficazmente ignorada por mí. Se reclinó, sereno, con esa sonrisa peculiar con la que sellaba los abismos insondables de su mezquindad. Una lluvia incesante de diminutas moscas revoloteaba ante la lámpara, sobre el mantel, sobre nuestras manos y rostros. De repente, el ayudante del administrador asomó su insolente cabeza negra a través de la puerta y dijo en un tono de cáustico desdén: 'El señor Kurtz… murió'.

"Todos los peregrinos corrieron a verlo. Yo me quedé en la mesa y terminé de comer. Creo que aquello fue considerado como un gesto de brutal indiferencia. Sin embargo, apenas probé bocado. Había una lámpara allí, una luz, ya me entienden. Y en cambio afuera la oscuridad era algo bestial, bestial. No quise volver a acercarme al notable hombre que había dictado sentencia sobre las aventuras de su alma en esta tierra. La voz ya no estaba. ¿Qué otra cosa quedaba? Aunque desde luego puedo dar fe de que al día siguiente los peregrinos enterraron algo en un agujero lleno de lodo.

"Y luego estuvieron a punto de enterrarme a mí.

"No obstante, como ven, no llegué a acompañar a Kurtz en ese momento. Ciertamente, no. Tuve que quedarme allí para soñar la pesadilla hasta el final y demostrarle mi lealtad a Kurtz una vez más. Destino. ¡Mi destino! Qué cosa irrisoria, la vida: ese misterioso mecanismo que sigue una lógica implacable con fines fútiles. Lo más que se puede esperar de ella es un poco de conocimiento acerca de uno mismo —cosa que llega siempre demasiado tarde—, un brote de remordimientos inextinguibles. He luchado contra la muerte. Es el combate menos emocionante que se pueda imaginar. Tiene lugar en una grisura impalpable, con nada bajo los pies, con nada alrededor, sin espectadores, sin clamores, sin gloria, sin el poderoso deseo de obtener la victoria, sin el terrible miedo a la derrota, en una atmósfera mórbida de tibio escepticismo, sin mucha convicción sobre tus propios derechos y aún menos sobre los de tu adversario. Si esa es la forma de la sabiduría postrera, entonces la vida es un acertijo más complicado de lo que algunos pensamos. Estaba a escasos segundos de mi última oportunidad para pronunciarme y me di cuenta con humillación de que probablemente no tendría nada que decir. Esta es la razón por la que afirmo que Kurtz era un hombre extraordinario. Tenía algo que decir. Y lo dijo. Dado que yo mismo me había asomado al borde del abismo, comprendía mejor el significado de su mirada, que no podía ver la llama de la vela pero era lo bastante amplia para abarcar el universo entero, capaz de penetrar hasta el fondo de todos los corazones que laten en la oscuridad. Había hecho su recuento. Había dado su veredicto. '¡El horror!'. Un hombre extraordinario, sin duda. Después de todo, aquella era la expresión de algún tipo de creencia; tenía candor, convicción, había una nota vibrante de rebeldía en aquel susurro, el aspecto pavoroso de una verdad entrevista… la extraña combinación entre el deseo y el odio. Y no es mi propia angustia lo que mejor recuerdo —una visión gris y sin forma, rellena de dolor físico y un desprecio indolente por la evanescencia de todas las cosas—, ni siquiera el dolor mismo. ¡No! Es su angustia la que pareciera yo haber vivido en carne propia. Cierto, él había dado ese último paseo, había traspasado el borde mientras me había permitido desandar mis pasos vacilantes. Y quizás en eso residía toda la diferencia; quizás toda la sabiduría, toda la verdad y toda la sinceridad se encuentran comprimidas en ese instante exiguo en que ambos atravesamos el umbral de lo invisible. ¡Quizás! Prefiero creer que mi resumen no habría sido una palabra de desdén y de indolencia. Fue mucho mejor su grito… mucho mejor. Una afirmación, una victoria moral cobrada a cambio de incontables derrotas, de abominables terrores, de abominables placeres. ¡Pero fue una victoria! Es por ello que le guardé fidelidad a Kurtz hasta el final e incluso más tarde, cuando volví a oír, tiempo después, no su voz, sino el eco de su apabullante elocuencia en un alma tan translúcidamente pura como el cristal de roca.

"No, no me enterraron, aunque hay un lapso de tiempo que recuerdo borrosamente, con estremecido pasmo, como el viaje a través de un mundo inconcebible donde no había lugar para la esperanza ni el deseo. Me vi de nuevo en la ciudad sepulcral, ante la ofensiva imagen de la gente que pululaba por las calles tratando de birlar un poco de dinero de sus prójimos, de devorar la famosa cocina, de tragar su malsana cerveza, de soñar sus insignificantes y estúpidos sueños. Esas personas se entrometieron en mis pensamientos. Eran intrusos cuyo conocimiento de la vida era para mí una simulación irritante, porque estaba seguro de que no tendrían modo de saber las cosas que yo ahora sabía. Sus modales, que eran simplemente los modales de individuos ordinarios atareados en sus asuntos a fin de asegurar su perfecto bienestar, me resultaban tan ofensivos como un vejatorio alarde de locura ante un peligro que se es incapaz de comprender. No tenía un interés particular en ilustrarlos, pero tenía ciertas dificultades a la hora de evitar reírme de sus caras, llenas de presunción y estupidez. Me atrevo a decir que no me encontraba muy sano en esos días. Daba tumbos por las calles —tenía varios asuntos por resolver allí—, sonriendo amargamente delante de personas perfectamente respetables. Admito que mi conducta era inexcusable, pero por aquel entonces mi temperatura rara vez era normal. El propósito de mi querida tía de 'restablecer mis fuerzas' me parecía del todo inadecuado. No eran mis fuerzas lo que necesitaba restablecer; era mi imaginación la que pedía consuelo. Conservaba el mazo de papeles que me había dado Kurtz, sin saber exactamente qué hacer con él. Su madre había muerto recientemente bajo los cuidados, según oí decir, de la prometida de Kurtz. Un hombre prolijo, bien afeitado, con ademanes oficiales y anteojos con marco dorado, me llamó un día y me hizo algunas preguntas, en un principio enrevesadas, luego delicadamente capciosas, sobre lo que él se complacía en llamar 'ciertos documentos'. No me tomó por sorpresa porque ya había tenido dos discusiones con el administrador al respecto. Yo me había negado a entregarle un solo pedazo de papel de aquel mazo y asumí la misma actitud con el hombre de gafas. Al final se puso amenazante y, muy enardecido, adujo que la Compañía tenía todo el derecho de acceder a la más insignificante de las informaciones sobre sus 'territorios'. Y añadió: 'El conocimiento del señor Kurtz sobre las regiones inexploradas tiene por fuerza que haber sido vasto y peculiar, dadas sus grandes capacidades y las deplorables circunstancias en las que se vio obligado a vivir: por tanto…'. Le aseguré que el conocimiento del señor Kurtz, si bien vasto, no trataba sobre asuntos comerciales o administrativos. Entonces él invocó el interés científico. Sería una pérdida incalculable si esto y lo otro y etcétera, etcétera. Le ofrecí el informe sobre la 'Supresión de las costumbres salvajes', con el post scriptum debidamente eliminado. Lo recibió acucioso pero acabó resoplando con aire de desprecio. 'Esto no es lo que esperábamos recibir', declaró. 'No espere nada más', dije. 'Solo hay correspondencia privada'. Se marchó amenazando con recurrir a procedimientos legales y ya no lo volví a ver. Pero otro caballero, que se presentó como un primo del señor Kurtz, apareció dos días después, ansioso por oír todos los detalles sobre los últimos momentos de su querido pariente. Casualmente me dio a entender que Kurtz había sido, por encima de todo, un gran músico. 'En ello residía la clave de su inmenso éxito', dijo el hombre, que era organista, creo, y el pelo gris y lacio le caía sobre el cuello grasiento del abrigo. No tuve motivos para dudar de sus afirmaciones. Y hasta el día de hoy soy incapaz de decir cuál era la profesión de Kurtz, si es que tenía alguna, ni cuál era el mayor de sus talentos. Suponía que era un pintor que escribía para los periódicos, o un periodista que sabía pintar. Ni siquiera su primo (que estuvo tomando rapé durante nuestra entrevista) pudo decirlo con exactitud. Para él era un genio universal, cosa en la que yo estaba de acuerdo con el viejo caballero, que a continuación se sonó la nariz en un enorme pañuelo de algodón y se retiró con senil agitación, llevándose algunas cartas familiares y memorandas sin importancia. Por último apareció un periodista, ávido de informarse sobre el destino de 'su querido colega'. Este visitante me contó que el ámbito apropiado para Kurtz tendría que haber sido la política 'del lado popular'. Tenía cejas pobladas y rectas, el pelo hirsuto muy corto, un monóculo atado a un ribete ancho y, una vez que tomó confianza, opinó que en realidad Kurtz no era buen escritor. 'Pero, ¡demonios, cómo hablaba! Era capaz de electrificar al público. Tenía fe, ¿me entiende usted? Tenía la fe. Podía convencerse a sí mismo de cualquier cosa. Cualquier cosa. Habría sido un espléndido líder de algún partido extremista'. '¿De qué partido?', pregunté. 'De cualquiera', respondió el otro. 'Era un… un… extremista, ¿no lo cree usted?'. Asentí. Luego, en un repentino arranque de curiosidad, me preguntó si yo sabía 'qué lo había inducido a viajar a ese lugar'. 'Lo sé', dije y le entregué el informe para que lo publicara, si le parecía adecuado. Lo revisó por encima, farfullando entre dientes todo el tiempo, juzgó que 'le serviría' y se marchó con su botín.

"En definitiva me quedé solo con un escueto fajo de cartas y el retrato de la mujer, que me pareció hermosa. Quiero decir, tenía una hermosa expresión en el rostro. Sé que es posible obligar a la luz del sol a mentir también, aunque sentía que ninguna manipulación o pose podrían haber producido la delicada sombra de la sinceridad que irradiaban esos rasgos. Parecía alguien dispuesto a escuchar sin prejuicios, sin suspicacias, sin egoísmos. Decidí que iría personalmente a devolverle su retrato y las cartas. ¿Curiosidad? Sí, claro. Y también otros sentimientos, tal vez. Todo lo que alguna vez le perteneciera a Kurtz se me había escapado de las manos: su alma, su cuerpo, su estación, sus planes, su marfil, su carrera. Solo quedaban su recuerdo y su prometida; y yo quería dejar también esto último en manos del pasado, de alguna manera, a fin de librarme personalmente de todo cuanto quedaba de él en mí y entregarlo al olvido, que es la última palabra de nuestro destino común. No me estoy defendiendo. No tengo una clara percepción de lo que realmente quería en ese momento. Quizás se tratara de un impulso de lealtad inconsciente o del cumplimiento de una de esas irónicas necesidades que acechan tras las vicisitudes de la existencia humana. No lo sé. No sabría decirlo. Pero lo hice.

"Yo creía que su recuerdo era como los otros recuerdos de los muertos que se acumulan a lo largo de la vida de todo hombre; una vaga impresión en el cerebro de las sombras que habían caído sobre él en su paso fugaz y postrero. Pero al hallarme delante de la alta y ponderosa puerta, entre grandes casas de una calle tranquila y decorosa que recordaba el prolijo sendero de un cementerio, vi surgir la imagen de Kurtz en la camilla, abriendo su boca vorazmente como si quisiera comerse toda la tierra, a la humanidad entera. Fue como si lo tuviera ante mí, más vivo que nunca, una sombra insaciable hecha de espléndidas apariencias, de espeluznantes realidades: una sombra más oscura que las tinieblas de la noche, envuelta noblemente en los pliegues de una portentosa elocuencia. La visión pareció entrar a la casa junto a mí —la camilla, los fantasmales porteadores, la salvaje multitud de obedientes adoradores, el resplandor en la jungla, el brillo de la superficie del río entre los recodos tenebrosos, el golpe del tambor, regular y sordo como el latido de un corazón, el corazón de unas tinieblas imperiales—. Fue un momento de triunfo para la selva, una avalancha invasora y vengativa que, me pareció entonces, tendría que mantener a raya por mí mismo en aras de la salvación de otra alma. Y el recuerdo de lo que le había oído decir allá lejos, con las formas cornudas revolviéndose a mis espaldas, entre el brillo de las hogueras que ardían en los pacientes bosques, esas frases entrecortadas volvieron a mi memoria, las oí de nuevo con toda su ominosa y aterradora simplicidad. Recordé sus abyectas súplicas, sus abyectas amenazas, el tamaño colosal de sus viles deseos, la crueldad, el tormento, la angustia tempestuosa de su alma. Y más tarde me pareció estar viendo su talante sosegado y lánguido, como aquel día en que dijo: 'Este lote de marfil ahora me pertenece solo a mí. La Compañía no lo ha pagado. Yo mismo lo recogí a costa de un gran riesgo personal. Me temo, sin embargo, que intentarán reclamarlo como propio, ¿eh? Es un caso difícil. ¿Qué cree que debería hacer? ¿Resistir? ¿Ah? Solo quiero que se haga justicia…'. Solo quería que se hiciera justicia, solo justicia. Toqué el timbre delante de una puerta de caoba en la planta baja y mientras esperaba sentí que Kurtz me miraba desde detrás de la ventana; me miraba con esa inmensa y amplia mirada suya que parecía abarcar, condenar y aborrecer todo el universo. Incluso creí oír aquel grito sofocado: '¡El horror! ¡El horror!'.

"La tarde estaba cayendo. Tuve que esperar en un salón con tres grandes ventanales que iban del techo al suelo y eran como tres columnas luminosas y cortinadas. Las doradas patas torneadas y los respaldos del mobiliario brillaban en sutiles curvas. La enorme chimenea de mármol irradiaba una blancura fría y monumental. Un piano de cola reposaba imponente en un rincón, lanzando a la sala oscuros brillos desde las superficies planas como un sarcófago negro y lustroso. Una puerta se abrió. Yo me levanté.

"Ella se acercó, vestida de negro, con el rostro pálido, flotando hacia mí en la penumbra. Estaba de luto. Había pasado más de un año desde la muerte de Kurtz, más de un año desde que llegaran las noticias, pero ella parecía como si estuviera resignada a recordar y a guardar luto para el resto de su vida. Me agarró las dos manos y murmuró: 'Me dijeron que vendría'. Noté que no era muy joven, quiero decir, que no era una chica. Poseía una madurez que la capacitaba para la fidelidad, para la fe y el sufrimiento. El salón parecía haberse oscurecido, como si toda la triste luz de la tarde nublada se hubiera refugiado en el rostro de esa mujer. Su cabello rubio, su semblante pálido, su ceño puro, parecían estar rodeados de un halo ceniciento desde el cual me miraba con sus ojos oscuros. Unos ojos que transmitían inocencia, profundidad, seguridad y confianza. Ostentaba su talante acongojado con cierto orgullo, como si dijera: yo, solo yo sé guardarle luto como se merece. Pero en un momento, cuando no habíamos terminado de saludarnos, una expresión de fatal desolación cruzó por su rostro de tal manera que me di cuenta de que era una de esas criaturas que no se prestan como juguetes del tiempo. Pues para ella era como si él hubiera muerto el día anterior. ¡Y por Júpiter! La impresión fue tan intensa que yo mismo sentí que acababa de morir, no el día anterior, no. ¡En ese mismo instante! Pude verlos juntos en aquel momento: la muerte de Kurtz y la pena de ella. Pude ver su pena en el mismo instante de la muerte de Kurtz. ¿Me entienden? Los vi juntos. Los oí a la vez. Ella había dicho con un gran suspiro: 'He sobrevivido'; mientras mis oídos oían claramente, mezclados con sus desesperados lamentos, aquel susurro conciso de eterna condenación. Me pregunté qué hacía allí, con una sensación de pánico en mi corazón como si hubiera penetrado en un lugar lleno de misterios absurdos y crueles, no aptos para ser contemplados por ningún ser humano. Ella me condujo a una silla. Nos sentamos. Apoyé el fajo de cartas suavemente sobre la pequeña mesa de centro y ella posó su mano sobre él… 'Usted lo conocía bien', susurró, al cabo de un momento de acongojado silencio.

"'La intimidad crece rápidamente en aquel lugar', dije. 'Lo conocí todo lo que es posible conocer a otro hombre'.

"'Y usted lo admiraba', dijo. 'Es imposible conocerlo y no admirarlo, ¿no es así?'.

"'Era un hombre notable', contesté, incómodo. Entonces, ante la cautivadora quietud de su mirada, que parecía aguardar más palabras de mi boca, proseguí: 'Era imposible no…'.

"'No amarlo', me interrumpió enérgicamente, obligándome a guardar un silencio consternado. '¡Es cierto! ¡Es cierto! ¡Máxime cuando uno ha llegado a conocerlo como yo lo hice! Me gané su noble confianza. Yo lo conocía mejor que nadie'.

"'Usted lo conocía mejor que nadie', repetí. Y quizás era cierto. Pero con cada palabra que decíamos el salón se iba oscureciendo más y más, y solo su frente, despejada y clara, seguía iluminada por la inextinguible luz de la fe y el amor.

"'Usted era su amigo', continuó. 'Su amigo', repitió elevando un poco la voz. 'Debe de haber sido su amigo para que él le haya entregado esto y le haya pedido que me lo trajera. Siento que puedo hablar con usted abiertamente. ¡Oh! ¡Y debo hablar! Quiero que usted, usted, que escuchó sus últimas palabras, sepa que he sido digna de él… no lo digo por orgullo… ¡Sí! Estoy orgullosa de saber que yo lo entendía mejor que nadie más sobre la faz de la tierra. Él mismo me lo dijo. Y desde que su madre murió no tengo a nadie que… a nadie para, para…'.

"Yo escuchaba. La oscuridad se acentuaba. Ni siquiera estaba seguro de si él me había entregado el fajo correcto. Sospecho más bien que quería que cuidara de otro mazo de papeles que, tras su muerte, vi al administrador examinando bajo la lámpara. Y la chica hablaba, aliviando su dolor en la certeza de mi simpatía; hablaba como beben los hombres sedientos. Había oído decir que su compromiso con Kurtz no estaba bien visto por la familia de ella. Porque él no era lo bastante rico o algo así. Y en efecto no sé si Kurtz no habrá sido pobre toda su vida. Él mismo me había dado motivos para deducir que fue su impaciencia por aquella pobreza relativa lo que lo llevó a viajar a ese lugar remoto.

"'… imposible no ser su amigo después de oírlo hablar aunque fuera una sola vez', decía ella. 'Atraía a la gente porque sabía sacar lo mejor de todos'. Me miró intensamente. 'Es el don de los grandes hombres', continuó, y el sonido de su voz parecía venir acompañado por todos esos sonidos llenos de misterio, desolación y pena que alguna vez oyera: el rumor del río, el farfullar de los árboles mecidos por el viento, los murmullos de las muchedumbres salvajes, el tenue ciclo de palabras incomprensibles pronunciadas a lo lejos, el susurro de una voz que hablaba desde el otro lado del umbral de la oscuridad eterna. '¡Pero usted lo escuchó! ¡Usted lo sabe!', gritó.

"'Sí, lo sé', dije, con algo parecido a la desesperación en mi corazón pero inclinando mi cabeza ante la fe que ella demostraba, delante de aquella grandiosa y esperanzadora ilusión que alumbraba con una luz sobrenatural en medio de la oscuridad, en esa triunfante oscuridad de la que yo habría sido incapaz de defenderla —de la cual habría preferido no tener que defenderme a mí mismo.

"'Qué pérdida para mí. Para nosotros', se corrigió con conmovedora generosidad; luego añadió en un susurro: 'Para el mundo'. Con las últimas luces del crepúsculo pude ver el brillo de sus ojos llenos de lágrimas; lágrimas que no caían.

"'He sido muy feliz, muy afortunada, estoy orgullosa', prosiguió. 'Demasiado afortunada. Demasiado feliz por un tiempo breve. Y ahora seré infeliz… para el resto de mi vida'.

"Ella se levantó; su cabello rubio pareció capturar toda la luz restante en un destello dorado. Yo también me levanté.

"'Y de todo esto', dijo, apesadumbrada, 'de todo su compromiso y de su grandeza, de su espíritu generoso, de su noble corazón, nada queda… nada salvo un recuerdo. Usted y yo…'.

"'Siempre lo recordaremos', me apresuré a decir.

"'¡No!', gritó. 'Es imposible que todo esto se pierda, que semejante vida deba ser sacrificada para que no quede nada… salvo el dolor. Usted conoce los grandes planes que tenía. Yo también. Quizás no los entendía. Pero otros estaban al tanto de ellos. Algo debe quedar. Sus palabras, al menos, no han muerto'.

"'Sus palabras perdurarán para siempre', dije.

"'Y su ejemplo', susurró para sí misma. 'Era un ejemplo para muchos hombres, su bondad brillaba en cada acto. Sus enseñanzas…'.

"'Cierto', dije. 'Sus enseñanzas también, sí. Me olvidaba de eso'.

"'Pero yo no. No puedo, no puedo creerlo. Todavía no me hago a la idea de que no volveré a verlo nunca, de que nadie volverá a verlo nunca, nunca, nunca'.

"Hizo un gesto como si tratara de atrapar una figura evanescente, la silueta negra de los brazos y los puños cerrados, pálidos, contra el estrecho y moribundo resplandor de la ventana. ¡Nunca volveré a verlo! Lo vi con suficiente claridad en su debido momento. Seguiré viendo a ese fantasma elocuente mientras viva y seguiré viéndola a ella también, ese espectro trágico y familiar, cuyo gesto recordaba a otro espectro, también trágico, engalanado de inútiles fetiches, estirando sus brazos cobrizos sobre los destellos de la corriente infernal, la corriente de la oscuridad. De repente dijo en voz muy baja: 'Murió como vivió'.

"'Su final', añadí yo con una furia sorda que se revolvía en mi interior, 'fue digno de su vida en todos los sentidos'.

"'Y yo no estuve allí para acompañarlo', murmuró. Mi furia cedió ante un sentimiento de infinita piedad.

"'Se hizo todo lo posible…', masculló.

"'Ah, pero yo creía en él más que en nada en la tierra, más que en su propia madre, más que… que en sí mismo. ¡Me necesitaba! ¡A mí!

Habría guardado como un tesoro cada suspiro, cada palabra, cada gesto, cada mirada'.

"Sentí un golpe de frío en el pecho. 'No', dije, sin poder apenas contenerme.

"'Perdóneme. Yo, yo he sufrido tanto tiempo en silencio, en silencio… Usted estuvo allí con él… hasta el final, ¿no es así? Pienso en su soledad. No hubo nadie cerca que pudiera comprenderlo como yo lo habría hecho. Quizás nadie que escuchara…'.

"'Yo estuve allí hasta el último instante', dije con voz trémula. 'Oí sus últimas palabras…'. Me interrumpí, aterrado.

"'Repítamelas', dijo con el corazón destrozado. 'Quiero… quiero… algo, algo que conservar para el resto de mi vida'.

"Estuve a punto de gritarle: '¿Acaso no las oye?'. Las tinieblas las repetían en un susurro que persistía a nuestro alrededor, en un susurro que parecía hincharse amenazadoramente como el primer soplo de un torbellino. '¡El horror! ¡El horror!'.

"'Sus últimas palabras… para que se queden conmigo', murmuró. '¿No comprende usted cuánto lo amaba? ¡Lo amaba! ¡Lo amaba!'.

"Recobré la compostura y hablé lentamente.

"'Las últimas palabras que pronunció fueron… su nombre'.

"Oí un leve suspiro y entonces mi corazón se paró en seco, se detuvo del todo con el exultante y aterrador grito, un grito de inconcebible triunfo e inefable dolor. '¡Lo sabía! ¡Estaba segura!'. Ella lo sabía. Estaba segura. La oí sollozar. Se había cubierto el rostro con las manos. Me pareció que la casa se derrumbaría antes de que yo pudiera escapar, como si el cielo se fuera a desplomar sobre mi cabeza. Pero nada de eso ocurrió. El cielo no se cae por semejantes minucias. ¿Se habría caído, me pregunté, si hubiera tratado a Kurtz como se merecía? ¿Acaso no había dicho él mismo que solo quería que se hiciera justicia? Pero no pude. No pude decírselo. Aquello habría sido demasiado tenebroso, absolutamente tenebroso…

Marlow dejó de hablar y se sentó aparte, etéreo y silencioso, con la pose de un Buda en plena meditación. Durante unos minutos nadie se movió.

—Hemos perdido el primer reflujo —dijo de repente el director. Levanté la vista. El mar estaba obturado por una muralla de nubes negras y el río sereno que conducía a los confines del mundo pasaba sombrío bajo el cielo encapotado. Se diría que fluía rumbo al corazón de una inmensa oscuridad.

LA VENTANA ABIERTA

Por SAKI [4]

—Mi tía bajará enseguida, señor Nuttel —dijo con mucho aplomo una señorita de quince años—; mientras tanto debe hacer lo posible por soportarme.

Framton Nuttel se esforzó por decir algo que halagara debidamente a la sobrina sin dejar de tomar debidamente en cuenta a la tía que estaba por llegar. Dudó más que nunca que esta serie de visitas formales a personas totalmente desconocidas fueran de alguna utilidad para la cura de reposo que se había propuesto.

—Sé lo que ocurrirá —le había dicho su hermana cuando se disponía a emigrar a este retiro rural—: te encerrarás no bien llegues y no hablarás con nadie y tus nervios estarán peor que nunca debido a la depresión. Por eso te daré cartas de presentación para todas las personas que conocí allá. Algunas, por lo que recuerdo, eran bastante simpáticas.

Framton se preguntó si la señora Sappleton, la dama a quien había entregado una de las cartas de presentación, podía ser clasificada entre las simpáticas.

—¿Conoce a muchas personas aquí? —preguntó la sobrina, cuando consideró que ya había habido entre ellos suficiente comunicación silenciosa.

—Casi nadie —dijo Framton—. Mi hermana estuvo aquí, en la rectoría, hace unos cuatro años, y me dio cartas de presentación para algunas personas del lugar.

Hizo esta última declaración en un tono que denotaba claramente un sentimiento de pesar.

---

[4] Hector Hugh Munro. Nació: 18 de diciembre de 1870, Akyab, Birmania británica (hoy Sittwe, Myanmar). Murió: 14 de noviembre de 1916, Beaumont-Hamel, Francia (muerto en combate en la Primera Guerra Mundial). Géneros: Cuentista, humorista, satírico Obras más importantes: La ventana abierta (1914), Reginald (1904). The Chronicles of Clovis (1911). Cuentos breves que mezclan humor negro, ironía y crítica a la sociedad eduardiana

—Entonces no sabe prácticamente nada acerca de mi tía —prosiguió la aplomada señorita.

—Sólo su nombre y su dirección —admitió el visitante.

Se preguntaba si la señora Sappleton estaría casada o sería viuda. Algo indefinido en el ambiente sugería la presencia masculina.

—Su gran tragedia ocurrió hace tres años —dijo la niña—; es decir, después que se fue su hermana.

—¿Su tragedia? —preguntó Framton; en esta apacible campiña las tragedias parecían algo fuera de lugar.

—Usted se preguntará por qué dejamos esa ventana abierta de par en par en una tarde de octubre —dijo la sobrina, señalando una gran ventana que daba al jardín.

—Hace bastante calor para esta época del año —dijo Framton—, pero ¿qué relación tiene esa ventana con la tragedia?

—Por esa ventana, hace exactamente tres años, su marido y sus dos hermanos menores salieron a cazar por el día. Nunca regresaron. Al atravesar el páramo para llegar al terreno donde solían cazar, quedaron atrapados en una ciénaga traicionera. Ocurrió durante ese verano terriblemente lluvioso, ¿sabe?, y los terrenos que antes eran firmes de pronto cedían sin que hubiera manera de preverlo. Nunca encontraron sus cuerpos. Eso fue lo peor de todo.

A esta altura del relato, la voz de la niña perdió ese tono seguro y se volvió vacilantemente humana.

—Mi pobre tía sigue creyendo que volverán algún día, ellos y el pequeño spaniel que los acompañaba, y que entrarán por la ventana como solían hacerlo. Por tal razón la ventana queda abierta hasta que ya es de noche. Mi pobre y querida tía, cuántas veces me habrá contado cómo salieron, su marido con el impermeable blanco en el brazo, y Ronnie, su hermano menor, cantando como de costumbre "¿Bertie, por qué saltas?", porque sabía que esa canción la irritaba especialmente. ¿Sabe usted? A veces, en tardes tranquilas como las de hoy, tengo la sensación de que todos ellos volverán a entrar por la ventana…

La niña se estremeció. Fue un alivio para Framton cuando la tía irrumpió en el cuarto pidiendo mil disculpas por haberlo hecho esperar tanto.

—Espero que Vera haya sabido entretenerlo —dijo.

—Me ha contado cosas muy interesantes —respondió Framton.

—Espero que no le moleste la ventana abierta —dijo la señora Sappleton con animación—; mi marido y mis hermanos están cazando y volverán aquí directamente, y siempre suelen entrar por la ventana. No quiero pensar en el estado en que dejarán mis pobres alfombras después de haber andado cazando por la ciénaga. Tan típico de ustedes los hombres, ¿no es verdad?

Siguió parloteando alegremente acerca de la caza, de que ya no abundan las aves, y acerca de las perspectivas que había de cazar patos en invierno. Para Framton, todo eso resultaba sencillamente horrible. Hizo un esfuerzo desesperado, pero sólo a medias exitoso, de desviar la conversación a un tema menos repulsivo; se daba cuenta de que su anfitriona no le otorgaba su entera atención, y su mirada se extraviaba constantemente en dirección a la ventana abierta y al jardín. Era por cierto una infortunada coincidencia venir de visita el día del trágico aniversario.

—Los médicos han estado de acuerdo en ordenarme completo reposo. Me han prohibido toda clase de agitación mental y de ejercicios físicos violentos —anunció Framton, que abrigaba la ilusión bastante difundida de suponer que personas totalmente desconocidas y relaciones casuales estaban ávidas de conocer los más íntimos detalles de nuestras dolencias y enfermedades, su causa y su remedio—. Con respecto a la dieta no se ponen de acuerdo.

—¿No? —dijo la señora Sappleton, ahogando un bostezo a último momento.

Súbitamente su expresión revelaba la atención más viva… pero no estaba dirigida a lo que Framton estaba diciendo.

—¡Por fin llegan! —exclamó—. Justo a tiempo para el té, y parece que se hubieran embarrado hasta los ojos, ¿no es verdad?

Framton se estremeció levemente y se volvió hacia la sobrina con una mirada que intentaba comunicar su compasiva comprensión. La niña tenía puesta la mirada en la ventana abierta y sus ojos brillaban de horror. Presa de un terror desconocido que helaba sus venas, Framton se volvió en su asiento y miró en la misma dirección.

En el oscuro crepúsculo, tres figuras atravesaban el jardín y avanzaban hacia la ventana; cada una llevaba bajo el brazo una escopeta, y una de ellas soportaba la carga adicional de un abrigo blanco puesto sobre los hombros. Los seguía un fatigado spaniel de color pardo. Silenciosamente se acercaron a la casa, y luego se oyó una voz joven y ronca que cantaba:

—¿Dime, Bertie, por qué saltas?

Framton agarró de prisa su bastón y su sombrero; la puerta de entrada, el sendero de grava y el portón fueron etapas apenas percibidas de su intempestiva retirada. Un ciclista que iba por el camino tuvo que hacerse a un lado para evitar un choque inminente.

—Aquí estamos, querida —dijo el portador del impermeable blanco entrando por la ventana—: bastante embarrados, pero casi secos. ¿Quién era ese hombre que salió de golpe no bien aparecimos?

—Un hombre rarísimo, un tal señor Nuttel —dijo la señora Sappleton—; no hablaba de otra cosa que de sus enfermedades, y se fue disparado sin despedirse ni pedir disculpas al llegar ustedes. Cualquiera diría que había visto un fantasma.

—Supongo que ha sido a causa del spaniel —dijo tranquilamente la sobrina—; me contó que los perros le producen horror. Una vez lo persiguió una jauría de perros parias hasta un cementerio cerca del Ganges, y tuvo que pasar la noche en una tumba recién cavada, con esas bestias que gruñían y mostraban los colmillos y echaban espuma encima de él. Así cualquiera se vuelve pusilánime.

La fantasía sin previo aviso era su especialidad.

EL HORLA

Por GUY DE MAUPASSANT[5]

8 DE MAYO

¡Qué hermoso día! He pasado toda la mañana tendido sobre la hierba, delante de mi casa, bajo el enorme plátano que la cubre, la resguarda y le da sombra. Adoro esta región, y me gusta vivir aquí porque he echado raíces, esas raíces profundas y delicadas que unen al hombre con la tierra donde nacieron y murieron sus abuelos, esas raíces que lo unen a lo que se piensa y a lo que se come, a las costumbres como a los alimentos, a los modismos regionales, a la forma de hablar de sus habitantes, a los perfumes de la tierra, de las aldeas y del aire mismo.

Adoro la casa donde he crecido. Desde mis ventanas veo el Sena que corre detrás del camino, a lo largo de mi jardín, casi dentro de mi casa, el grande y ancho Sena, cubierto de barcos, en el tramo entre Ruán y El Havre.

A lo lejos y a la izquierda está Ruán, la vasta ciudad de techos azules, con sus numerosas y agudas torres góticas, delicadas o macizas, dominadas por la flecha de hierro de su catedral, y pobladas de campanas que tañen en el aire azul de las mañanas hermosas, enviándome su suave y lejano murmullo de hierro, su canto de bronce que me llega con mayor o menor intensidad según que la brisa aumente o disminuya.

¡Qué hermosa mañana!

A eso de las once pasó frente a mi ventana un largo convoy de navíos arrastrados por un remolcador grande como una mosca, que jadeaba de fatiga, lanzando por su chimenea un humo espeso.

Después pasaron dos goletas inglesas, cuyas rojas banderas flameaban sobre el fondo del cielo, y un soberbio bergantín brasileño, blanco y admirablemente limpio y reluciente. Saludé su paso sin saber por qué, pues sentí placer al contemplarlo.

---

[5] Nombre completo: Henri René Albert Guy de Maupassant. Nació: 5 de agosto de 1850, Dieppe, Francia. Murió: 6 de julio de 1893, París, Francia
Géneros: Cuentista, novelista, periodista Obras más importantes:
El Horla (1887), Bola de sebo (1880), Pierre y Jean (1888). Más de 300 cuentos, muchos con toques psicológicos y sobrenaturales.

11 DE MAYO

Tengo algo de fiebre desde hace algunos días. Me siento dolorido o, más bien, triste.

¿De dónde vienen esas misteriosas influencias que transforman nuestro bienestar en desaliento y nuestra confianza en angustia? Diríase que el aire, el aire invisible, está poblado de lo desconocido, de poderes cuya misteriosa proximidad experimentamos. ¿Por qué, al despertarme, siento una gran alegría y ganas de cantar, y luego, sorpresivamente, después de dar un corto paseo por la costa, regreso desolado, como si me esperase una desgracia en mi casa? ¿Tal vez una ráfaga fría, al rozarme la piel, me ha alterado los nervios y ensombrecido el alma? ¿Acaso la forma de las nubes, o el color tan variable del día o de las cosas, me ha perturbado el pensamiento al pasar por mis ojos? ¿Quién puede saberlo? Todo lo que nos rodea, lo que vemos sin mirar, lo que rozamos inconscientemente, lo que tocamos sin palpar y lo que encontramos sin reparar en ello, tiene efectos rápidos, sorprendentes e inexplicables sobre nosotros, sobre nuestros órganos y, por consiguiente, sobre nuestros pensamientos y nuestro corazón.

¡Cuán profundo es el misterio de lo invisible! No podemos explorarlo con nuestros mediocres sentidos: con nuestros ojos que no pueden percibir lo muy grande ni lo muy pequeño, lo muy próximo ni lo muy lejano, los habitantes de una estrella ni los de una gota de agua…; con nuestros oídos que nos engañan, transformando las vibraciones del aire en ondas sonoras, como si fueran hadas que convierten milagrosamente en sonido ese movimiento, y que mediante esa metamorfosis hacen surgir la música que transforma en canto la muda agitación de la naturaleza…; con nuestro olfato, más débil que el del perro…; con nuestro sentido del gusto, que apenas puede distinguir la edad de un vino.

¡Cuántas cosas descubriríamos a nuestro alrededor si tuviéramos otros órganos que realizaran para nosotros otros milagros!

16 DE MAYO

Decididamente, estoy enfermo. ¡Y pensar que estaba tan bien el mes pasado! Tengo fiebre, una fiebre atroz o, mejor dicho, una nerviosidad febril que afecta por igual el alma y el cuerpo. Tengo continuamente la angustiosa sensación de un peligro que me amenaza, la aprensión de una desgracia inminente o de la muerte que se aproxima, el presentimiento suscitado por el comienzo de un mal aún desconocido que germina en la carne y en la sangre.

18 DE MAYO

Acabo de consultar al médico, pues ya no podía dormir. Me ha encontrado el pulso acelerado, los ojos inflamados y los nervios alterados, pero ningún síntoma alarmante. Debo darme duchas y tomar bromuro de potasio.

25 DE MAYO

¡No siento ninguna mejoría! Mi estado es realmente extraño. Cuando se aproxima la noche, me invade una inexplicable inquietud, como si la noche ocultase una terrible amenaza para mí. Ceno rápidamente y luego trato de leer, pero no comprendo las palabras y apenas distingo las letras. Camino entonces de un extremo a otro de la sala sintiendo la opresión de un temor confuso e irresistible, el temor de dormir y el temor de la cama. A las diez subo a la habitación. En cuanto entro, doy dos vueltas a la llave y corro los cerrojos; tengo miedo… ¿de qué?… Hasta ahora nunca sentía temor por nada… Abro mis armarios, miro debajo de la cama; escucho… escucho… ¿qué?… ¿Acaso puede sorprender que un malestar, un trastorno de la circulación, y tal vez una ligera congestión, una pequeña perturbación del funcionamiento tan imperfecto y delicado de nuestra máquina viviente, convierta en un melancólico al más alegre de los hombres y en un cobarde al más valiente?

Luego me acuesto y espero el sueño como si esperase al verdugo. Espero su llegada con espanto; mi corazón late intensamente y mis piernas se estremecen; todo mi cuerpo tiembla en medio del calor de la cama hasta el momento en que caigo bruscamente en el sueño como si me ahogara en un abismo de agua estancada. Ya no siento llegar como antes a ese sueño pérfido, oculto cerca de mí, que me acecha, se apodera de mi cabeza, me cierra los ojos y me aniquila.

Duermo durante dos o tres horas, y luego no es un sueño sino una pesadilla lo que se apodera de mí. Sé perfectamente que estoy acostado y que duermo… lo comprendo y lo sé… y siento también que alguien se aproxima, me mira, me toca, sube sobre la cama, se arrodilla sobre mi pecho y, tomando mi cuello entre sus manos, aprieta y aprieta… con todas sus fuerzas para estrangularme.

Trato de defenderme, impedido por esa impotencia atroz que nos paraliza en los sueños: quiero gritar y no puedo; trato de moverme y no puedo; con angustiosos esfuerzos y jadeante, trato de liberarme, de rechazar ese ser que me aplasta y me asfixia… ¡pero no puedo!

Y de pronto, me despierto enloquecido y cubierto de sudor. Enciendo una bujía. Estoy solo.

Después de esa crisis, que se repite todas las noches, duermo por fin tranquilamente hasta el amanecer.

2 DE JUNIO

Mi estado se ha agravado. ¿Qué es lo que tengo? El bromuro y las duchas no me producen ningún efecto. Para fatigarme más, a pesar de que ya me sentía cansado, fui a dar un paseo por el bosque de Roumare. En un principio me pareció que el aire suave, ligero y fresco, lleno de aromas de hierbas y hojas, vertía una sangre nueva en mis venas y nuevas energías en mi corazón. Caminé por una gran avenida de caza y después por una estrecha alameda, entre dos filas de árboles desmesuradamente altos que formaban un techo verde y espeso, casi negro, entre el cielo y yo.

De pronto sentí un estremecimiento, no de frío, sino un extraño temblor angustioso. Apresuré el paso, inquieto por hallarme solo en ese bosque, atemorizado sin razón por el profundo silencio. De improviso, me pareció que me seguían, que alguien marchaba detrás de mí, muy cerca, muy cerca, casi pisándome los talones.

Me volví hacia atrás con brusquedad. Estaba solo. Únicamente vi detrás de mí el recto y amplio sendero, vacío, alto, pavorosamente vacío; y del otro lado se extendía también hasta perderse de vista, de modo igualmente solitario y atemorizante.

Cerré los ojos… ¿por qué? Y me puse a girar sobre un pie como un trompo. Estuve a punto de caer; abrí los ojos: los árboles bailaban, la tierra flotaba, tuve que sentarme. Después ya no supe por dónde había llegado hasta allí. ¡Qué extraño! Ya no recordaba nada. Tomé hacia la derecha y llegué a la avenida que me había llevado al centro del bosque.

3 DE JUNIO

He pasado una noche horrible. Voy a irme de aquí por algunas semanas. Un viaje breve sin duda me tranquilizará.

2 DE JULIO

Regreso restablecido. El viaje ha sido delicioso. Visité el monte Saint-Michel, que no conocía.

¡Qué hermosa visión se tiene al llegar a Avranches, como llegué yo al caer la tarde! La ciudad se halla sobre una colina. Cuando me llevaron al jardín botánico, situado en un extremo de la población, no pude evitar un grito de admiración. Una extensa bahía se extendía ante mis ojos hasta el horizonte, entre dos costas lejanas que se esfumaban en medio de la bruma, y en el centro de esa inmensa bahía, bajo un dorado cielo despejado, se elevaba un monte extraño, sombrío y puntiagudo en las arenas de la playa. El sol acababa de ocultarse, y en el horizonte aún rojizo se recortaba el perfil de ese fantástico acantilado que lleva en su cima un fantástico monumento.

Al amanecer me dirigí hacia allí. El mar estaba bajo como la tarde anterior y, a medida que me acercaba, veía elevarse gradualmente la sorprendente abadía. Luego de varias horas de marcha, llegué al enorme bloque de piedra en cuya cima se halla la pequeña población dominada por la gran iglesia. Después de subir por la calle estrecha y empinada, penetré en la más admirable morada gótica construida por Dios en la tierra, vasta como una ciudad, con numerosos recintos de techo bajo, como aplastados por bóvedas y galerías superiores sostenidas por frágiles columnas.

Entré en esa gigantesca joya de granito, ligera como un encaje, cubierta de torres, de esbeltos torreones, a los cuales se sube por intrincadas escaleras, que destacan en el cielo azul del día y negro de la noche sus extrañas cúpulas erizadas de quimeras, diablos, animales fantásticos y flores monstruosas, unidas entre sí por finos arcos labrados.

Cuando llegué a la cumbre, dije al monje que me acompañaba:

—¡Qué bien se debe estar aquí, padre!

—Es un lugar muy ventoso, señor —me respondió.

Y nos pusimos a conversar mientras mirábamos subir el mar, que avanzaba sobre la playa y parecía cubrirla con una coraza de acero.

El monje me refirió historias, todas las viejas historias del lugar: leyendas, muchas leyendas.

Una de ellas me impresionó mucho. Los nacidos en el monte aseguran que de noche se oyen voces en la playa, y después se perciben los balidos de dos cabras, una de voz fuerte y la otra de voz débil. Los incrédulos afirman que son los graznidos de las aves marinas, que se asemejan a balidos o a quejas humanas, pero los pescadores rezagados juran haber encontrado merodeando por las dunas, entre dos mareas y alrededor de la pequeña población tan alejada del mundo, a un viejo pastor cuya cabeza nunca pudieron ver por llevarla cubierta con su capa, y delante de él marchan un macho cabrío con rostro de hombre y una cabra con rostro de mujer. Ambos tienen largos cabellos blancos y hablan sin cesar: discuten en una lengua desconocida, interrumpiéndose de pronto para balar con todas sus fuerzas.

—¿Cree usted en eso? —pregunté al monje.

—No sé —me contestó.

Yo proseguí:

—Si existieran en la tierra otros seres diferentes de nosotros, los conoceríamos desde hace mucho tiempo. ¿Cómo es posible que no los hayamos visto usted ni yo?

—¿Acaso vemos —me respondió— la cienmilésima parte de lo que existe? Observe, por ejemplo, el viento, que es la fuerza más poderosa de la naturaleza: el viento, que derriba hombres y edificios, que arranca de cuajo los árboles y levanta montañas de agua en el mar, que destruye los acantilados y que arroja contra ellos a las grandes naves, el viento que mata, silba, gime y ruge… ¿acaso lo ha visto alguna vez? ¿Acaso lo puede ver? Y sin embargo, existe.

Ante este sencillo razonamiento, opté por callarme. Este hombre podía ser un sabio o, tal vez, un tonto. No podía afirmarlo con certeza, pero me llamé a silencio. Con mucha frecuencia había pensado en lo que me dijo.

3 DE JULIO

Dormí mal; evidentemente, hay una influencia febril, pues mi cochero sufre del mismo mal que yo. Ayer, al regresar, observé su extraña palidez. Le pregunté:

—¿Qué tiene, Jean?

—Ya no puedo descansar; mis noches desgastan mis días. Desde la partida del señor, parece que padezco una especie de hechizo.

Los demás criados están bien, pero temo que me vuelvan las crisis.

4 DE JULIO

Decididamente, las crisis vuelven a empezar. Vuelvo a tener las mismas pesadillas. Anoche sentí que alguien se inclinaba sobre mí y, con su boca sobre la mía, bebía mi vida. Sí, la bebía con la misma avidez que una sanguijuela. Luego se incorporó, saciado, y yo me desperté tan extenuado y aniquilado, que apenas podía moverme. Si eso se prolonga durante algunos días, volveré a ausentarme.

5 DE JULIO

¿He perdido la razón? Lo que pasó, lo que vi anoche, ¡es tan extraño que cuando pienso en ello pierdo la cabeza!

Había cerrado la puerta con llave, como todas las noches, y luego sentí sed; bebí medio vaso de agua y observé distraídamente que la botella estaba llena.

Me acosté enseguida y caí en uno de mis espantosos sueños, del cual pude salir cerca de dos horas después con una sacudida más horrible aún. Imagínense ustedes un hombre que es asesinado mientras duerme, que despierta con un cuchillo clavado en el pecho, jadeante y cubierto de sangre, que no puede respirar y que muere sin comprender lo que ha sucedido.

Después de recobrar la razón, sentí nuevamente sed; encendí una bujía y me dirigí hacia la mesa donde había dejado la botella. La levanté inclinándola sobre el vaso, pero no había una gota de agua. Estaba vacía, ¡completamente vacía! Al principio no comprendí nada, pero de pronto sentí una emoción tan atroz que tuve que sentarme o, mejor dicho, me desplomé sobre una silla. Luego me incorporé de un salto para mirar a mi alrededor. Después volví a sentarme delante del cristal transparente, lleno de asombro y terror. Lo observaba con la mirada fija, tratando de imaginarme lo que había pasado. Mis manos temblaban. ¿Quién se había bebido el agua? Yo, yo sin duda. ¿Quién podía haber sido sino yo? Entonces… yo era sonámbulo, y vivía sin saberlo esa doble vida misteriosa que nos hace pensar que hay en nosotros dos seres, o que a veces un ser extraño, desconocido e invisible anima, mientras dormimos, nuestro cuerpo cautivo, que le obedece como a nosotros, y más que a nosotros.

¡Ah! ¿Quién podrá comprender mi abominable angustia? ¿Quién podrá comprender la emoción de un hombre mentalmente sano, perfectamente despierto y en uso de razón, al contemplar espantado una botella que se ha vaciado mientras dormía? Y así permanecí hasta el amanecer, sin atreverme a volver a la cama.

6 DE JULIO

Pierdo la razón. ¡Anoche también bebieron el agua de la botella, o tal vez la bebí yo!

10 DE JULIO

Acabo de hacer sorprendentes comprobaciones. ¡Decididamente estoy loco! Y sin embargo…

El 6 de julio, antes de acostarme, puse sobre la mesa vino, leche, agua, pan y fresas. Han bebido —o he bebido— toda el agua y un poco de leche. No han tocado el vino, ni el pan ni las fresas.

El 7 de julio he repetido la prueba con idénticos resultados.

El 8 de julio suprimí el agua y la leche, y no han tocado nada.

Por último, el 9 de julio puse sobre la mesa solamente el agua y la leche, teniendo especial cuidado de envolver las botellas con lienzos de muselina blanca y de atar los tapones. Luego me froté con grafito los labios, la barba y las manos, y me acosté.

Un sueño irresistible se apoderó de mí, seguido poco después por el atroz despertar. No me había movido; ni siquiera mis sábanas estaban manchadas. Corrí hacia la mesa. Los lienzos que envolvían las botellas seguían limpios e inmaculados. Desaté los tapones, palpitante de emoción. ¡Se habían bebido toda el agua y toda la leche! ¡Ah! ¡Dios mío!…

Partiré inmediatamente hacia París.

12 de julio

París. Estos últimos días había perdido la cabeza. Tal vez he sido juguete de mi enervada imaginación, salvo que yo sea realmente sonámbulo o que haya sufrido una de esas influencias comprobadas, pero hasta ahora inexplicables, que se llaman sugestiones. De todos modos, mi extravío rayaba en la demencia, y han bastado veinticuatro horas en París para recobrar la cordura. Ayer, después de paseos y visitas, que me han renovado y vivificado el alma, terminé el día en el Théâtre-Français. Representábase una pieza de Alejandro Dumas hijo. Este autor vivaz y pujante ha terminado de curarme.

Es evidente que la soledad resulta peligrosa para las mentes que piensan demasiado. Necesitamos ver a nuestro alrededor a hombres que piensen y hablen. Cuando permanecemos solos durante mucho tiempo, poblamos de fantasmas el vacío.

Regresé muy contento al hotel, caminando por el centro. Al codearme con la multitud, pensé, no sin ironía, en mis terrores y suposiciones de la semana pasada, pues creí, sí, creí que un ser invisible vivía bajo mi techo. ¡Cuán débil es nuestra razón y cuán rápidamente se extravía cuando nos estremece un hecho incomprensible!

En lugar de concluir con estas simples palabras: «Yo no comprendo porque no puedo explicarme las causas», nos imaginamos en seguida impresionantes misterios y poderes sobrenaturales.

14 de julio

Fiesta de la República. He paseado por las calles. Los cohetes y banderas me divirtieron como a un niño. Sin embargo, me parece una tontería ponerse contento un día determinado por decreto del gobierno. El pueblo es un rebaño de imbéciles: a veces tonto y paciente, y otras, feroz y rebelde. Se le dice: «Diviértete». Y se divierte. Se le dice: «Ve a combatir con tu vecino». Y va a combatir. Se le dice: «Vota por el emperador». Y vota por el emperador. Después: «Vota por la República». Y vota por la República.

Los que lo dirigen son igualmente tontos, pero en lugar de obedecer a hombres se atienen a principios, que, por lo mismo que son principios, sólo pueden ser necios, estériles y falsos. Es decir, ideas consideradas ciertas e inmutables, tan luego en este mundo donde nada es seguro y donde la luz y el sonido son ilusorios.

16 de julio

Ayer he visto cosas que me preocuparon mucho. Cené en casa de mi prima, la señora Sablé, casada con el jefe del regimiento 76 de cazadores de Limoges. Conocí allí a dos señoras jóvenes, casada una de ellas con el doctor Parent, que se dedica intensamente al estudio de las enfermedades nerviosas y de los fenómenos extraordinarios que hoy dan origen a las experiencias sobre hipnotismo y sugestión.

Nos refirió detalladamente los prodigiosos resultados obtenidos por los sabios ingleses y por los médicos de la escuela de Nancy. Los hechos que expuso me parecieron tan extraños que manifesté mi incredulidad.

—Estamos a punto de descubrir uno de los más importantes secretos de la naturaleza —decía el doctor Parent—, es decir, uno de sus más importantes secretos aquí en la Tierra, puesto que hay evidentemente otros secretos importantes en las estrellas. Desde que el hombre piensa, desde que aprendió a expresar y a escribir su pensamiento, se siente tocado por un misterio impenetrable para sus sentidos groseros e imperfectos, y trata de suplir la impotencia de dichos sentidos mediante el esfuerzo de su inteligencia. Cuando la inteligencia permanecía aún en un estado rudimentario, la obsesión de los fenómenos invisibles adquiría formas comúnmente terroríficas. De ahí las creencias populares en lo sobrenatural. Las leyendas de las almas en pena, las hadas, los gnomos y los aparecidos; me atrevería a mencionar incluso la leyenda de Dios, pues nuestras concepciones del artífice creador de cualquier religión son las invenciones más mediocres, estúpidas e inaceptables que pueden salir de la mente atemorizada de los hombres. Nada es más cierto que este pensamiento de Voltaire: "Dios ha hecho al hombre a su imagen y semejanza, pero el hombre también ha procedido así con él".

—Pero desde hace algo más de un siglo, parece percibirse algo nuevo. Mesmer y algunos otros nos señalan un nuevo camino y, efectivamente, sobre todo desde hace cuatro o cinco años, se han obtenido sorprendentes resultados.

Mi prima, también muy incrédula, sonreía. El doctor Parent le dijo:

—¿Quiere que la hipnotice, señora?

—Sí; me parece bien.

Ella se sentó en un sillón y él comenzó a mirarla fijamente. De improviso, me dominó la turbación, mi corazón latía con fuerza y sentía una opresión en la garganta. Veía cerrarse pesadamente los ojos de la señora Sablé, y su boca se crispaba y parecía jadear.

Al cabo de diez minutos dormía.

—Póngase detrás de ella —me dijo el médico.

Obedecí su indicación, y él colocó en las manos de mi prima una tarjeta de visita al tiempo que le decía:

—Esto es un espejo; ¿qué ve en él?

—Veo a mi primo —respondió.

—¿Qué hace?

—Se atusa el bigote.

—¿Y ahora?

—Saca una fotografía del bolsillo.

—¿Quién aparece en la fotografía?

—Él, mi primo.

¡Era cierto! Esa misma tarde me habían entregado esa fotografía en el hotel.

—¿Cómo aparece en ese retrato?

—Se halla de pie, con el sombrero en la mano.

Evidentemente, veía en esa tarjeta de cartulina lo que hubiera visto en un espejo.

Las damas decían espantadas:

—¡Basta! ¡Basta, por favor!

Pero el médico ordenó:

—Usted se levantará mañana a las ocho; luego irá a ver a su primo al hotel donde se aloja, y le pedirá que le preste los cinco mil francos que le pide su esposo y que le reclamará cuando regrese de su próximo viaje.

Luego la despertó.

Mientras regresaba al hotel pensé en esa curiosa sesión y me asaltaron dudas, no sobre la insospechable, la total buena fe de mi prima, a quien conocía desde la infancia como a una hermana, sino sobre la seriedad del médico. ¿No escondería en su mano un espejo que mostraba a la joven dormida, al mismo tiempo que la tarjeta?

Los prestidigitadores profesionales hacen cosas semejantes.

No bien regresé, me acosté.

Pero a las ocho y media de la mañana me despertó mi sirviente y me dijo:

—La señora Sablé quiere hablar inmediatamente con el señor.

Me vestí de prisa y la hice pasar.

Sentóse muy turbada y me dijo sin levantar la mirada ni quitarse el velo:

—Querido primo, tengo que pedirle un gran favor.

—¿De qué se trata, prima?

—Me cuesta mucho decirlo, pero no tengo más remedio. Necesito urgentemente cinco mil francos.

—Pero cómo, ¿tan luego usted?

—Sí, yo, o mejor dicho mi esposo, que me ha encargado conseguirlos.

Me quedé tan asombrado que apenas podía balbucear mis respuestas. Pensaba que ella y el doctor Parent se estaban burlando de mí, y que eso podía ser una mera farsa preparada de antemano y representada a la perfección.

Pero todas mis dudas se disiparon cuando la observé con atención. Temblaba de angustia. Evidentemente esta gestión le resultaba muy penosa y advertí que apenas podía reprimir el llanto.

Sabía que era muy rica y le dije:

—¿Cómo es posible que su esposo no disponga de cinco mil francos? Reflexione. ¿Está segura de que le ha encargado pedírmelos a mí?

Vaciló durante algunos segundos como si le costara mucho recordar, y luego respondió:

—Sí… sí… estoy segura.

—¿Le ha escrito?

Vaciló otra vez y volvió a pensar. Advertí el penoso esfuerzo de su mente. No sabía. Sólo recordaba que debía pedirme ese préstamo para su esposo. Por consiguiente, se decidió a mentir.

—Sí, me escribió.

—¿Cuándo? Ayer no me dijo nada.

—Recibí su carta esta mañana.

—¿Puede enseñármela?

—No, no… contenía cosas íntimas… demasiado personales… y la he… la he quemado.

—Así que su marido tiene deudas...

Vaciló una vez más y luego murmuró:

—No lo sé.

Bruscamente le dije:

—Pero en este momento, querida prima, no dispongo de cinco mil francos.

Dio una especie de grito de desesperación:

—¡Ay! ¡Por favor! ¡Se lo ruego! Trate de conseguirlos…

Exaltada, unía sus manos como si se tratara de un ruego. Su voz cambió de tono; lloraba murmurando cosas ininteligibles, molesta y dominada por la orden irresistible que había recibido.

—¡Ay! Le suplico… si supiera cómo sufro… los necesito para hoy.

Sentí piedad por ella.

—Los tendrá de cualquier manera. Se lo prometo.

—¡Oh! ¡Gracias, gracias! ¡Qué bondadoso es usted!

—¿Recuerda lo que pasó anoche en su casa? —le pregunté entonces.

—Sí.

—¿Recuerda que el doctor Parent la hipnotizó?

—Sí…

—Pues bien, fue él quien le ordenó venir esta mañana a pedirme cinco mil francos, y en este momento usted obedece a su sugestión.

Reflexionó durante algunos instantes y luego respondió:

—Pero es mi esposo quien me los pide.

Durante una hora traté infructuosamente de convencerla. Cuando se fue, corrí a casa del doctor Parent. Me dijo:

—¿Se ha convencido ahora?

—Sí, no hay más remedio que creer.

—Vamos a ver a su prima.

Cuando llegamos, dormitaba en un sofá, rendida por el cansancio. El médico le tomó el pulso, la miró durante algún tiempo con una mano extendida hacia sus ojos, que la joven cerró debido al influjo irresistible del poder magnético.

Cuando se durmió, el doctor Parent le dijo:

—¡Su esposo no necesita los cinco mil francos! Por lo tanto, usted debe olvidar que ha rogado a su primo para que se los preste, y si le habla de eso, usted no comprenderá.

Luego la despertó. Entonces saqué mi billetera.

—Aquí tiene, querida prima. Lo que me pidió esta mañana.

Se mostró tan sorprendida que no me atreví a insistir. Traté, sin embargo, de refrescar su memoria, pero negó todo enfáticamente, creyendo que me burlaba, y poco faltó para que se enojase.

Acabo de regresar. La experiencia me ha impresionado tanto que no he podido almorzar.

19 DE JULIO

Muchas personas a quienes he referido esta aventura se han reído de mí. Ya no sé qué pensar. El sabio dijo: "Quizá".

21 DE JULIO

Cené en Bougival y después estuve en el baile de los remeros. Decididamente, todo depende del lugar y del medio. Creer en lo sobrenatural en la isla de la Grenouillère sería el colmo del desatino… pero ¿no es así en la cima del monte Saint-Michel, y en la India? Sufrimos la influencia de lo que nos rodea. Regresaré a casa la semana próxima.

30 DE JULIO

Ayer he regresado a casa. Todo está bien.

2 DE AGOSTO

No hay novedades. Hace un tiempo espléndido. Paso los días mirando correr el Sena.

4 DE AGOSTO

Hay problemas entre mis criados. Aseguran que alguien rompe los vasos en los armarios por la noche. El sirviente acusa a la cocinera y esta a la lavandera, quien a su vez acusa a los dos primeros. ¿Quién es el culpable? El tiempo lo dirá.

6 DE AGOSTO

Esta vez no estoy loco. ¡Lo he visto… lo he visto! Ya no tengo la menor duda… ¡lo he visto! Aún siento frío hasta en las uñas… el miedo me penetra hasta la médula… ¡Lo he visto!…

A las dos de la tarde me paseaba a pleno sol por mi rosedal; caminaba por el sendero de rosales de otoño que comienzan a florecer.

Me detuve a observar un hermoso ejemplar de Géant des Batailles, que tenía tres flores magníficas, y vi entonces con toda claridad cerca de mí que el tallo de una de las rosas se doblaba como movido por una mano invisible: ¡luego, vi que se quebraba como si la misma mano lo cortase! Luego la flor se elevó, siguiendo la curva que habría descrito un brazo al llevarla hacia una boca, y permaneció suspendida en el aire transparente, muy sola e inmóvil, como una pavorosa mancha a tres pasos de mí.

Azorado, me arrojé sobre ella para tomarla. Pero no pude hacerlo: había desaparecido. Sentí entonces rabia contra mí mismo, pues no es posible que una persona razonable tenga semejantes alucinaciones.

Pero, ¿tratábase realmente de una alucinación? Volví hacia el rosal para buscar el tallo cortado e inmediatamente lo encontré, recién cortado, entre las dos rosas que permanecían en la rama. Regresé entonces a casa con la mente alterada; en efecto, ahora estoy convencido, seguro como de la alternancia de los días y las noches, de que existe cerca de mí un ser invisible, que se alimenta de leche y agua, que puede tocar las cosas, tomarlas y cambiarlas de lugar; dotado, por consiguiente, de un cuerpo material aunque imperceptible para nuestros sentidos, y que habita en mi casa como yo…

7 DE AGOSTO

Dormí tranquilamente. Se ha bebido el agua de la botella, pero no perturbó mi sueño.

Me pregunto si estoy loco. Cuando a veces me paseo a pleno sol, a lo largo de la costa, he dudado de mi razón; no son ya dudas inciertas como las que he tenido hasta ahora, sino dudas precisas, absolutas. He visto locos. He conocido algunos que seguían siendo inteligentes, lúcidos y sagaces en todas las cosas de la vida menos en un punto. Hablaban de todo con claridad, facilidad y profundidad, pero de pronto su pensamiento chocaba contra el escollo de la locura y se hacía pedazos, volaba en fragmentos y se hundía en ese océano siniestro y furioso, lleno de olas fragorosas, brumosas y borrascosas que se llama "demencia".

Ciertamente, estaría convencido de mi locura si no tuviera perfecta conciencia de mi estado, al examinarlo con toda lucidez. En suma, yo sólo sería un alucinado que razona. Se habría producido en mi mente uno de esos trastornos que hoy tratan de estudiar y precisar los fisiólogos modernos, y dicho trastorno habría provocado en mí una profunda ruptura en lo referente al orden y a la lógica de las ideas. Fenómenos semejantes se producen en el sueño, que nos muestra las fantasmagorías más inverosímiles sin que ello nos sorprenda, porque mientras duerme el aparato verificador, el sentido del control, la facultad imaginativa vigila y trabaja. ¿Acaso ha dejado de funcionar en mí una de las imperceptibles teclas del teclado cerebral? Hay hombres que, a raíz de accidentes, pierden la memoria de los nombres propios, de las cifras o solamente de las fechas. Hoy se ha comprobado la localización de todas las partes del pensamiento. No puede sorprender entonces que en este momento se haya disminuido mi facultad de controlar la irrealidad de ciertas alucinaciones.

Pensaba en todo ello mientras caminaba por la orilla del río. El sol iluminaba el agua, sus rayos embellecían la tierra y llenaban mis ojos de amor por la vida, por las golondrinas cuya agilidad constituye para mí un motivo de alegría, por las hierbas de la orilla cuyo estremecimiento es un placer para mis oídos.

Sin embargo, paulatinamente me invadía un malestar inexplicable. Me parecía que una fuerza desconocida me detenía, me paralizaba, impidiéndome avanzar, y que trataba de hacerme volver atrás. Sentí ese doloroso deseo de volver que nos oprime cuando hemos dejado en nuestra casa a un enfermo querido y presentimos una agravación del mal.

Regresé entonces, a pesar mío, convencido de que encontraría en casa una mala noticia, una carta o un telegrama. Nada de eso había, y me quedé más sorprendido e inquieto aún que si hubiese tenido una nueva visión fantástica.

8 DE AGOSTO

Pasé una noche horrible. Él no ha aparecido más, pero lo siento cerca de mí. Me espía, me mira, se introduce en mí y me domina. Así me resulta más temible, pues al ocultarse de este modo parece manifestar su presencia invisible y constante mediante fenómenos sobrenaturales.

Sin embargo, he podido dormir.

9 DE AGOSTO

Nada ha sucedido. Pero tengo miedo.

10 DE AGOSTO

Nada. ¿Qué sucederá mañana?

11 DE AGOSTO

Nada, siempre nada; no puedo quedarme aquí con este miedo y estos pensamientos que dominan mi mente; me voy.

12 DE AGOSTO, 10 DE LA NOCHE

Durante todo el día he tratado de partir, pero no he podido. He intentado realizar ese acto tan fácil y sencillo —salir, subir en mi coche para dirigirme a Ruán— y no he podido. ¿Por qué?

13 DE AGOSTO

Cuando nos atacan ciertas enfermedades, nuestros mecanismos físicos parecen fallar. Sentimos que nos faltan las energías y que todos nuestros músculos se relajan; los huesos parecen tan blandos como la carne y la carne tan líquida como el agua. Todo eso repercute en mi espíritu de manera extraña y desoladora. Carezco de fuerzas y de valor; no puedo dominarme y ni siquiera puedo hacer intervenir mi voluntad. Ya no tengo iniciativa; pero alguien lo hace por mí, y yo obedezco.

14 DE AGOSTO

¡Estoy perdido! ¡Alguien domina mi alma y la dirige! Alguien ordena todos mis actos, mis movimientos y mis pensamientos. Ya no soy nada en mí; no soy más que un espectador prisionero y aterrorizado por todas las cosas que realizo. Quiero salir y no puedo. Él no quiere y tengo que quedarme, azorado y tembloroso, en el sillón donde me obliga a sentarme. Sólo deseo levantarme, incorporarme para sentirme todavía dueño de mí. ¡Pero no puedo! Estoy clavado en mi asiento, y mi sillón se adhiere al suelo de tal modo que no habría fuerza capaz de movernos.

De pronto, siento la irresistible necesidad de ir al huerto a cortar fresas y comerlas. Y voy. Corto fresas y las como. ¡Oh, Dios mío! ¡Dios mío! ¿Será acaso un Dios? Si lo es, ¡salvadme! ¡Libradme! ¡Socorredme! ¡Perdón! ¡Piedad! ¡Misericordia! ¡Salvadme! ¡Oh, qué sufrimiento! ¡Qué suplicio! ¡Qué horror!

15 DE AGOSTO

Evidentemente, así estaba poseída y dominada mi prima cuando fue a pedirme cinco mil francos. Obedecía a un poder extraño que había penetrado en ella como otra alma, como un alma parásita y dominadora. ¿Es acaso el fin del mundo? Pero, ¿quién es el ser invisible que me domina? ¿Quién es ese desconocido, ese merodeador de una raza sobrenatural?

Por consiguiente, ¡los invisibles existen! ¿Pero cómo es posible que aún no se hayan manifestado desde el origen del mundo en una forma tan evidente como se manifiestan en mí? Nunca leí nada que se asemejara a lo que ha sucedido en mi casa. Si pudiera abandonarla, irme, huir y no regresar más, me salvaría, pero no puedo.

16 DE AGOSTO

Hoy pude escaparme durante dos horas, como un preso que encuentra casualmente abierta la puerta de su calabozo. De pronto, sentí que yo estaba libre y que él se hallaba lejos. Ordené uncir los caballos rápidamente y me dirigí a Ruán. Qué alegría poder decirle a un hombre que obedece:

—¡Vamos a Ruán!

Hice detener la marcha frente a la biblioteca, donde solicité en préstamo el gran tratado del doctor Hermann Herestauss sobre los habitantes desconocidos del mundo antiguo y moderno.

Después, cuando me disponía a subir a mi coche, quise decir: "¡A la estación!" y grité —no dije, grité— con una voz tan fuerte que llamó la atención de los transeúntes:

—¡A casa!

Y caí pesadamente, loco de angustia, en el asiento. Él me había encontrado y volvía a posesionarse de mí.

17 DE AGOSTO

¡Ah! ¡Qué noche! ¡Qué noche! Y sin embargo me parece que debería alegrarme. Leí hasta la una de la madrugada. Hermann Herestauss, doctor en filosofía y en teogonía, ha escrito la historia y las manifestaciones de todos los seres invisibles que merodean alrededor del hombre o han sido soñados por él. Describe sus orígenes, sus dominios y sus poderes. Pero ninguno de ellos se parece al que me domina. Se diría que el hombre, desde que pudo pensar, presintió y temió la presencia de un ser nuevo, más fuerte que él —su sucesor en el mundo— y que, como no pudo prever la naturaleza de este amo, creó, en medio de su terror, todo ese mundo fantástico de seres ocultos y de fantasmas misteriosos surgidos del miedo.

Después de leer hasta la una de la madrugada, me senté junto a mi ventana abierta para refrescarme la cabeza y el pensamiento con la apacible brisa de la noche.

Era una noche hermosa y tibia, que en otra ocasión me hubiera gustado mucho. No había luna. Las estrellas brillaban en las profundidades del cielo con estremecedores destellos.

¿Quién vive en aquellos mundos? ¿Qué formas, qué seres vivientes, animales o plantas, existirán allí? Los seres pensantes de esos universos, ¿serán más sabios y más poderosos que nosotros? ¿Conocerán lo que nosotros ignoramos? Tal vez cualquiera de estos días uno de ellos atravesará el espacio y llegará a la Tierra para conquistarla, así como antiguamente los normandos sometían a los pueblos más débiles.

Somos tan indefensos, inermes, ignorantes y pequeños, sobre este trozo de lodo que gira disuelto en una gota de agua.

Pensando en eso, me adormecí en medio del fresco viento de la noche.

Pero después de dormir unos cuarenta minutos, abrí los ojos sin hacer un movimiento, despertado por no sé qué emoción confusa y extraña. En un principio no vi nada, pero de pronto me pareció que una de las páginas del libro que había dejado abierto sobre la mesa acababa de darse vuelta sola. No entraba ninguna corriente de aire por la ventana. Esperé, sorprendido. Al cabo de cuatro minutos, vi, sí, vi con mis propios ojos que una nueva página se levantaba y caía sobre la otra, como movida por un dedo. Mi sillón estaba vacío, aparentemente estaba vacío, pero comprendí que él estaba leyendo allí, sentado en mi lugar.

—¡Con un furioso salto, un salto de fiera irritada que se rebela contra el domador, atravesé la habitación para atraparlo, estrangularlo y matarlo!

Pero antes de que llegara, el sillón cayó delante de mí como si él hubiera huido… la mesa osciló, la lámpara rodó por el suelo y se apagó, y la ventana se cerró como si un malhechor sorprendido hubiese escapado por la oscuridad, tomando con ambas manos los batientes.

Había escapado; había sentido miedo, ¡miedo de mí!

Entonces, mañana… pasado mañana o cualquiera de estos… podré tenerlo bajo mis puños y aplastarlo contra el suelo. ¿Acaso a veces los perros no muerden y degüellan a sus amos?

18 DE AGOSTO

He pensado durante todo el día.

—¡Oh!, sí, voy a obedecerle, seguiré sus impulsos, cumpliré sus deseos, seré humilde, sumiso y cobarde. Él es más fuerte… hasta que llegue el momento…

19 DE AGOSTO

¡Ya sé… ya sé todo! Acabo de leer lo que sigue en la Revista del Mundo Científico:

—"Nos llega una noticia muy curiosa de Río de Janeiro. Una epidemia de locura, comparable a las demencias contagiosas que asolaron a los pueblos europeos en la Edad Media, se ha producido en el Estado de San Pablo. Los habitantes despavoridos abandonan sus casas y huyen de los pueblos, dejan sus cultivos, creyéndose poseídos y dominados, como un rebaño humano, por seres invisibles aunque tangibles, por especies de vampiros que se alimentan de sus vidas mientras los habitantes duermen, y que además beben agua y leche sin apetecerles aparentemente ningún otro alimento.

—"El profesor don Pedro Henríquez, en compañía de varios médicos eminentes, ha partido para el Estado de San Pablo a fin de estudiar sobre el terreno el origen y las manifestaciones de esta sorprendente locura, y poder aconsejar al Emperador las medidas que juzgue convenientes para apaciguar a los delirantes pobladores."

¡Ah! ¡Ahora recuerdo el hermoso bergantín brasileño que pasó frente a mis ventanas remontando el Sena, el 8 de mayo último! Me pareció tan hermoso, blanco y alegre. Allí estaba él, que venía de lejos, ¡del lugar de donde es originaria su raza! ¡Y me vio! Vio también mi blanca vivienda, y saltó del navío a la costa. ¡Oh, Dios mío!

Ahora ya lo sé y lo presiento: el reinado del hombre ha terminado.

Ha venido aquel que inspiró los primeros terrores de los pueblos primitivos. Aquel que exorcizaban los sacerdotes inquietos y que invocaban los brujos en las noches oscuras, aunque sin verlo todavía. Aquel a quien los presentimientos de los transitorios dueños del mundo adjudicaban formas monstruosas o graciosas de gnomos, espíritus, genios, hadas y duendes. Después de las groseras concepciones del espanto primitivo, hombres más perspicaces lo han presentido con mayor claridad. Mesmer lo sospechaba, y hace ya diez años que los médicos han descubierto la naturaleza de su poder de manera precisa, antes de que él mismo pudiera ejercerlo. Han jugado con el arma del nuevo Señor, con una facultad misteriosa sobre el alma humana. La han denominado magnetismo, hipnotismo, sugestión… ¡qué sé yo! ¡Los he visto divertirse como niños imprudentes con este terrible poder! ¡Desgraciados de nosotros! ¡Desgraciado del hombre! Ha llegado el… el… ¿cómo se llama?… el… parece que me gritara su nombre y no lo oyese… el… sí… grita… Escucho… ¿cómo?… repite… el… Horla… He oído… el Horla… es él… ¡el Horla… ha llegado!

¡Ah! El buitre se ha comido la paloma, el lobo ha devorado el cordero; el león ha devorado el búfalo de agudos cuernos: el hombre ha dado muerte al león con la flecha, el puñal y la pólvora, pero el Horla hará con el hombre lo que nosotros hemos hecho con el caballo y el buey: lo convertirá en su cosa, su servidor y su alimento, por el solo poder de su voluntad. ¡Desgraciados de nosotros!

No obstante, a veces el animal se rebela y mata a quien lo domestica… yo también quiero… yo podría hacer lo mismo… pero primero hay que conocerlo, tocarlo y verlo. Los sabios afirman que los ojos de los animales no distinguen las mismas cosas que los nuestros… Y mis ojos no pueden distinguir al recién llegado que me oprime. ¿Por qué? ¡Oh! Recuerdo ahora las palabras del monje del monte Saint-Michel:

—"¿Acaso vemos la cienmilésima parte de lo que existe? Observe, por ejemplo, el viento que es la fuerza más poderosa de la naturaleza, el viento que derriba hombres y edificios, que arranca de cuajo los árboles, y levanta montañas de agua en el mar, que destruye los acantilados y arroja contra ellos a las grandes naves; el viento, que silba, gime y ruge. ¿Acaso lo ha visto usted alguna vez? ¿Acaso puede verlo? ¡Y sin embargo existe!"

Y yo seguía pensando: mis ojos son tan débiles e imperfectos que ni siquiera distinguen los cuerpos sólidos cuando son transparentes como el vidrio… Si un espejo sin azogue obstruye mi camino, chocaré contra él como el pájaro que penetra en una habitación y se rompe la cabeza contra los vidrios. Por lo demás, mil cosas nos engañan y desorientan. No puede extrañar entonces que el hombre no sepa percibir un cuerpo nuevo que atraviesa la luz.

¡Un ser nuevo! ¿Por qué no? ¡No podía dejar de venir! ¿Por qué nosotros íbamos a ser los últimos? Nosotros no los distinguimos, pero tampoco nos distinguían los seres creados antes que nosotros. Ello se explica porque su naturaleza es más perfecta, más elaborada y mejor terminada que la nuestra, tan endeble y torpemente concebida, trabada por órganos siempre fatigados, siempre forzados como mecanismos demasiado complejos, que vive como una planta o como un animal, nutriéndose penosamente de aire, hierba y carne, máquina animal acosada por las enfermedades, las deformaciones y las putrefacciones; que respira con dificultad, imperfecta, primitiva y extraña, ingeniosamente mal hecha, obra grosera y delicada, bosquejo del ser que podría convertirse en inteligente y poderoso.

Existen muchas especies en este mundo, desde la ostra al hombre. ¿Por qué no podría aparecer una más, después de cumplirse el período que separa las sucesivas apariciones de las diversas especies?

¿Por qué no puede aparecer una más? ¿Por qué no pueden surgir también nuevas especies de árboles, de flores gigantescas y resplandecientes que perfumen regiones enteras? ¿Por qué no pueden aparecer otros elementos que no sean el fuego, el aire, la tierra y el agua? ¡Sólo son cuatro, nada más que cuatro, esos padres que alimentan a los seres! ¡Qué lástima! ¿Por qué no serán cuarenta, cuatrocientos o cuatro mil? ¡Todo es pobre, mezquino, miserable! ¡Todo se ha dado con avaricia, se ha inventado secamente y se ha hecho con torpeza! ¡Ah! ¡Cuánta gracia hay en el elefante y el hipopótamo! ¡Qué elegante es el camello!

Se podrá decir que la mariposa es una flor que vuela. Yo sueño con una que sería tan grande como cien universos, con alas cuya forma, belleza, color y movimiento ni siquiera puedo describir. Pero lo veo… va de estrella a estrella, refrescándolas y perfumándolas con el soplo armonioso y ligero de su vuelo… Y los pueblos que allí habitan la miran pasar, extasiados y maravillados…

¿Qué es lo que tengo? Es el Horla que me hechiza, que me hace pensar esas locuras. Está en mí, se convierte en mi alma.

—¡Lo mataré!

19 DE AGOSTO

—¡Lo mataré! ¡Lo he visto!

Anoche yo estaba sentado a la mesa y simulé escribir con gran atención. Sabía perfectamente que vendría a rondar a mi alrededor, muy cerca, tan cerca que tal vez podría tocarlo y asirlo. ¡Y entonces!… Entonces tendría la fuerza de los desesperados; dispondría de mis manos, mis rodillas, mi pecho, mi frente y mis dientes para estrangularlo, aplastarlo, morderlo y despedazarlo.

Yo acechaba con todos mis sentidos sobreexcitados.

Había encendido las dos lámparas y las ocho bujías de la chimenea, como si fuese posible distinguirlo con esa luz.

Frente a mí está mi cama, una vieja cama de roble; a la derecha la chimenea; a la izquierda la puerta cerrada cuidadosamente, después de dejarla abierta durante largo rato a fin de atraerlo; detrás de mí un gran armario con espejos que todos los días me servía para afeitarme y vestirme y donde acostumbraba mirarme de pies a cabeza cuando pasaba frente a él.

Como dije antes, simulaba escribir para engañarlo, pues él también me espiaba. De pronto, sentí, sentí, tuve la certeza de que leía por encima de mi hombro, de que estaba allí rozándome la oreja. Me levanté con las manos extendidas, girando con tal rapidez que estuve a punto de caer. Pues bien… se veía como si fuera pleno día, ¡y sin embargo no me vi en el espejo!… ¡Estaba vacío, claro, profundo y resplandeciente de luz! ¡Mi imagen no aparecía y yo estaba frente a él! Veía aquel vidrio totalmente límpido de arriba abajo. Y lo miraba con ojos extraviados; no me atrevía a avanzar, y ya no tuve valor para hacer un movimiento más. Sentía que él estaba allí, pero que se me escaparía otra vez, con su cuerpo imperceptible que me impedía reflejarme en el espejo.

¡Cuánto miedo sentí! De pronto, mi imagen volvió a reflejarse pero como si estuviese envuelta en la bruma, como si la observase a través de una capa de agua. Me parecía que esa agua se deslizaba lentamente de izquierda a derecha y que paulatinamente mi imagen adquiría mayor nitidez. Era como el final de un eclipse. Lo que la ocultaba no parecía tener contornos precisos; era una especie de transparencia opaca, que poco a poco se aclaraba.

Por último, pude distinguirme completamente como todos los días.

¡Lo había visto! Conservo el espanto que aún me hace estremecer.

20 DE AGOSTO

¿Cómo podré matarlo si está fuera de mi alcance?

¿Envenenándolo? Pero él me verá mezclar el veneno en el agua, y tal vez nuestros venenos no tienen ningún efecto sobre un cuerpo imperceptible. No… no… decididamente no. Pero entonces… ¿qué haré entonces?

21 DE AGOSTO

He llamado a un cerrajero de Ruán y le he encargado persianas metálicas, como las que tienen algunas residencias particulares de París, en la planta baja, para evitar los robos. Me haré además una puerta similar. Me debe haber tomado por un cobarde, pero no importa…

10 DE SEPTIEMBRE

Ruán, Hotel Continental. Ha sucedido… ha sucedido… pero, ¿habrá muerto? Lo que vi me ha trastornado.

Ayer, después que el cerrajero colocó la persiana y la puerta de hierro, dejé todo abierto hasta medianoche, a pesar de que comenzaba a hacer frío. De improviso, sentí que estaba aquí y me invadió la alegría, una enorme alegría. Me levanté lentamente y caminé en cualquier dirección durante algún tiempo para que no sospechase nada. Luego me quité los botines y me puse distraídamente unas pantuflas. Cerré después la persiana metálica y regresé con paso tranquilo hasta la puerta, cerrándola también con dos vueltas de llave. Regresé entonces hacia la ventana, la cerré con un candado y guardé la llave en el bolsillo.

De pronto, comprendí que se agitaba a mi alrededor, que él también sentía miedo, y que me ordenaba que le abriera. Estuve a punto de ceder, pero no lo hice. Me acerqué a la puerta y la entreabrí lo suficiente como para poder pasar retrocediendo, y como soy muy alto, mi cabeza llegaba hasta el dintel. Estaba seguro de que no había podido escapar y allí lo acorralé, solo, completamente solo.

—¡Qué alegría! ¡Había caído en mi poder!

Entonces descendí corriendo a la planta baja; tomé las dos lámparas que se hallaban en la sala situada debajo de mi habitación y, con el aceite que contenían, rocié la alfombra, los muebles, todo. Luego les prendí fuego, y me puse a salvo después de cerrar bien, con dos vueltas de llave, la puerta de entrada.

Me escondí en el fondo de mi jardín, tras un macizo de laureles. ¡Qué larga me pareció la espera! Reinaba la más completa oscuridad, gran quietud y silencio; no soplaba la menor brisa, no había una sola estrella, nada más que montañas de nubes que, aunque no se veían, hacían sentir su gran peso sobre mi alma.

Miraba mi casa y esperaba. ¡Qué larga era la espera! Creía que el fuego ya se había extinguido por sí solo o que él lo había extinguido. Hasta que vi que una de las ventanas se hacía astillas debido a la presión del incendio, y una gran llamarada roja y amarilla, larga, flexible y acariciante, ascendía por la pared blanca hasta rebasar el techo. Una luz se reflejó en los árboles, en las ramas y en las hojas, y también un estremecimiento, ¡un estremecimiento de pánico! Los pájaros se despertaban; un perro comenzó a ladrar; parecía que iba a amanecer. De inmediato, estallaron otras ventanas, y pude ver que toda la planta baja de mi casa ya no era más que un espantoso brasero.

Pero se oyó un grito en medio de la noche, un grito de mujer horrible, sobreagudo y desgarrador, al tiempo que se abrían las ventanas de dos buhardillas.

—¡Me había olvidado de los criados! ¡Vi sus rostros enloquecidos y sus brazos que se agitaban!

Despavorido, eché a correr hacia el pueblo gritando:

—¡Socorro! ¡Socorro! ¡Fuego! ¡Fuego!

Encontré gente que ya acudía al lugar y regresé con ellos para ver.

La casa ya sólo era una hoguera horrible y magnífica, una gigantesca hoguera que iluminaba la tierra, una hoguera donde ardían los hombres, y él también. Él, mi prisionero, el nuevo Ser, el nuevo amo, ¡el Horla!

De pronto el techo entero se derrumbó entre las paredes y un volcán de llamas ascendió hasta el cielo. Veía esa masa de fuego por todas las ventanas abiertas hacia ese enorme horno, y pensaba que él estaría allí, muerto en ese horno…

—¿Muerto? ¿Será posible? ¿Acaso su cuerpo, que la luz atravesaba, podía destruirse por los mismos medios que destruyen nuestros cuerpos?

—¿Y si no hubiera muerto?

Tal vez sólo el tiempo puede dominar al Ser Invisible y Temido. ¿Para qué ese cuerpo transparente, ese cuerpo invisible, ese cuerpo de Espíritu, si también está expuesto a los males, las heridas, las enfermedades y la destrucción prematura?

—¿La destrucción prematura? ¡Todo el temor de la humanidad procede de ella!

Después del hombre, el Horla. Después de aquel que puede morir todos los días, a cualquier hora, en cualquier minuto, en cualquier accidente, ha llegado aquel que morirá solamente un día determinado, en una hora y en un minuto determinados, al llegar al límite de su vida.

—No… no… no hay duda, no hay duda… no ha muerto…

Entonces, tendré que suicidarme…

EL TAPIZ AMARILLO

Por CHARLOTTE PERKINS GILMAN[6]

No es nada habitual que gente corriente como John y yo alquile casas solariegas para el verano. Una mansión colonial, una heredad... Diría que una casa encantada, y llegaría a la cúspide de la felicidad romántica. ¡Pero eso sería pedir demasiado al destino!

De todos modos, diré con orgullo que hay algo extraño en ella. Si no, ¿por qué iba ser tan barato el alquiler? ¿Y por qué iba a llevar tanto tiempo desocupada?

John se ríe de mí, claro, pero es lo que se espera del matrimonio.

John es sumamente práctico. No tiene paciencia con la fe, la superstición le produce un horror intenso, y se burla abiertamente en cuanto oye hablar de cualquier cosa que no se pueda tocar, ver y reducir a cifras.

John es médico, y es posible (claro que no se lo diría a nadie, pero esto lo escribo sólo para mí, y con gran alivio por mi parte), es posible, digo, que ése sea el motivo de que no me cure más deprisa.

¡Es que no se cree que esté enferma!

¿Y qué se le va a hacer?

Si un médico de prestigio, que además es tu marido, asegura a los amigos y a los parientes que lo que le pasa a su mujer no es nada grave, sólo una depresión nerviosa transitoria (una ligera propensión a la histeria), ¿qué se le va a hacer?

Mi hermano, que también es un médico de prestigio, dice lo mismo.

O sea, que tomo no sé si fosfatos o fosfitos, y tónicos, y viajo, y respiro aire fresco, y hago ejercicio, y tengo terminantemente prohibido «trabajar» hasta que vuelva a encontrarme bien.

---

[6] Nombre completo: Charlotte Anna Perkins Stetson Gilman. Nació: 3 de julio de 1860, Hartford, Connecticut, EE. UU. Murió: 17 de agosto de 1935, Pasadena, California, EE. UU. Géneros: Ensayista, narradora, poeta, activista feminista. Obras más importantes: El tapiz amarillo (1892), Herland (1915), Las mujeres y la Economía (1898). Pionera del pensamiento feminista; El tapiz amarillo es un relato fundamental sobre salud mental y opresión femenina.

Personalmente disiento de sus ideas. Personalmente creo que un trabajo agradable, interesante y variado, me sentaría bien. Pero ¿qué se le va a hacer?

Durante una temporada sí que escribí, a pesar de lo que dijeran; pero es verdad que me agota bastante. Tener que llevarlo con tanto disimulo, a riesgo de topar con una oposición firme…

A veces me parece que en mi estado, con algo menos de oposición y más trato con la gente, más estímulos… Pero John dice que lo peor que puedo hacer es pensar en mi estado, y confieso que hacerlo me produce siempre malestar.

Así que cambiaré de tema y hablaré de la casa.

¡Qué maravilla de finca! Es bastante solitaria, apartada de la carretera, a sus buenos cinco kilómetros del pueblo. Me recuerda esas casas inglesas que salen en los libros, porque tiene setos, muros y verjas que se cierran con candado, y muchas casitas desperdigadas para los jardineros y la gente.

¡Además tiene un jardín que es una preciosidad! No lo he visto igual en mi vida: grande, con mucha sombra, cruzado por caminitos con boj en los bordes, y en todas partes hay pérgolas largas, con parras y asientos debajo.

También había invernaderos, pero están todos rotos.

Tengo entendido que hubo problemas legales, una cuestión de herederos y coherederos; el caso es que lleva años vacía.

Me temo que eso da al traste con lo del fantasma, pero me da igual: en esta casa hay algo raro. Lo noto.

Hasta se lo dije a John una noche de luna, pero me contestó que lo que notaba era corriente de aire, y cerró la ventana. ¡Corriente de aire!

A veces me enfado con John sin motivo. Estoy más sensible que antes, eso seguro. Yo creo que es por mi problema de nervios.

Pero John dice que si pienso eso me olvidaré de controlarme como es debido; así que hago esfuerzos por controlarme, al menos en su presencia, cosa que me cansa mucho.

No me gusta nada el dormitorio. Yo quería uno de la planta baja que daba a la galería, con rosas enmarcando la ventana y unas colgaduras de chintz anticuadas que eran una preciosidad; pero John se negó en redondo.

Dijo que sólo había una ventana, que el espacio no daba para dos camas y que tampoco había ningún otro dormitorio cerca para que se instalara él.

Es muy atento, muy cariñoso, y casi no me deja dar un paso sin intervenir.

Me ha preparado un horario con indicaciones para cada hora del día. John se ocupa de todo, y claro, yo me siento una mezquina y una desagradecida por no valorarlo más.

Dijo que si habíamos venido a esta casa era exclusivamente por mí, que aquí tendría reposo absoluto y todo el aire que se puede respirar. «El ejercicio que hagas depende de tu fuerza, cariño –dijo–, y lo que comas, en cierto modo, de tu apetito, pero el aire lo puedes absorber en todo momento.» En definitiva, que nos instalamos en el cuarto de los niños, el más alto de la casa.

Es una habitación grande y aireada, que ocupa casi toda la planta, con ventanas orientadas a todos los flancos, y aire y sol a raudales. Por lo que se ve empezó siendo cuarto de los niños, luego sala de juegos y al final gimnasio, porque en las ventanas hay barrotes para niños pequeños, y en las paredes anillas y otras cosas.

Es como si la pintura y el papel de pared estuvieran gastados por todo un colegio. Está arrancado (el papel) a trozos grandes alrededor del cabezal de mi cama, más o menos hasta donde llego con el brazo, y en una zona grande de la pared de enfrente, cerca del suelo. En mi vida he visto un papel más feo.

Uno de esos diseños vistosos y exagerados que cometen todos los pecados artísticos habidos y por haber.

Es lo bastante soso para confundir al ojo que lo sigue, lo bastante pronunciado para irritar constantemente e incitar a su examen, y cuando sigues un rato las líneas, pobres y confusas, de repente se suicidan: se tuercen en ángulos exagerados y se destruyen a sí mismas en contradicciones inconcebibles.

El color es repelente, casi repugnante: un amarillo chillón y sucio, desteñido de manera rara por la luz del sol, que se desplaza lentamente. En algunas partes se convierte en un naranja paliducho y desagradable, y en otras coge un tono verdoso repelente.

¡No me extraña que no les gustara a los niños! Yo, si tuviera que vivir mucho tiempo en esta habitación, también lo odiaría.

Viene John. Tengo que esconder esto. Le irrita que escriba. Llevamos dos semanas en la casa y desde el primer día no he vuelto a tener ganas de escribir.

Estoy sentada al lado de la ventana, en este cuarto de los niños que es una atrocidad, y nada me impide explayarme todo lo que quiera, como no sea la falta de fuerzas.

John se pasa el día fuera, y hasta hay noches en que tiene casos graves y se queda.

¡Me alegro de que no lo sea el mío!

Aunque estos problemas de nervios son lo más deprimente que hay.

John no sabe lo que sufro. Sabe que no hay «motivo» para sufrir, y con eso le basta.

Claro que sólo son nervios. ¡Me agobian tanto que dejo de hacer lo que tendría que hacer!

¡Yo que tenía tantas ganas de ayudar a John, de servirle de descanso y de consuelo, y aquí estoy, tan joven y convertida en una carga!

Nadie se creería el esfuerzo que representa lo poco que puedo hacer: vestirme, recibir visitas y hacer pedidos.

Suerte que Mary tiene tanta maña con el bebé. ¡Qué monada de criatura!

Pero no puedo, no puedo estar con él. ¡Me pongo tan nerviosa…!

Supongo que John no habrá estado nervioso en toda su vida. ¡Cómo se ríe de mí por el papel de pared!

Al principio quiso poner uno nuevo, pero luego dijo que estaba dejando que me obsesionara, y que para una enferma de los nervios no hay nada peor que ceder a esa clase de fantasías.

Dijo que una vez puesto un papel nuevo pasaría lo mismo con la cama, tan maciza, y luego con los barrotes de las ventanas, y luego con la reja que hay al final de la escalera, y que se convertiría en el cuento de nunca acabar.

—Tú sabes que este sitio te sienta bien —dijo—, y francamente, cariño, no pienso reformar la casa sólo para un alquiler de tres meses.

—Pues vamos abajo —dije yo—. Abajo hay dormitorios muy bonitos.

Entonces me tomó en brazos y me llamó tontita. Dijo que, si se lo pedía, él bajaría al sótano y hasta lo encalaría.

De todas maneras, tiene razón con lo de las camas, las ventanas y el resto.

Es una habitación tan aireada y cómoda que más no se puede pedir. Lógicamente, no voy a ser tan tonta como para incomodar a John por un simple capricho.

La verdad es que me estoy encariñando con el dormitorio. Con todo, menos con ese papel tan horrible.

Por una ventana se ve el jardín, las misteriosas pérgolas con su sombra impenetrable, las flores de otra época creciendo por todas partes, los arbustos, los árboles nudosos…

Por otra tengo una vista encantadora de la bahía y de un embarcadero pequeño, privado, que pertenece a la casa. Se baja por un caminito precioso, con mucha sombra. Siempre me imagino que veo gente caminando por todos esos caminos y pérgolas, pero John me ha avisado de que no alimente fantasías. Dice que, con la imaginación que tengo y con mi costumbre de inventarme cosas, una debilidad nerviosa como la mía sólo puede desembocar en toda clase de fantasías desbordantes, y que debería usar mi fuerza de voluntad y mi sentido común para controlar esa tendencia. Es lo que intento.

A veces pienso que, si tuviera fuerzas para escribir un poco, se aligeraría la presión de las ideas y podría descansar.

Pero cada vez que lo intento me doy cuenta de que me canso mucho.

¡Desanima tanto que nadie me aconseje ni me haga compañía en mi trabajo! John dice que, cuando me ponga bien del todo, invitaremos varios días al primo Henry y a Julia; pero dice que, en este momento, preferiría ponerme petardos en el cojín que dejarme en una compañía tan estimulante.

Ojalá me curara más deprisa.

Pero no tengo que pensarlo. ¡Me da la impresión de que este papel sabe la mala influencia que tiene!

Hay una zona recurrente donde el dibujo se dobla como un cuello roto, y te miran dos ojos saltones puestos al revés.

Es tan impertinente, tan pertinaz, que me pone furiosa. Se repite hacia arriba, hacia abajo, de lado, y por todas partes aparecen esos ojos ridículos, mirándome sin pestañear. Hay un sitio donde no encajan bien dos rollos, y los ojos se repiten de arriba a abajo, uno más alto que el otro.

Nunca había visto tanta expresión en una cosa inanimada, ¡y ya se sabe lo expresivas que son! De niña me quedaba despierta en la cama, y sacaba más diversión y más miedo de una pared en blanco o de un mueble normal y corriente que la mayoría de los niños en una tienda de juguetes.

Aún me acuerdo de la simpatía con que me guiñaban el ojo los tiradores de nuestro escritorio antiguo, y había una silla a la que siempre tuve por una amiga fiel.

Me parecía que, si alguna de las demás cosas tenía un aspecto demasiado amenazador, siempre podía subirme a la silla y ponerme a salvo.

Lo peor que puede decirse del mobiliario de esta habitación es que le falta armonía, porque tuvimos que subirlo de la planta baja. Supongo que, cuando servía de sala de juegos, tuvieron que quitar todo lo de cuando eran pequeños los niños. ¡No me extraña! Nunca he visto unos destrozos como los que hicieron aquí los chavales.

Ya he dicho que el papel de pared está arrancado en varios sitios, y eso que estaba bien pegado. Además de odio, debían de tener perseverancia.

El suelo, además, está cubierto de rayas, agujeros y trozos desprendidos. Hasta el yeso tiene algún que otro boquete, y esta cama tan grande y pesada, que es lo único que encontramos en la habitación, parece salida de una guerra.

Pero a mí me da igual. Sólo me molesta el papel.

Viene la hermana de John. ¡Qué atenta es, y qué bien me trata! Que no me encuentre escribiendo.

Es un ama de casa perfecta y entusiasta, y no aspira a ninguna otra profesión. ¡Estoy convencida de que para ella estoy enferma porque escribo!

Pero cuando no está, puedo seguir escribiendo, y estas ventanas hacen que la vea de muy lejos.

Hay una que da a la carretera, una carretera muy bonita y con muchas curvas. Otra tiene vistas al campo. También es bonita, llena de olmos frondosos y de prados aterciopelados.

Este papel de pared tiene una especie de dibujo secundario en otro color; es de lo más irritante, porque sólo se ve cuando la luz entra de según qué manera, y ni siquiera así queda nítido.

Pero en las partes donde no se ha descolorido, y donde da el sol así… Veo una especie de figura extraña, provocadora, amorfa, algo que parece acechar por detrás de ese dibujo principal tan tonto y llamativo.

¡Ya sube la hermana!

¡Bueno, pues ya ha pasado el cuatro de julio! Se han marchado todos y estoy agotada. John pensó que me iría bien ver a gente, y por eso hemos tenido a mamá, a Nellie y a los niños durante una semana.

Yo no he hecho nada, claro. Ahora se ocupa Jennie de todo.

Pero igualmente me he cansado.

John dice que, si no mejoro más deprisa, me enviará en otoño a ver al doctor Weir Mitchell.

Yo no quiero ir por nada del mundo. Una vez fue a verlo una amiga y dice que es igual que John y que mi hermano, sólo que peor.

Además, un viaje tan largo son palabras mayores.

Tengo la sensación de que no vale la pena esforzarse por nada, y es horrible lo nerviosa y quejica que me estoy poniendo.

Lloro por nada, y me paso casi todo el día llorando.

Cuando está John no lloro, claro, ni con él ni con nadie, pero cuando estoy sola sí.

Y últimamente paso mucho tiempo sola. A menudo John se queda en la ciudad por casos graves, y Jennie, que es buena, me deja sola siempre que se lo pido.

Entonces paseo un poco por el jardín o por aquel caminito tan simpático, o me siento en el porche debajo de las rosas, y paso bastante tiempo estirada aquí arriba.

Me está gustando mucho el dormitorio, a pesar del papel de pared. O puede que a causa de él…

¡Lo tengo tan metido en la cabeza!

Me quedo estirada en esta cama enorme e imposible de mover (yo creo que está clavada al suelo), y me paso horas siguiendo el dibujo. Va tan bien como hacer gimnasia, en serio. Por ejemplo: empiezo por la base, en aquella esquina donde no lo han arrancado, y me comprometo por enésima vez a seguir ese dibujo absurdo hasta llegar a algún tipo de conclusión.

Algo sé de los principios del diseño, y veo que este dibujo no sigue ninguna ley de radiación, alternancia, repetición, simetría o cualquier otro principio que conozca yo.

Se repite en cada rollo, lógicamente, pero en nada más.

Según cómo se mire, cada rollo es independiente, y las pomposas curvas y adornos (una especie de «románico degenerado» con delirium tremens) suben y bajan torpemente en columnas aisladas y fatuas.

En cambio, visto de otra manera, se conectan en diagonal, y la proliferación de líneas crea grandes oleadas de horror óptico, como una vasta extensión de algas movidas por la corriente.

También funciona en sentido horizontal, o al menos lo parece. Me esfuerzo tanto en distinguir el orden que sigue en esa dirección que acabo cansada.

Pusieron un rollo en horizontal, a modo de friso. Parece mentira lo que ayuda eso a complicarlo todavía más.

Hay una esquina de la habitación donde está casi intacto, y cuando ya no se cruzan los rayos de sol y le da directamente la luz del atardecer, casi me parece que sí que hay radiación. Los interminables grotescos dan la impresión de originarse en un centro común, y de salir todos despedidos con el mismo enloquecimiento.

Me cansa seguirlo con la vista. Me parece que voy a echar una cabezadita.

No sé por qué escribo esto.

No quiero escribirlo.

No me siento capaz.

Además, sé que a John le parecería absurdo. ¡Pero de alguna manera tengo que decir lo que siento y lo que pienso! ¡Es un alivio tan grande…!

Aunque el esfuerzo está siendo más grande que el alivio.

Ahora me paso la mitad del tiempo con una pereza horrible, y me tiendo con mucha frecuencia.

John dice que no tengo que perder fuerzas. Me ha hecho tomar aceite de hígado de bacalao, tónicos a mansalva y no sé qué más; y no hablemos de la cerveza, el vino y la carne poco hecha.

¡Qué bueno es John! Me quiere mucho, y no le gusta nada que esté enferma. El otro día intenté hablar con él en serio y contarle las ganas que tengo de que me deje salir y hacer una visita al primo Henry y Julia.

Pero dijo que no estaba en condiciones de hacer el viaje, ni de resistirlo una vez ahí; y yo no me defendí demasiado bien, porque antes de acabar ya estaba llorando.

Me está costando mucho razonar. Supongo que será por los nervios.

Y el bueno de John me tomó en brazos, me llevó arriba, me puso en la cama y me leyó hasta que se me cansó la cabeza.

Dijo que yo era la niña de sus ojos, su consuelo, lo único que tenía en el mundo; que tengo que cuidarme por él y ponerme bien.

Dice que de esto sólo puedo salir yo misma; que tengo que usar mi voluntad y mi autocontrol, y no dejarme vencer por fantasías tontas.

Una cosa me consuela: el bebé está bien de salud y contento, y no tiene que estar en este espantoso cuarto de los niños, con su horrendo papel de pared.

¡Si no lo hubiéramos usado nosotros habría sido para el pobre niño! ¡Qué suerte habérselo ahorrado! Ni muerta dejaría yo que un hijo mío, una cosita tan impresionable, viviera en una habitación así.

Es la primera vez que lo pienso, pero, a fin de cuentas, es una suerte que John me dejara aquí. Lo digo porque puedo soportarlo mucho mejor que un bebé.

Claro que ahora ya no se lo comento a nadie. ¡Tan tonta no soy! Pero sigo observándolo.

En ese papel hay cosas que sólo sé yo; cosas que no sabrá nadie más.

Cada día se destacan más las formas imprecisas que hay detrás del dibujo principal.

Siempre es la misma forma, sólo que muy repetida.

Y es como una mujer agachada, arrastrándose detrás del dibujo. No me gusta nada. Me pregunto si… Empiezo a pensar… ¡Ojalá que John se me llevase de aquí!

Es muy difícil hablar con John de mi caso, porque es tan listo, y me quiere tanto…

De todos modos, anoche lo intenté.

Había luna. La luna entra por todos los lados, igual que el sol.

Hay veces en que odio verla; va subiendo muy poco a poco, y siempre entra por alguna de las ventanas.

John dormía, y como no me gusta despertarlo, me quedé quieta y miré la luz de la luna sobre el papel de pared ondulante, hasta que me entró miedo.

Parecía que la figura borrosa de detrás sacudiera el dibujo, como si quisiera salir.

Me levanté sigilosamente y fui a tocar el papel, a ver si era verdad que se movía. Cuando volví, John estaba despierto.

—¿Qué te pasa, criatura? —dijo—. No te pasees así, que te resfriarás.

Me pareció buen momento para hablar. Le dije que aquí no mejoro nada y que tenía ganas de que se me llevara a otra parte.

—¡Pero, cariño! —contestó—. Nos quedan tres semanas de alquiler, y no se me ocurre ninguna manera de marcharnos antes.

—En casa aún no están hechas las reparaciones, y no puedo marcharme de la ciudad así como así. Si corrieras peligro, lo haría, por supuesto, pero la cuestión es que estás mejor, amor mío, aunque tú no te des cuenta. Soy médico, cariño, y sé lo que me digo. Estás ganando peso y color, y tu apetito mejora. La verdad es que estoy mucho más tranquilo que antes.

—No peso ni un gramo más —dije—; al revés. ¡Y puede que mi apetito haya mejorado por las noches, cuando estás tú, pero por la mañana, cuando te vas, está peor!

—¡Pobre cielito mío! —dijo John, abrazándome con fuerza—. ¡Te dejo estar todo lo enferma que quieras! Pero a ver si ahora aprovechamos para dormir. Ya hablaremos mañana por la mañana.

—¿O sea que no quieres marcharte? —pregunté con voz triste.

—¿Cómo quieres que me vaya, mi vida? Tres semanitas más y saldremos de viaje unos días, mientras Jennie acaba de preparar la casa. Estás mejor, cariño. Hazme caso.

—Físicamente puede que sí… —empecé a decir; pero me quedé a media frase, porque John se incorporó y me dirigió una mirada tan seria y cargada de reproche que no fui capaz de seguir hablando.

—Cariño —dijo—, te ruego por mi bien y el de nuestro hijo, además del tuyo, que no dejes que se te meta esa idea en la cabeza ni un segundo. Para un carácter como el tuyo no hay nada más peligroso. Ni más fascinante. Es una idea falsa, además de tonta. ¿No te fías de mi palabra de médico?

Yo, como es lógico, no dije nada más al respecto. Tardamos poco en acostarnos. John creyó que había sido la primera en dormirme, pero era mentira. Me quedé despierta varias horas, tratando de decidir si el dibujo principal y el de detrás se movían juntos o separados.

En un dibujo de esta clase, a la luz del sol, hay una falta de secuencia, un desafío a las leyes que produce irritación constante en un cerebro normal.

El color, de por sí, ya es bastante repulsivo, bastante inestable y bastante exasperante, pero el dibujo es una tortura.

Te parece que lo tienes dominado, pero justo cuando lo sigues sin perderte da una voltereta hacia atrás y se acabó lo que se daba. Te pega un bofetón, te tira al suelo y te pisotea. Es como una pesadilla.

El dibujo principal es un arabesco recargado que recuerda a un hongo. Hay que imaginarse una seta con articulaciones, una ristra interminable de setas, brotando en circunvoluciones que no se acaban nunca. Es algo así.

¡Pero sólo a veces!

Este papel tiene una peculiaridad muy marcada, algo que por lo visto sólo noto yo: que cambia con la luz.

Cuando entra el sol de lleno por la ventana del este (yo siempre vigilo la aparición del primer rayo), cambia tan deprisa que nunca acabo de creérmelo.

Por eso siempre lo observo.

A la luz de la luna (cuando hay luna entra luz toda la noche) no me parece el mismo papel.

¡De noche, sea cual sea la fuente de luz (el crepúsculo, una vela, la lámpara o la luz de la luna, que es la peor), se convierte en barrotes! Me refiero al dibujo principal, y la mujer de detrás se ve con absoluta claridad.

Tardé bastante en reconocer lo que se ve detrás, ese dibujo secundario tan impreciso, pero ahora estoy segura de que es una mujer.

A la luz del día está borrosa, inmóvil. Yo creo que no se mueve por el dibujo principal. ¡Es tan desconcertante…! Yo, mirándolo, me quedo horas sin moverme.

Últimamente paso mucho tiempo estirada. John dice que me conviene y que tengo que dormir todo lo que pueda.

Lo cierto es que empecé por culpa suya, porque me obligaba a estirarme una hora después de cada comida.

Estoy convencida de que es mala costumbre, porque el caso es que no duermo.

Y eso fomenta el engaño, porque no le digo a nadie que estoy despierta. ¡Ni hablar!

El caso es que le estoy tomando un poco de miedo a John.

Hay veces en que lo veo muy raro, y hasta Jennie tiene una mirada inexplicable.

De vez en cuando, como mera hipótesis científica, pienso... ¡que quizá sea el papel!

En más de una ocasión he observado a John sin que se diera cuenta, uno de esos días en que entraba en el dormitorio sin avisar con cualquier excusa inocente, y lo he sorprendido varias veces mirando el papel. A Jennie también. Una vez sorprendí a Jennie tocándolo.

Ella no sabía que yo estuviera en la habitación, y cuando le pregunté con voz tranquila, muy tranquila, controlándome al máximo, qué hacía con el papel... ¡dio media vuelta como si la hubieran sorprendido robando, y me miró con cara de enfadada! ¡Me preguntó que por qué la asustaba!

Luego dijo que el papel lo manchaba todo, que había encontrado manchas amarillas en toda mi ropa y en la de John, y que a ver si teníamos más cuidado.

Qué inocente, ¿verdad? ¡Pues yo sé que está estudiando el dibujo, y estoy decidida a ser la única que descubra la solución!

Mi vida se ha vuelto mucho más interesante. Es porque tengo algo más que esperar, que vigilar. La verdad es que como mejor y estoy más tranquila que antes.

¡Qué contento está John de que mejore! El otro día se rió un poco y dijo que se me veía más sana, a pesar del papel de pared.

Yo, para no hablar del tema, me reí. No tenía la menor intención de decirle que la causa era justamente el papel de pared. Se habría burlado. Hasta puede que hubiera querido sacarme de esta casa.

Ahora no quiero irme hasta que haya descubierto la solución. Queda una semana, y creo que será suficiente.

¡Me encuentro cada vez mejor! De noche no duermo mucho, por lo interesante que es observar los acontecimientos; de día, en cambio, duermo bastante.

De día cansa y desconcierta.

Siempre hay nuevos brotes en el hongo, y nuevos matices de amarillo por todo el dibujo. Ni siquiera puedo llevar la cuenta, y eso que lo he intentado concienzudamente.

¡Qué amarillo más raro, el del papel! Me recuerda todo lo amarillo que he visto en mi vida; no cosas bonitas, como los ranúnculos, sino cosas amarillas podridas y maléficas.

Todavía hay otra cosa en el papel: ¡el olor! Lo noté en cuanto entramos en la habitación, pero con tanto aire y tanto sol no molestaba. Ahora llevamos una semana de niebla y lluvia, y da igual que estén cerradas o abiertas las ventanas, porque el olor no se marcha.

Se infiltra por toda la casa.

Lo encuentro flotando por el comedor, agazapado en el salón, escondido en el vestíbulo, acechándome en la escalera.

Se me mete en el pelo.

Hasta cuando salgo a montar a caballo. De repente giro la cabeza y lo sorprendo: ¡ahí está el olor!

¡Y qué raro es! Me he pasado horas intentando analizarlo, para saber a qué olía.

Malo no es, al menos al principio. Es muy suave. Nunca había olido nada tan sutil y a la vez tan persistente.

Con esta humedad resulta asqueroso. De noche me despierto y lo descubro flotando sobre mí.

Al principio me molestaba. Llegué a pensar seriamente en quemar la casa, sólo para matar el olor.

Ahora, en cambio, me he acostumbrado. ¡Lo único que se me ocurre es que se parece al color del papel! Un olor amarillo.

Hay una marca muy rara en la pared, por la parte de abajo, cerca del zócalo: una raya que recorre toda la habitación. Pasa por detrás de todos los muebles, menos de la cama. Es una mancha larga, recta y uniforme, como de haber frotado algo muchas veces.

Me gustaría saber cómo y quién la hizo, y para qué. Vueltas, vueltas y vueltas. Vueltas, vueltas y vueltas. ¡Me marea!

Por fin he hecho un verdadero hallazgo.

A fuerza de mirarlo cada noche, cuando cambia tanto, he acabado por descubrir la solución.

El dibujo principal se mueve, efectivamente. ¡Y no me extraña! ¡Lo sacude la mujer de detrás!

A veces pienso que detrás hay varias mujeres; otras veces, que sólo hay una, que se arrastra a toda velocidad y que el hecho de arrastrarse lo sacude todo.

En las partes muy iluminadas se queda quieta, mientras que en las más oscuras coge las barras y las sacude con fuerza.

Siempre quiere salir, pero ese dibujo no hay quien lo atraviese. ¡Es tan asfixiante! Yo creo que es la explicación de que tenga tantas cabezas.

Lo atraviesan, y luego el dibujo las estrangula, las deja boca abajo y les pone los ojos en blanco.

Si estuvieran tapadas las cabezas, o arrancadas, no sería ni la mitad de desagradable.

¡Me parece que la mujer sale de día!

Voy a decir por qué, pero que no se entere nadie: ¡la he visto!

¡La veo por todas mis ventanas!

Estoy segura de que es la misma mujer, porque siempre se arrastra, y hay pocas mujeres que se arrastren a la luz del día.

La veo por el camino largo que pasa debajo de los árboles. Se arrastra, y cuando pasa un coche de caballos se esconde debajo de las zarzamoras.

La entiendo perfectamente. ¡Debe de ser muy humillante que te sorprendan arrastrándote en pleno día!

Yo, cuando me arrastro de día, siempre cierro con llave. De noche no puedo, porque sé que John enseguida sospecharía algo.

Y últimamente está tan raro que prefiero no irritarlo. ¡Ojalá se cambiara de habitación!

Además, no quiero que a esa mujer la saque nadie de noche como no sea yo.

A menudo me pregunto si podría verla por todas las ventanas a la vez.

Pero por muy deprisa que dé vueltas, sólo consigo mirar por una.

¡Y aunque siempre la vea, cabe la posibilidad de que la velocidad con que anda a gatas sea mayor que la de mis vueltas!

Alguna vez la he visto lejos, en campo abierto, arrastrándose con la misma rapidez que la sombra de una nube en un día de viento.

¡Ojalá el dibujo principal pudiera separarse del de debajo! Me propongo intentarlo poco a poco.

¡He descubierto otra cosa extraña, pero esta vez no pienso decirla! No conviene fiarse demasiado de la gente.

Sólo quedan dos días para quitar el papel, y me parece que John empieza a notar algo. No me gusta cómo me mira.

Además, le he oído hacer a Jennie muchas preguntas profesionales sobre mí. El informe de Jennie era muy bueno.

Dice que de día duermo mucho.

¡John sabe que de noche no duermo demasiado bien, y eso que casi no me muevo!

También me hizo toda clase de preguntas a mí, fingiéndose muy tierno y atento.

¡Como si no se le notara!

De todos modos, no me extraña nada su comportamiento, después de tres meses durmiendo debajo de este papel.

Lo mío sólo es interés, pero estoy segura de que a John y a Jennie, en secreto, les afecta.

¡Hurra! Es el último día, pero no me hace falta ninguno más. John se queda a dormir en la ciudad, y no volverá hasta tarde.

Jennie quería dormir conmigo, la muy pilla, pero le he dicho que descansaría mucho mejor quedándome sola una noche.

¡Una respuesta muy astuta, porque la verdad es que no he estado sola en absoluto! En cuanto salió la luna y la pobre mujer empezó a arrastrarse y sacudir el dibujo, me levanté y corrí a ayudarla.

Yo estiraba, y ella sacudía; luego sacudía yo y estiraba ella, y antes del amanecer habíamos arrancado varios metros de papel.

Una franja como yo de alta, y de ancha como la mitad de la habitación.

¡Después, cuando ha salido el sol y el dibujo ha empezado a burlarse de mí, he jurado acabar con él hoy mismo!

Nos vamos mañana. Están trasladando todos mis muebles a la planta baja para dejarlo todo como al llegar.

Jennie ha mirado la pared con cara de sorpresa, pero le he dicho que ha sido pura rabia, por lo horrible que era el papel.

Se ha puesto a reír y me ha dicho que no le habría importado hacerlo ella misma, pero que no está bien que me canse.

¡Qué manera de quedar en evidencia!

Pero estoy aquí, y este papel no lo toca nadie más que yo. ¡Antes muerta!

Jennie ha intentado sacarme de la habitación. ¡Cómo se le notaba! Pero yo le he dicho que ahora está tan vacía y tan limpia que me entraban ganas de estirarme otra vez y dormir todo lo que pudiera; que no me despertara ni para cenar, y que ya la avisaría yo cuando estuviera despierta.

Vaya, que se ha marchado, y los criados no están. Los muebles tampoco. Sólo queda la cama clavada al suelo, con el colchón de lona que encontramos encima.

Esta noche dormiremos abajo, y mañana tomaremos el barco a casa.

Me gusta bastante esta habitación, ahora que vuelve a estar vacía.

¡Qué destrozos hicieron los niños!

¡La cama está como si la hubieran mordido! Pero tengo que poner manos a la obra.

He cerrado la puerta y he tirado la llave al camino de delante.

No quiero salir, ni quiero que entre nadie hasta que llegue John.

Quiero darle una buena sorpresa.

Tengo una cuerda que no ha encontrado ni Jennie. ¡Así, si sale la mujer y quiere escaparse, podré atarla!

¡Pero se me ha olvidado que no puedo llegar muy arriba si no tengo nada a qué subirme! ¡Esta cama no hay quien la mueva!

He intentado levantarla y empujarla hasta quedarme lisiada. Entonces me he enfadado tanto que le he arrancado un trozo de un mordisco, en una esquina; pero me he hecho daño en los dientes.

Después he arrancado todo el papel hasta donde alcanzaba de pie en el suelo. ¡Está pegadísimo, y el dibujo se lo pasa en grande! ¡Todas las cabezas estranguladas, y los ojos saltones, y la proliferación de hongos, todos se mofan de mí a gritos!

Me estoy enfadando tanto que acabaré haciendo algo desesperado. Saltar por la ventana sería un ejercicio admirable, pero las barras son demasiado fuertes para intentarlo.

Además, tampoco lo haría. Desde luego que no. Sé perfectamente que sería un acto indecoroso, y que podría interpretarse mal.

Ni siquiera me gusta mirar por las ventanas. ¡Hay tantas mujeres arrastrándose, y corren tanto…!

Me gustaría saber si salen todas del papel, como yo.

Pero ahora estoy bien sujeta con mi cuerda, la que no encontró nadie. ¡A mí sí que no me sacan a la carretera!

Supongo que, cuando se haga de noche, tendré que ponerme otra vez detrás del dibujo. ¡Con lo que cuesta!

¡Es tan agradable estar en esta habitación tan grande, y andar a gatas siempre que quiera…!

¡Qué contento está John de que mejore! El otro día se rió un poco y dijo que se me veía más sana, a pesar del papel de pared.

Yo, para no hablar del tema, me reí. No tenía la menor intención de decirle que la causa era justamente el papel de pared. Se habría burlado. Hasta puede que hubiera querido sacarme de esta casa.

Ahora no quiero irme hasta que haya descubierto la solución. Queda una semana, y creo que será suficiente.

¡Me encuentro cada vez mejor! De noche no duermo mucho, por lo interesante que es observar los acontecimientos; de día, en cambio, duermo bastante.

De día cansa y desconcierta.

Siempre hay nuevos brotes en el hongo, y nuevos matices de amarillo por todo el dibujo. Ni siquiera puedo llevar la cuenta, y eso que lo he intentado concienzudamente.

¡Qué amarillo más raro, el del papel! Me recuerda todo lo amarillo que he visto en mi vida; no cosas bonitas, como los ranúnculos, sino cosas amarillas podridas y maléficas.

Todavía hay otra cosa en el papel: ¡el olor! Lo noté en cuanto entramos en la habitación, pero con tanto aire y tanto sol no molestaba. Ahora llevamos una semana de niebla y lluvia, y da igual que estén cerradas o abiertas las ventanas, porque el olor no se marcha.

Se infiltra por toda la casa.

Lo encuentro flotando por el comedor, agazapado en el salón, escondido en el vestíbulo, acechándome en la escalera.

Se me mete en el pelo.

Hasta cuando salgo a montar a caballo. De repente giro la cabeza y lo sorprendo: ¡ahí está el olor!

¡Y qué raro es! Me he pasado horas intentando analizarlo, para saber a qué olía.

Malo no es, al menos al principio. Es muy suave. Nunca había olido nada tan sutil y a la vez tan persistente.

Con esta humedad resulta asqueroso. De noche me despierto y lo descubro flotando sobre mí.

Al principio me molestaba. Llegué a pensar seriamente en quemar la casa, sólo para matar el olor.

Ahora, en cambio, me he acostumbrado. ¡Lo único que se me ocurre es que se parece al color del papel! Un olor amarillo.

Hay una marca muy rara en la pared, por la parte de abajo, cerca del zócalo: una raya que recorre toda la habitación. Pasa por detrás de todos los muebles, menos de la cama. Es una mancha larga, recta y uniforme, como de haber frotado algo muchas veces.

Me gustaría saber cómo y quién la hizo, y para qué. Vueltas, vueltas y vueltas. Vueltas, vueltas y vueltas. ¡Me marea!

Por fin he hecho un verdadero hallazgo.

A fuerza de mirarlo cada noche, cuando cambia tanto, he acabado por descubrir la solución.

El dibujo principal se mueve, efectivamente. ¡Y no me extraña! ¡Lo sacude la mujer de detrás!

A veces pienso que detrás hay varias mujeres; otras veces, que sólo hay una, que se arrastra a toda velocidad y que el hecho de arrastrarse lo sacude todo.

En las partes muy iluminadas se queda quieta, mientras que en las más oscuras coge las barras y las sacude con fuerza.

Siempre quiere salir, pero ese dibujo no hay quien lo atraviese. ¡Es tan asfixiante! Yo creo que es la explicación de que tenga tantas cabezas.

Lo atraviesan, y luego el dibujo las estrangula, las deja boca abajo y les pone los ojos en blanco.

Si estuvieran tapadas las cabezas, o arrancadas, no sería ni la mitad de desagradable.

¡Me parece que la mujer sale de día!

Voy a decir por qué, pero que no se entere nadie: ¡la he visto!

¡La veo por todas mis ventanas!

Estoy segura de que es la misma mujer, porque siempre se arrastra, y hay pocas mujeres que se arrastren a la luz del día.

La veo por el camino largo que pasa debajo de los árboles. Se arrastra, y cuando pasa un coche de caballos, se esconde debajo de las zarzamoras.

La entiendo perfectamente. ¡Debe de ser muy humillante que te sorprendan arrastrándote en pleno día!

Yo, cuando me arrastro de día, siempre cierro con llave. De noche no puedo, porque sé que John enseguida sospecharía algo.

Y últimamente está tan raro que prefiero no irritarlo. ¡Ojalá se cambiara de habitación!

Además, no quiero que a esa mujer la saque nadie de noche como no sea yo.

A menudo me pregunto si podría verla por todas las ventanas a la vez.

Pero por muy deprisa que dé vueltas, sólo consigo mirar por una.

¡Y aunque siempre la vea, cabe la posibilidad de que la velocidad con que anda a gatas sea mayor que la de mis vueltas!

Alguna vez la he visto lejos, en campo abierto, arrastrándose con la misma rapidez que la sombra de una nube en un día de viento.

¡Ojalá el dibujo principal pudiera separarse del de debajo! Me propongo intentarlo poco a poco.

¡He descubierto otra cosa extraña, pero esta vez no pienso decirla! No conviene fiarse demasiado de la gente.

Sólo quedan dos días para quitar el papel, y me parece que John empieza a notar algo. No me gusta cómo me mira.

Además, le he oído hacer a Jennie muchas preguntas profesionales sobre mí. El informe de Jennie era muy bueno.

Dice que de día duermo mucho.

¡John sabe que de noche no duermo demasiado bien, y eso que casi no me muevo!

También me hizo toda clase de preguntas a mí, fingiéndose muy tierno y atento.

¡Como si no se le notara!

De todos modos, no me extraña nada su comportamiento, después de tres meses durmiendo debajo de este papel.

Lo mío sólo es interés, pero estoy segura de que a John y a Jennie, en secreto, les afecta.

¡Hurra! Es el último día, pero no me hace falta ninguno más. John se queda a dormir en la ciudad, y no volverá hasta tarde.

Jennie quería dormir conmigo, la muy pilla, pero le he dicho que descansaría mucho mejor quedándome sola una noche.

¡Una respuesta muy astuta, porque la verdad es que no he estado sola en absoluto! En cuanto salió la luna y la pobre mujer empezó a arrastrarse y sacudir el dibujo, me levanté y corrí a ayudarla.

Yo estiraba, y ella sacudía; luego sacudía yo y estiraba ella, y antes del amanecer habíamos arrancado varios metros de papel.

Una franja como yo de alta, y de ancha como la mitad de la habitación.

¡Después, cuando ha salido el sol y el dibujo ha empezado a burlarse de mí, he jurado acabar con él hoy mismo!

Nos vamos mañana. Están trasladando todos mis muebles a la planta baja para dejarlo todo como al llegar.

Jennie ha mirado la pared con cara de sorpresa, pero le he dicho que ha sido pura rabia, por lo horrible que era el papel.

Se ha puesto a reír y me ha dicho que no le habría importado hacerlo ella misma, pero que no está bien que me canse.

¡Qué manera de quedar en evidencia!

Pero estoy aquí, y este papel no lo toca nadie más que yo. ¡Antes muerta!

Jennie ha intentado sacarme de la habitación. ¡Cómo se le notaba! Pero yo le he dicho que ahora está tan vacía y tan limpia que me entraban ganas de estirarme otra vez y dormir todo lo que pudiera; que no me despertara ni para cenar, y que ya la avisaría yo cuando estuviera despierta.

Vaya, que se ha marchado, y los criados no están. Los muebles tampoco. Sólo queda la cama clavada al suelo, con el colchón de lona que encontramos encima.

Esta noche dormiremos abajo, y mañana tomaremos el barco a casa.

Me gusta bastante esta habitación, ahora que vuelve a estar vacía.

¡Qué destrozos hicieron los niños!

¡La cama está como si la hubieran mordido! Pero tengo que poner manos a la obra.

He cerrado la puerta y he tirado la llave al camino de delante.

No quiero salir, ni quiero que entre nadie hasta que llegue John.

Quiero darle una buena sorpresa.

Tengo una cuerda que no ha encontrado ni Jennie. ¡Así, si sale la mujer y quiere escaparse, podré atarla!

¡Pero se me ha olvidado que no puedo llegar muy arriba si no tengo nada a qué subirme! ¡Esta cama no hay quien la mueva!

He intentado levantarla y empujarla hasta quedarme lisiada. Entonces me he enfadado tanto que le he arrancado un trozo de un mordisco, en una esquina; pero me he hecho daño en los dientes.

Después he arrancado todo el papel hasta donde alcanzaba de pie en el suelo. ¡Está pegadísimo, y el dibujo se lo pasa en grande! ¡Todas las cabezas estranguladas, y los ojos saltones, y la proliferación de hongos, todos se mofan de mí a gritos!

Me estoy enfadando tanto que acabaré haciendo algo desesperado. Saltar por la ventana sería un ejercicio admirable, pero las barras son demasiado fuertes para intentarlo.

Además, tampoco lo haría. Desde luego que no. Sé perfectamente que sería un acto indecoroso, y que podría interpretarse mal.

Ni siquiera me gusta mirar por las ventanas. ¡Hay tantas mujeres arrastrándose, y corren tanto…!

Me gustaría saber si salen todas del papel, como yo.

Pero ahora estoy bien sujeta con mi cuerda, la que no encontró nadie. ¡A mí sí que no me sacan a la carretera!

Supongo que, cuando se haga de noche, tendré que ponerme otra vez detrás del dibujo. ¡Con lo que cuesta!

¡Es tan agradable estar en esta habitación tan grande, y andar a gatas siempre que quiera…!

No quiero salir. No quiero, ni que me lo pida Jennie.

Porque fuera hay que arrastrarse por el suelo, y en vez de amarillo es todo verde.

Aquí, en cambio, puedo andar a gatas por el suelo liso, y mi hombro se ajusta perfectamente a la marca larga de la pared, con la ventaja de que así no me pierdo.

¡Anda, si está John al otro lado de la puerta! ¡Es inútil, jovencito, no podrás abrirla!

¡Qué berridos, y qué golpes!

Ahora pide un hacha a gritos.

¡Sería una lástima destrozar una puerta tan bonita!

—¡John, querido! —he dicho con la máxima amabilidad—. ¡La llave está al lado de la escalera de entrada, debajo de una hoja!

Con eso se ha callado un rato.

Luego ha dicho (con mucha serenidad):

—¡Abre la puerta, cariño!

—No puedo —he contestado yo—. ¡La llave está al lado de la puerta principal, debajo de una hoja!

Lo he repetido varias veces, muy poco a poco y con mucha dulzura; lo he dicho tantas veces que ha tenido que bajar a comprobarlo. La ha encontrado, como era de esperar, y ha entrado. Se ha quedado a un paso del umbral.

—¿Qué pasa? —ha gritado—. ¿Pero qué haces, por Dios?

Yo he seguido andando a gatas como si nada, pero le he mirado por encima del hombro.

—Al final he salido —he dicho—, aunque no quisieras ni tú ni Jane. ¡Y he arrancado casi todo el papel, para que no puedan volver a meterme!

¿Por qué se habrá desmayado? El caso es que lo ha hecho, y justo al lado de la pared, en mitad de mi camino. ¡O sea que he tenido que pasar por encima de él a cada vuelta!

LA MUERTA ENAMORADA

Por THÉOPHILE GAUTIER[7]

Me preguntas, hermano, si he amado; sí. Es una historia singular y terrible, y, a pesar de mis sesenta y seis años, apenas me atrevo a remover las cenizas de este recuerdo. No quiero negarte nada, pero no referiría una historia semejante a otra persona menos experimentada que tú. Se trata de acontecimientos tan extraordinarios que apenas puedo creer que hayan sucedido. Fui, durante más de tres años, el juguete de una ilusión singular y diabólica. Yo, un pobre cura rural, he llevado todas las noches en sueños (quiera Dios que fuera un sueño) una vida de condenado, una vida mundana y de Sardanápalo. Una sola mirada demasiado complaciente a una mujer pudo causar la perdición de mi alma; pero, con la ayuda de Dios y de mi santo patrón, pude desterrar al malvado espíritu que se había apoderado de mí. Mi vida se había complicado con una vida nocturna completamente diferente. Durante el día yo era un sacerdote del Señor, casto, ocupado en la oración y en las cosas santas. Durante la noche, en el momento en que cerraba los ojos, me convertía en un joven caballero, experto en mujeres, perros y caballos, jugador de dados, bebedor y blasfemo. Y cuando, al llegar el alba, me despertaba, me parecía lo contrario: que me dormía y soñaba que era sacerdote. Me han quedado recuerdos de objetos y palabras de esta vida sonámbula, de los que no puedo defenderme y, a pesar de no haber salido nunca de mi parroquia, se diría, al oírme, que soy más bien un hombre que lo ha probado todo, y que, desengañado del mundo, ha entrado en religión queriendo terminar en el seno de Dios días tan agitados, que un humilde

---

[7] Nombre completo: Pierre Jules Théophile Gautier. Nació: 30 de agosto de 1811, Tarbes, Francia. Murió: 23 de octubre de 1872, Neuilly-sur-Seine, Francia. Géneros: Poeta, narrador, crítico de arte y literatura, dramaturgo.
Obras más importantes: La muerta enamorada (1836), Mademoiselle de Maupin (1835), Caprichos y Zigzags Avatar (1856). Defensor del "arte por el arte"; su estilo une romanticismo, simbolismo y gusto por lo exótico y lo fantástico

seminarista que ha envejecido en una ignorada casa de cura, en medio del bosque y sin ninguna relación con las cosas del siglo.

Sí, he amado como no ha amado nadie en el mundo, con un amor insensato y violento, tan violento que me asombra que no haya hecho estallar mi corazón. ¡Oh, qué noches! ¡Qué noches!

Desde mi más tierna infancia había sentido la vocación del sacerdocio; también fueron dirigidos en este sentido todos mis estudios, y mi vida, hasta los veinticuatro años, no fue otra cosa que un largo noviciado. Con los estudios de teología terminados, pasé sucesivamente por todas las órdenes menores, y mis superiores me juzgaron digno, a pesar de mi juventud, de alcanzar el último y terrible grado. El día de mi ordenación fue fijado para la semana de Pascua.

Jamás había andado por el mundo. El mundo era para mí el recinto del colegio y del seminario. Sabía vagamente que existía algo que se llamaba mujer, pero no me paraba a pensarlo: mi inocencia era perfecta. Sólo veía a mi madre, anciana y enferma, dos veces al año, y ésta era toda mi relación con el exterior.

No lamentaba nada, no sentía la más mínima duda ante este compromiso irrevocable; estaba lleno de alegría y de impaciencia. Jamás novia alguna contó las horas con tan febril ardor; no dormía, soñaba que cantaba misa. ¡Ser sacerdote! No había en el mundo nada más hermoso: hubiera rechazado ser rey o poeta. Mi ambición no iba más allá.

Digo esto para mostrar cómo lo que me sucedió no debió sucederme, y cómo fui víctima de tan inexplicable fascinación.

Llegado el gran día, caminaba hacia la iglesia tan ligero que me parecía estar sostenido en el aire, o tener alas en los hombros. Me creía un ángel, y me extrañaba la fisonomía sombría y preocupada de mis compañeros, pues éramos varios. Había pasado la noche en oración, y mi estado casi rozaba el éxtasis. El obispo, un anciano venerable, me parecía Dios Padre inclinado en su eternidad, y podía ver el cielo a través de las bóvedas del templo.

Conoces los detalles de esta ceremonia: la bendición, la comunión bajo las dos especies, la unción de las palmas de las manos con el aceite de los catecúmenos y, finalmente, el santo sacrificio ofrecido al unísono con el obispo. No me detendré en esto. ¡Oh, qué razón tiene Job, y cuán imprudente es aquel que no llega a un pacto con sus ojos! Levanté casualmente mi cabeza, que hasta entonces había tenido inclinada, y vi ante mí, tan cerca que habría podido tocarla —aunque en realidad estuviera a bastante distancia y al otro lado de la balaustrada—, a una mujer joven de una extraordinaria belleza y vestida con un esplendor real. Fue como si se me cayeran las escamas de las pupilas. Experimenté la sensación de un ciego que recuperara súbitamente la vista. El obispo, radiante, se apagó de repente; los cirios palidecieron en sus candelabros de oro como las estrellas al amanecer, y en toda la iglesia se hizo una completa oscuridad. La encantadora criatura destacaba en ese sombrío fondo como una presencia angelical; parecía estar llena de luz, luz que no recibía, sino que derramaba a su alrededor.

Bajé los párpados, decidido a no levantarlos de nuevo, para apartarme de la influencia de los objetos, pues me distraía cada vez más y apenas sabía lo que hacía.

Un minuto después volví a abrir los ojos, pues a través de mis párpados la veía relucir con los colores del prisma en una penumbra púrpura, como cuando se ha mirado al sol. ¡Ah, qué hermosa era! Cuando los más grandes pintores, persiguiendo en el cielo la belleza ideal, trajeron a la tierra el divino retrato de la Madonna, ni siquiera vislumbraron esta fabulosa realidad. Ni los versos del poeta ni la paleta del pintor pueden dar idea. Era bastante alta, con un talle y un porte de diosa; sus cabellos, de un rubio claro, se separaban en la frente, y caían sobre sus sienes como dos ríos de oro; parecía una reina con su diadema; su frente, de una blancura azulada y transparente, se abría amplia y serena sobre los arcos de las pestañas negras, singularidad que contrastaba con las pupilas verde mar, de una vivacidad y un brillo insostenibles. ¡Qué ojos! Con un destello decidían el destino de un hombre; tenían una vida, una transparencia, un ardor, una humedad brillante que jamás había visto en ojos humanos; lanzaban rayos como flechas dirigidas a mi corazón. No sé si la llama que los iluminaba venía del cielo o del infierno, pero ciertamente venía de uno o de otro. Esta mujer era un ángel o un demonio, quizá las dos cosas; no había nacido del costado de Eva, la madre común. Sus dientes eran perlas de Oriente que brillaban en su roja sonrisa, y a cada gesto de su boca se formaban pequeños hoyuelos en el satén rosa de sus adorables mejillas. Su nariz era de una finura y de un orgullo regios, y revelaba su noble origen. En la piel brillante de sus hombros semidesnudos jugaban piedras de ágata y unas rubias perlas, de color semejante al de su cuello, que caían sobre su pecho. De vez en cuando levantaba la cabeza con un movimiento ondulante de culebra o de pavo real, que hacía estremecer el cuello de encaje bordado que la envolvía como una red de plata.

Llevaba un traje de terciopelo nacarado, de cuyas amplias mangas de armiño salían unas manos patricias, infinitamente delicadas. Sus dedos, largos y torneados, eran de una transparencia tan ideal que dejaban pasar la luz como los de la aurora.

Tengo estos detalles tan presentes como si fueran de ayer, y aunque estaba profundamente turbado, nada escapó a mis ojos; ni siquiera el más pequeño detalle: el lunar en la barbilla, el imperceptible vello en las comisuras de los labios, el terciopelo de su frente, la sombra temblorosa de las pestañas sobre las mejillas. Captaba el más ligero matiz con una sorprendente lucidez.

Mientras la miraba, sentía abrirse en mí puertas hasta ahora cerradas; tragaluces antes obstruidos dejaban entrever perspectivas desconocidas; la vida me parecía diferente: acababa de nacer a un nuevo orden de ideas.

Una escalofriante angustia me atenazaba el corazón; cada minuto transcurrido me parecía un segundo y un siglo. Sin embargo, la ceremonia avanzaba, y yo me encontraba lejos del mundo, cuya entrada cerraban con furia mis nuevos deseos. Dije sí, cuando quería decir no, cuando todo mi ser se revolvía y protestaba contra la violencia que mi lengua hacía a mi alma: una fuerza oculta me arrancaba, a mi pesar, las palabras de la garganta. Quizá por este motivo tantas jóvenes llegan al altar con el firme propósito de rechazar clamorosamente al esposo que les imponen, y ninguna lleva a cabo su plan. Por esta razón, sin duda, tantas novicias toman el velo, aunque decididas a destrozarlo en el momento de pronunciar sus votos. Uno no se atreve a provocar tal escándalo ni a decepcionar a tantas personas: todas las voluntades, todas las miradas pesan sobre uno como una losa de plomo; además, todo está tan cuidadosamente preparado, las medidas tomadas con antelación de una forma tan visiblemente irrevocable, que el pensamiento cede ante el peso de los hechos y sucumbe por completo.

La mirada de la hermosa desconocida cambiaba de expresión según transcurría la ceremonia. Tierna y acariciadora al principio, adoptó un aire desdeñoso y disgustado, como de no haber sido comprendida.

Hice un esfuerzo capaz de arrancar montañas para gritar que yo no quería ser sacerdote, sin conseguir nada; mi lengua estaba pegada al paladar y me fue imposible traducir mi voluntad en el más mínimo gesto negativo. Aunque despierto, mi estado era semejante al de una pesadilla en que se quiere gritar una palabra de la que nuestra vida depende sin obtener resultado alguno.

Ella pareció darse cuenta de mi martirio y, como para animarme, me lanzó una mirada llena de divinas promesas. Sus ojos eran un poema en el que cada mirada era un canto.

Me decía:

—Si quieres ser mío, te haré más dichoso que el mismo Dios en su paraíso; los ángeles te envidiarán. Rompe ese fúnebre sudario con que vas a cubrirte, yo soy la belleza, la juventud, la vida; ven a mí, seremos el amor. ¿Qué podría ofrecerte Yahvé como compensación? Nuestra vida discurrirá como un sueño, y será un beso eterno.

"Derrama el vino de ese cáliz y serás libre, te llevaré a islas desconocidas, dormirás apoyado en mi seno en un lecho de oro macizo, bajo un dosel de plata. Te amo y quiero arrebatarte a tu Dios, ante quien tantos corazones nobles derraman un amor que nunca llega hasta Él."

Me parecía oír estas palabras con un ritmo y una dulzura infinita; su mirada tenía música, y las frases que me enviaban sus ojos resonaban en el fondo de mi corazón, como si una boca invisible las hubiera susurrado en mi alma. Me encontraba dispuesto a renunciar a Dios, y, sin embargo, mi cuerpo realizaba maquinalmente las formalidades de la ceremonia. La hermosa mujer me lanzó una segunda mirada tan suplicante, tan desesperada, que me atravesaron el corazón cuchillas afiladas, y sentí en el pecho más puñales que la Dolorosa.

Todo terminó. Ya era sacerdote.

Jamás fisonomía humana manifestó una angustia tan desgarradora: la joven que ve morir a su novio súbitamente junto a ella, la madre junto a la cuna vacía de su hijo, Eva sentada en el umbral del Paraíso, el avaro que encuentra una piedra en el lugar de su tesoro, y el poeta que deja caer al fuego el único manuscrito de su más bella obra, no muestran un aire tan aterrado e inconsolable. La sangre abandonó su rostro encantador, que se volvió blanco como el mármol; sus hermosos brazos cayeron a lo largo de su cuerpo, como si sus músculos se hubieran relajado, y se apoyó en una columna, pues desfallecían sus piernas. Yo me dirigí, vacilante, hacia la puerta de la iglesia, lívido, con la frente inundada de un sudor más sangrante que el del Calvario. Me ahogaba. Las bóvedas caían sobre mis hombros, y me parecía como si sostuviera solo yo, con mi cabeza, todo el peso de la cúpula.

Al franquear el umbral, una mano se apoderó bruscamente de la mía: ¡una mano de mujer! Jamás había tocado otra. Era fría como la piel de una serpiente y me dejó una huella ardiente como la marca de un hierro al rojo vivo. Era ella.

—¡Infeliz, infeliz! ¿Qué has hecho? —me susurró. Luego desapareció entre la multitud.

El anciano obispo pasó a mi lado; me miró severamente. Mi comportamiento era de lo más extraño: palidecía, enrojecía, me encontraba turbado. Uno de mis compañeros se apiadó de mí y me llevó con él; hubiera sido incapaz de encontrar solo el camino del seminario. A la vuelta de una esquina, mientras el joven sacerdote miraba hacia otro lado, un paje vestido de manera extraña se me acercó y, sin detenerse, me entregó un portafolios rematado en oro, indicándome que lo ocultara;

lo deslicé en mi manga y lo tuve guardado hasta que me quedé solo en mi celda. Hice saltar el broche: sólo había dos hojas con estas palabras: "Clarimonda, en el palacio Concini."

Como yo no estaba entonces al corriente de las cosas de la vida, no conocía a Clarimonda, a pesar de su celebridad, e ignoraba por completo dónde se encontraba el palacio Concini. Hice mil conjeturas, tan extravagantes unas como otras, pero, con tal de volver a verla, me importaba bastante poco que pudiera ser gran dama o cortesana.

Este amor, nacido hacía bien poco, se había enraizado de forma indestructible. De tan imposible como me parecía, ni siquiera pensaba en intentar arrancarlo. Esta mujer se había apoderado de mí por completo; tan sólo una mirada suya había bastado para transformarme: me había insinuado su voluntad, y ya no vivía en mí, sino en ella y para ella. Hacía mil extravagancias, besaba mi mano donde ella me había cogido y repetía su nombre durante horas. Sólo con cerrar los ojos la veía con la misma claridad que si estuviera ante mí, y me repetía las mismas palabras que ella me dijo en el pórtico de la iglesia: "Infeliz, infeliz, ¿qué has hecho?".

Comprendía todo el horror de mi situación, y el carácter fúnebre y terrible del estado que acababa de profesar se revelaba ante mí. Ser sacerdote, es decir, castidad, no amar, no distinguir ni edad ni sexo, apartarse de la belleza, arrancarse los ojos, arrastrarse en la sombra helada de un claustro o de una iglesia, ver sólo moribundos, velar cadáveres desconocidos y llevar sobre sí el duelo de la negra sotana con el fin de convertir la túnica en un manto para el propio féretro.

Y sentía mi vida como un lago interior que crece y se desborda; la sangre me latía con fuerza en las arterias; mi juventud, tanto tiempo reprimida, estallaba de golpe, como el áloe que tarda cien años en florecer y se abre con la fuerza de un trueno.

¿Cómo hacer para ver de nuevo a Clarimonda? No tenía pretextos para salir del seminario, no conocía a nadie en la ciudad; ni siquiera permanecería allí por más tiempo, pues sólo esperaba que me designaran la parroquia que debía ocupar. Intenté arrancar los barrotes de la ventana, pero la altura era horrible, y sin escalera era impensable. Además, sólo podría bajar de noche y ¿cómo conducirme en el inextricable laberinto de calles? Estas dificultades —que no serían nada para otros— eran inmensas para mí, pobre seminarista recién enamorado, sin experiencia, sin dinero y sin ropa.

—¡Ah! —me decía a mí mismo, en mi ceguera—, si no hubiera sido sacerdote habría podido verla todos los días, habría sido su amante, su esposo; en vez de estar cubierto con mi triste sudario, tendría ropas de seda y terciopelo, cadenas de oro, una espada y plumas como los jóvenes y hermosos caballeros. Mis cabellos, deshonrados por la tonsura, jugarían alrededor de mi cuello, formando ondeantes rizos. Tendría un lustroso bigote y sería un valiente. Pero una hora ante el altar, unas pocas palabras apenas articuladas, me separaban para siempre de entre los vivos. ¡Y yo mismo había sellado la losa de mi tumba, había corrido el cerrojo de mi prisión!

Me asomé a la ventana. El cielo estaba maravillosamente azul, los árboles se habían vestido de primavera; la naturaleza hacía gala de una irónica alegría. La plaza estaba llena de gente: unos iban, otros venían. Galanes y hermosas jovencitas iban en parejas hacia el jardín y los cenadores. Grupos de amigos pasaban cantando canciones de borrachos. Había un movimiento, una vida, una animación que aumentaban penosamente mi duelo y mi soledad. Una madre joven jugaba con su hijo en el umbral de la casa. Le besaba su boquita rosa perlada de gotas de leche, y le hacía arrumacos con mil divinas puerilidades que sólo las madres saben hacer. El padre, de pie a cierta distancia, sonreía dulcemente ante esta encantadora escena, y sus brazos cruzados estrechaban su alegría contra el corazón. No pude soportar este espectáculo: cerré la ventana y me eché en la cama con un odio y una envidia espantosos en el corazón, mordiendo mis dedos y la manta como un tigre con hambre de tres días.

No sé cuántos días permanecí de este modo; pero, al volverme en un furioso espasmo, vi al padre Serapión, de pie en la habitación, observándome atentamente. Me avergoncé de mí mismo y, hundiendo la cabeza en el pecho, me cubrí el rostro con las manos.

—Romualdo, amigo mío —me dijo Serapión después de algunos minutos de silencio—, te sucede algo extraño; ¡tu conducta es verdaderamente inexplicable! Tú, tan sosegado y tan dulce, te revuelves ahora como un animal furioso. Ten cuidado, hermano, y no escuches las sugerencias del diablo; el espíritu maligno, irritado por tu eterna consagración al Señor, te acecha como un lobo rapaz, e intenta un último esfuerzo para atraerte a él. En vez de dejarte abatir, mi querido Romualdo, hazte una coraza de oración, un escudo de mortificación y combate valientemente al enemigo: lo vencerás. La virtud necesita de la tentación, y el oro sale más fino del crisol. No te asustes ni te desanimes.

Las almas mejor guardadas y las más firmes han tenido estos momentos. Ora, ayuna, medita, y se alejará el malvado espíritu.

El discurso del padre Serapion me hizo volver en mí y me tranquilicé.

—Venía a anunciarte que te ha sido asignada la parroquia de C**. El sacerdote que la ocupaba acaba de morir, y el obispo me ha encargado que te instale allí. Prepárate para mañana.

Respondí afirmativamente con la cabeza y el padre se retiró. Abrí el misal y comencé a leer oraciones; pero pronto las líneas se tornaron confusas bajo mis ojos. Las ideas se enmarañaron en mi cerebro, y el libro se deslizó de entre mis manos sin darme cuenta.

¡Partir mañana sin haberla visto! ¡Añadir otro imposible más a todos los que ya había entre nosotros! ¡Perder para siempre la esperanza de encontrarla, a menos que sucediera un milagro! ¿Escribirle? ¿Y a través de quién haría llegar mi carta? Con el carácter sagrado de mi estado, ¿a quién podría abrir mi corazón? ¿En quién confiar? Fui presa de una terrible ansiedad. Además, me venía a la memoria lo que el padre Serapion me acababa de decir sobre los artificios del diablo: lo extraño de la aventura, la belleza sobrenatural de Clarimonda, el destello fosforescente de sus ojos, la ardiente huella de su mano, la turbación en que me había hundido, el cambio repentino que se había operado en mí, mi piedad desvanecida en un instante... todo ello demostraba claramente la presencia del diablo, y la mano satinada no era sino el guante con que cubría sus garras. Estos pensamientos me sumieron en un gran temor. Recogí el misal, que había caído de mis rodillas al suelo, y volví a mis oraciones.

A la mañana siguiente, Serapion vino a recogerme. Dos mulas cargadas con nuestro equipaje esperaban a la puerta. Él montó una, y yo, mejor o peor, la otra. Mientras recorríamos las calles de la ciudad, miraba todas las ventanas y balcones por si veía a Clarimonda; pero era demasiado temprano, y la ciudad aún no había abierto los ojos. Mi mirada intentaba atravesar los estores y cortinas de los palacios ante los que pasábamos. Serapion, sin duda, atribuía esta curiosidad a la admiración que me causaba la belleza de la arquitectura, pues aminoraba el paso de su montura para darme tiempo de ver. Por fin llegamos a la puerta de la ciudad y empezamos a subir la colina. Cuando llegué a la cima, me volví para mirar una vez más el lugar donde vivía Clarimonda. La sombra de una nube cubría por completo la ciudad; los tejados azules y rojos se confundían en un semitono general donde flotaban, aquí y allá, los humos de la mañana, como blancos copos de espuma. Gracias a un singular efecto óptico se dibujaba, rubio y dorado, bajo un rayo único de luz, un edificio que sobrepasaba en altura a las construcciones vecinas, hundidas por completo en el vaho; aunque estaba a más de una legua, parecía muy cercano. Podían distinguirse los más mínimos detalles: las torres, las azoteas, las ventanas, e incluso las veletas con cola de milano.

—¿Qué palacio es ese que veo allá a lo lejos, iluminado por un rayo de sol? —le pregunté a Serapion.

Puso la mano por encima de sus ojos y, cuando lo vio, me contestó:

—Es el antiguo palacio que el príncipe Concini regaló a la cortesana Clarimonda; allí suceden cosas horribles.

En ese instante —aún no sé si fue realidad o ilusión— creí ver cómo en la terraza se deslizaba una silueta blanca y esbelta que brilló un segundo y se apagó. ¡Era Clarimonda!

¡Oh! ¿Sabía ella entonces que, desde lo alto de este amargo camino que me separaba de ella, yo no descendería nunca más? ¿Que, ardiente e inquieto, no apartaba mis ojos del palacio que habitaba y al que un insignificante juego de luz parecía acercarme como para invitarme a entrar y ser su dueño? Sin duda lo sabía, pues su alma estaba demasiado ligada a la mía como para no sentir el menor estremecimiento, y esta sensación la había impulsado a subir a la terraza, envuelta en sus velos, en el helado rocío de la mañana.

La sombra se apoderó del palacio, y todo fue un océano inmóvil de tejados y cumbres donde sólo se distinguía una ondulación montuosa. Serapion arreó a su mula, cuyo paso siguió la mía enseguida, y un recodo del camino me arrebató para siempre la ciudad de S**, pues no volvería nunca.

Al cabo de tres días de camino a través de campos tristes, vislumbramos a través de los árboles el gallo del campanario de la iglesia donde debía servir. Después de recorrer calles tortuosas, flanqueadas por chozas y cercados, llegamos ante la fachada, que no se caracterizaba por su grandeza. Una terraza adornada con algunas nervaduras y dos o tres pilares del mismo gres toscamente tallados, tejas y contrafuertes del mismo material, eso era todo. A la izquierda, el cementerio, con la hierba crecida y una gran cruz de hierro en medio; a la derecha, y a la sombra de la iglesia, la casa parroquial. Era una casa de una sencillez extrema y de una desolada pulcritud.

Entramos. Algunas gallinas picoteaban unos pocos granos de avena; acostumbradas como estaban a la negra sotana de los curas, no se espantaron con nuestra presencia y apenas se apartaron para dejarnos pasar. Se oyó un ladrido ronco y áspero, y vimos aparecer un perro viejo. Era el perro de mi antecesor. Tenía los ojos apagados, el pelo gris y todos los síntomas de la mayor vejez que un perro puede alcanzar. Lo acaricié suavemente, y se puso a caminar junto a mí, lleno de una indecible satisfacción. Vino también a nuestro encuentro una mujer muy vieja, que había sido el ama de llaves del anciano cura, quien, después de conducirme a una habitación de la planta baja, me preguntó si había pensado despedirla. Le respondí que me quedaría con ella, con ella y con el perro, asimismo con las gallinas y con todos los muebles que su amo le había dejado al morir, cosa que la llenó de alegría, una vez que el padre Serapion le pagó en el momento el dinero que pedía a cambio.

Cuando estuve instalado, el padre Serapion volvió al seminario. De forma que me quedé solo, sin otro apoyo que yo mismo. La idea de Clarimonda comenzó de nuevo a obsesionarme, y aunque me esforzaba en apartarla de mí, no siempre lo conseguía. Una tarde, paseando por mi jardín entre los caminos bordeados de boj, me pareció ver a través de los arbustos una silueta de mujer que seguía todos mis movimientos, y vi brillar entre las hojas dos pupilas verde mar; pero era sólo una ilusión, pues al pasar al otro lado encontré la huella de un pie tan pequeño que parecía de un niño. El jardín estaba rodeado por murallas muy altas; inspeccioné todos los recodos y rincones, y no había nadie. Jamás pude explicarme este hecho, que no fue nada comparado con las cosas extrañas que me habían de suceder.

Durante un año viví cumpliendo con exactitud todos los deberes correspondientes a mi estado: orando, ayunando, socorriendo enfermos, dando limosnas hasta privarme de lo más indispensable. Pero sentía en mi interior una profunda aridez, y la fuente de la gracia estaba seca para mí. No podía gozar de la felicidad que da el cumplimiento de una misión santa. Mi pensamiento estaba en otra parte, y las palabras de Clarimonda me volvían a los labios como un estribillo que se repite involuntariamente. ¡Oh, hermano, medita bien esto! Por haber mirado solamente una vez a una mujer, por una falta aparentemente tan leve, he sufrido durante años las más miserables turbaciones. Mi vida está trastornada para siempre jamás.

No voy a entretenerte más tiempo con derrotas y victorias seguidas siempre de las más profundas caídas, y pasaré a relatar enseguida un hecho decisivo. Una noche, llamaron violentamente a la puerta. La anciana ama de llaves fue a abrir, y un hombre de rostro cobrizo y ricamente vestido —aunque a la moda extranjera— y con un gran puñal, apareció en el umbral a la luz del farol de Bárbara. La primera impresión de ésta fue de miedo, pero el hombre la tranquilizó diciéndole que necesitaba verme enseguida para algo relacionado con mi ministerio. Bárbara lo hizo subir. Yo ya iba a acostarme. El hombre me dijo que su señora, una gran dama, estaba a punto de morir y deseaba un sacerdote. Le respondí que estaba dispuesto a acompañarlo; cogí lo necesario para la Extremaunción y bajé a toda prisa. En la puerta resoplaban de impaciencia dos caballos negros como la noche, y de su pecho emanaban oleadas de humo. Me sujetó el estribo y me ayudó a montar uno de ellos;

después se montó en el otro, apoyando solamente una mano en la silla. Apretó las rodillas y soltó las riendas de su caballo, que salió como una flecha. El mío, cuya brida también sujetaba él, se puso al galope y se mantuvo a la par que el suyo. Bajo nuestro insaciable galope, la tierra desaparecía gris y rayada, y las negras siluetas de los árboles huían como un ejército derrotado.

Atravesamos un sombrío bosque, tan oscuro y glacial, que un escalofrío de supersticioso terror me recorrió el cuerpo. La estela de chispas que las herraduras de nuestros caballos producían en las piedras dejaba a nuestro paso un reguero de fuego, y si alguien nos hubiera visto a esa hora de la noche, nos habría tomado, a mi guía y a mí, por dos espectros cabalgando en una pesadilla. De cuando en cuando, fuegos fatuos se cruzaban en el camino, y las cornejas piaban lastimeras en la espesura del bosque, donde, a lo lejos, brillaban los ojos fosforescentes de algún gato salvaje. La crin de los caballos se enmarañaba cada vez más; el sudor corría por sus flancos, y resoplaban jadeantes. Cuando el escudero los veía desfallecer, emitía un grito gutural sobrehumano, y la carrera se reanudaba con furia.

Finalmente, se detuvo el torbellino. Una sombra negra salpicada de luces se alzó súbitamente ante nosotros; las pisadas de nuestras cabalgaduras se hicieron más ruidosas en el suelo de hierro, y entramos bajo una bóveda que abría sus fauces entre dos torres enormes. En el castillo reinaba una gran agitación; los criados, provistos de antorchas, atravesaban los patios, y las luces subían y bajaban de un piso a otro. Pude ver confusamente formas arquitectónicas inmensas: columnas, arcos, escalinatas y balaustradas, todo un lujo de construcción regia y fantástica. Un paje negro, en quien reconocí enseguida al que me había dado el mensaje de Clarimonda, vino a ayudarme a bajar del caballo, y un mayordomo vestido de terciopelo negro, con una cadena de oro en el cuello y un bastón de marfil, avanzó hacia mí. Dos lágrimas cayeron de sus ojos y rodaron por sus mejillas hasta su barba blanca.

—¡Demasiado tarde, padre! —dijo bajando la cabeza—, ¡demasiado tarde! Pero, ya que no pudo salvar su alma, venga a velar su pobre cuerpo.

Me tomó del brazo y me condujo a la sala fúnebre. Mi llanto era tan copioso como el suyo, pues acababa de comprender que la muerta no era otra sino Clarimonda, tanto y tan locamente amada. Había un reclinatorio junto al lecho; una llama azul, que revoloteaba en una pátera de bronce, iluminaba toda la habitación con una luz débil e incierta, y hacía pestañear en la sombra la arista de algún mueble o de una cornisa. Sobre la mesa, en una urna labrada, yacía una rosa blanca marchita, cuyos pétalos —salvo uno que se mantenía aún— habían caído junto al vaso, como lágrimas perfumadas; un roto antifaz negro, un abanico, disfraces de todo tipo se encontraban esparcidos por los sillones y hacían pensar que la muerte se había presentado de improviso y sin anunciarse en esta suntuosa mansión.

Me arrodillé, sin atreverme a dirigir la mirada al lecho, y empecé a recitar salmos con gran fervor, dando gracias a Dios por haber interpuesto la tumba entre el pensamiento de esa mujer y yo, para así poder incluir en mis oraciones su nombre, santificado desde ahora. Pero, poco a poco, se fue debilitando este impulso y caí en un estado de ensoñación. Esta estancia no tenía el aspecto de una cámara mortuoria. Contrariamente al aire fétido y cadavérico que estaba acostumbrado a respirar en los velatorios, un vaho lánguido de esencias orientales —no sé qué aroma de mujer— flotaba suavemente en la tibia atmósfera. Aquel pálido resplandor se asemejaba más a una media luz buscada para la voluptuosidad que al reflejo amarillo de la llama que tiembla junto a los cadáveres.

Recordaba el extraño azar que me había devuelto a Clarimonda en el instante en que la perdía para siempre, y un suspiro nostálgico escapó de mi pecho. Me pareció oír suspirar a mi espalda, y me volví sin querer. Era el eco. Gracias a este movimiento, mis ojos cayeron sobre el lecho de muerte que hasta entonces habían evitado. Las cortinas de damasco rojo estampadas, recogidas con entorchados de oro, dejaban ver a la muerta acostada con las manos juntas sobre el pecho. Estaba cubierta por un velo de lino de un blanco resplandeciente que resaltaba aún más gracias al púrpura del cortinaje, de una finura tal que no ocultaba lo más mínimo la encantadora forma de su cuerpo y dejaba ver sus bellas líneas ondulantes como el cuello de un cisne que ni siquiera la muerte había podido entumecer. Se hubiera creído una estatua de alabastro realizada por un hábil escultor para la tumba de una reina, o una doncella dormida sobre la que hubiera nevado.

No podía contenerme; el aire de esta alcoba me embriagaba, el olor febril de rosa medio marchita me subía al cerebro. Me puse a recorrer la habitación, deteniéndome ante cada columna del lecho para observar el grácil cuerpo difunto bajo la transparencia del sudario. Extraños pensamientos me atravesaban el alma. Me imaginaba que no estaba realmente muerta, y que no era más que una ficción ideada para atraerme a su castillo y así confesarme su amor. Por un momento creí ver que movía su pie en la blancura de los velos y se alteraban los pliegues de su sudario. Luego me decía a mí mismo: "¿Acaso es Clarimonda? ¿Qué pruebas tengo? El paje negro puede haber pasado al servicio de otra mujer. Debo estar loco para desconsolarme y turbarme de este modo". Pero mi corazón contestaba: "Es ella, claro que es ella".

Me acerqué al lecho y miré aún más atentamente al objeto de mi incertidumbre. Debo confesaros que tal perfección de formas, aunque purificadas y santificadas por la sombra de la muerte, me turbaban voluptuosamente, y su reposado aspecto se parecía tanto a un sueño que uno podría haberse engañado. Olvidé que había venido para realizar un oficio fúnebre y me imaginaba entrando como un joven esposo en la alcoba de la novia que oculta su rostro por pudor y no quiere dejarse ver. Afligido de dolor, loco de alegría, estremecido de temor y placer, me incliné sobre ella y cogí el borde del velo; lo levanté lentamente, conteniendo la respiración para no despertarla.

Mis venas palpitaban con tal fuerza que las sentía silbar en mis sienes, y mi frente estaba sudorosa como si hubiese levantado una lápida de mármol. Era, en efecto, la misma Clarimonda que había visto en la iglesia el día de mi ordenación; tenía el mismo encanto, y la muerte parecía en ella una coquetería más. La palidez de sus mejillas, el rosa tenue de sus labios, sus largas pestañas dibujando una sombra en esta blancura le otorgaban una expresión de castidad melancólica y de sufrimiento pensativo, de una inefable seducción. Sus largos cabellos sueltos, entre los que aún había enredadas florecillas azules, almohadillaban su cabeza y ocultaban con sus bucles la desnudez de sus hombros; sus bellas manos, más puras y diáfanas que las hostias, estaban cruzadas en actitud de piadoso reposo y de tácita oración, y esto compensaba la seducción que hubiera podido provocar —incluso en la muerte— la exquisita redondez y el suave marfil de sus brazos desnudos, que aún conservaban los brazaletes de perlas.

Permanecí largo tiempo absorto en una muda contemplación, y cuanto más la miraba menos podía creer que la vida hubiera abandonado para siempre aquel hermoso cuerpo.

No sé si fue una ilusión o el reflejo de la lámpara, pero hubiera creído que la sangre corría de nuevo bajo esta palidez mate; sin embargo, ella permanecía inmóvil. Toqué ligeramente su brazo: estaba frío, pero no más frío que su mano el día en que rozó la mía en el eco de la iglesia. Incliné de nuevo mi rostro sobre el suyo, derramando en sus mejillas el tibio rocío de mis lágrimas. ¡Oh, qué amargo sentimiento de desesperación y de impotencia! ¡Qué agonía de vigilia! Hubiera querido poder juntar mi vida para dársela y soplar sobre su helado despojo la llama que me devoraba.

La noche avanzaba, y al sentir acercarse el momento de la separación eterna, no pude negarme la triste y sublime dulzura de besar los labios muertos de quien había sido dueña de todo mi amor. ¡Oh prodigio!, una suave respiración se unió a la mía, y la boca de Clarimonda respondió a la presión de mi boca; sus ojos se abrieron y recuperaron un poco de brillo, suspiró y, descruzando los brazos, rodeó mi cuello en un arrebato indescriptible.

—¡Ah, eres tú, Romualdo! —dijo con una voz lánguida y suave como las últimas vibraciones de un arpa—. ¿Qué haces? Te esperé tanto tiempo que he muerto; pero ahora estamos prometidos, podré verte e ir a tu casa. ¡Adiós, Romualdo, adiós! Te amo, es todo cuanto quería decirte. Te debo la vida que me has devuelto en un minuto con tu beso. Hasta pronto.

Su cabeza cayó hacia atrás, pero sus brazos aún me rodeaban, como reteniéndome. Un golpe furioso de viento derribó la ventana y entró en la habitación; el último pétalo de la rosa blanca palpitó como un ala durante unos instantes en el extremo del tallo para arrancarse luego y volar a través de la ventana abierta, llevándose el alma de Clarimonda. La lámpara se apagó y caí desvanecido en el seno de la hermosa muerta.

Cuando desperté, estaba acostado en mi cama, en la habitación de la casa parroquial, y el viejo perro del anciano cura lamía mi mano, que colgaba fuera de la manta. Bárbara se movía por la habitación con un temblor senil, abriendo y cerrando cajones, removiendo los brebajes de los vasos. Al verme abrir los ojos, la anciana gritó de alegría; el perro ladró y movió el rabo, pero me encontraba tan débil que no pude articular palabra ni hacer el más mínimo movimiento.

Supe después que estuve así tres días, sin dar otro signo de vida que una respiración casi imperceptible. Estos días no cuentan en mi vida; no sé dónde estuvo mi espíritu durante ese tiempo, no guardé recuerdo alguno. Bárbara me contó que el mismo hombre de rostro cobrizo que había venido a buscarme por la noche me había traído a la mañana siguiente en una litera cerrada, y se había vuelto a marchar inmediatamente.

En cuanto recuperé la memoria, examiné todos los detalles de aquella noche fatídica. Pensé que había sido el juego de una mágica ilusión; pero hechos reales y palpables tiraban por tierra esta suposición. No podía pensar que era un sueño, pues Bárbara había visto, como yo, al hombre de los caballos negros, y describía con exactitud su vestimenta y compostura. Sin embargo, nadie conocía en los alrededores un castillo que se ajustara a la descripción de aquel en donde había encontrado a Clarimonda.

Una mañana apareció el padre Serapion. Bárbara le había hecho saber que estaba enfermo, y acudió rápidamente. Si bien tanta diligencia demostraba afecto e interés por mi persona, no me complació como debía. El padre Serapion tenía en la mirada un aire penetrante e inquisidor que me incomodaba. Me sentía confuso y culpable ante él, pues había descubierto mi profunda turbación y temía su clarividencia.

Mientras me preguntaba por mi salud con un tono melosamente hipócrita, clavaba en mí sus pupilas amarillas de león, y hundía su mirada como una sonda en mi alma. Después se interesó por la forma en que llevaba la parroquia, si estaba a gusto, a qué dedicaba el tiempo que el ministerio me dejaba libre, si había trabado amistad con las gentes del lugar, cuáles eran mis lecturas favoritas y mil detalles parecidos. Yo le contestaba con la mayor brevedad, e incluso él mismo pasaba a otro tema sin esperar a que hubiera terminado. Esta charla no tenía, por supuesto, nada que ver con lo que él quería decirme.

Así que, sin ningún preámbulo y como si se tratara de una noticia recordada de pronto y que temiera olvidar, me dijo con voz clara y vibrante, que sonó en mi oído como las trompetas del Juicio Final:

—La cortesana Clarimonda ha muerto recientemente tras una orgía que duró ocho días y ocho noches. Fue algo infernalmente espléndido. Se repitió la abominación de los banquetes de Baltasar y Cleopatra. ¡En qué siglo vivimos, Dios mío! Los convidados fueron servidos por esclavos de piel oscura que hablaban una lengua desconocida; en mi opinión, auténticos demonios. La librea del de menor rango hubiera vestido de gala a un emperador. Sobre Clarimonda se han contado muchas historias extraordinarias en estos tiempos, y todos sus amantes tuvieron un final miserable o violento. Se ha dicho que era una mujer vampiro, pero yo creo que se trata del mismísimo Belcebú.

Calló, y me miró más fijamente aún para observar el efecto que me causaban sus palabras. No pude evitar estremecerme al oír nombrar a Clarimonda, y la noticia de su muerte, además del dolor que me causaba por su extraña coincidencia con la escena nocturna de que fui testigo, me produjo una turbación y un escalofrío que se manifestó en mi rostro, a pesar de que hice lo posible por contenerme. Serapion me lanzó una mirada inquieta y severa, luego añadió:

—Hijo mío, debo advertirte: has dado un paso hacia el abismo. Cuidado de no caer en él. Satanás tiene las garras largas, y las tumbas no siempre son de fiar. La losa de Clarimonda debió ser sellada tres veces, pues, por lo que se dice, no es la primera vez que ha muerto. Que Dios te guarde, Romualdo.

Serapion dijo estas palabras y se dirigió lentamente hacia la puerta. No volví a verlo, pues partió hacia S** inmediatamente después.

Me había recuperado por completo y volvía a mis tareas cotidianas. El recuerdo de Clarimonda y las palabras del anciano padre estaban presentes en mi memoria; sin embargo, ningún extraño suceso había ratificado hasta ahora las fúnebres predicciones de Serapion, y empecé a creer que mis temores y mi terror eran exagerados. Pero una noche tuve un sueño. Apenas me había quedado dormido cuando oí descorrer las cortinas de mi lecho, y el ruido de las anillas en la barra sonó estrepitosamente; me incorporé de golpe sobre los codos y vi ante mí una sombra de mujer. Enseguida reconocí a Clarimonda. Sostenía una lamparita como las que se depositan en las tumbas, cuyo resplandor daba a sus dedos afilados una transparencia rosa que se difuminaba insensiblemente hasta la blancura opaca de su brazo desnudo. Su única ropa era el sudario de lino que la cubría en su lecho de muerte, y sujetaba sus pliegues en el pecho, como avergonzándose de estar casi desnuda; pero su manita no bastaba, y como era tan blanca, el color del tejido se confundía con el de su carne a la pálida luz de la lámpara. Envuelta en una tela tan fina que traicionaba todas sus formas, parecía una estatua de mármol de una bañista antigua y no una mujer viva. Muerta o viva, estatua o mujer, sombra o cuerpo, su belleza siempre era la misma; tan sólo el verde brillo de sus pupilas estaba un poco apagado, y su boca, antes bermeja, solo era de un rosa pálido y tierno, semejante al de sus mejillas. Las florecillas azules que vi en sus cabellos se habían secado por completo y habían perdido todos sus pétalos. Pero estaba encantadora, tanto que, a pesar de lo extraño de la aventura y del modo inexplicable en que había entrado en mi habitación, no sentí temor ni por un instante.

Dejó la lámpara sobre la mesilla y se sentó a los pies de mi cama; después, inclinándose sobre mí, me dijo con esa voz argentina y aterciopelada que sólo le he oído a ella:

—Me he hecho esperar, querido Romualdo, y sin duda habrás pensado que te había olvidado. Pero vengo de muy lejos, de un lugar del que nadie ha vuelto aún. No hay ni luna ni sol en el país de donde procedo; solo hay espacio y sombra, no hay camino ni senderos; no hay tierra para caminar ni aire para volar y, sin embargo, heme aquí, pues el amor es más fuerte que la muerte y acabará por vencerla. ¡Ay!, he visto en mi viaje rostros lúgubres y cosas terribles. Mi alma ha tenido que luchar tanto para, una vez vuelta a este mundo, encontrar su cuerpo y poseerlo de nuevo… ¡Cuánta fuerza necesité para levantar la lápida que me cubría! Mira las palmas de mis manos lastimadas. ¡Bésalas para curarlas, amor mío!

Me acercó a la boca sus manos, las besé mil veces, y ella me miraba hacerlo con una sonrisa de inefable placer.

Confieso, para mi vergüenza, que había olvidado por completo las advertencias del padre Serapion y el carácter sagrado que me revestía. Había sucumbido sin oponer resistencia, y al primer asalto. Ni siquiera intenté alejar de mí la tentación; la frescura de la piel de Clarimonda penetraba la mía, y sentía estremecerse mi cuerpo de manera voluptuosa. ¡Mi pobre niña! A pesar de todo lo que vi, aún me cuesta creer que fuera un demonio: no lo parecía, desde luego, y jamás Satanás ocultó mejor sus garras y sus cuernos. Había recogido sus piernas sobre los talones y, acurrucada en la cama, adoptó un aire de coquetería indolente. Cada cierto tiempo acariciaba mis cabellos y, con sus manos, formaba rizos como ensayando nuevos peinados. Yo me dejaba hacer con la más culpable complacencia, y ella añadía a la escena un adorable parloteo. Es curioso el hecho de que yo no me sorprendiera ante tal aventura y, dada la facilidad que tienen nuestros ojos para considerar con normalidad los más extraños acontecimientos, la situación me pareció de lo más natural.

—Te amaba mucho antes de haberte visto, querido Romualdo, te buscaba por todas partes. Tú eras mi sueño, y me fijé en ti en la iglesia, en el fatal momento; me dije: ¡es él! y te lancé una mirada con todo el amor que había tenido, tenía y tendría por ti. Fue una mirada capaz de condenar a un cardenal, de poner de rodillas a mis pies a un rey ante su corte. Tú permaneciste impasible y preferiste a tu Dios. ¡Ah, cuán celosa estoy de tu Dios, al que has amado y amas aún más que a mí!

—¡Desdichada, desdichada de mí!, jamás tu corazón será para mí sola, para mí, a quien resucitaste con un beso, para mí, Clarimonda la muerta, que forzó por tu causa las puertas de la tumba y viene a consagrarte su vida, recobrada para hacerte feliz.

Estas palabras iban acompañadas de caricias delirantes que aturdieron mis sentidos y mi razón hasta el punto de no temer proferir para contentarla una espantosa blasfemia y decirle que la amaba tanto como a Dios.

Sus pupilas se reavivaron y brillaron como crisopacios:

—¡Es cierto, es cierto! ¡Tanto como a Dios! —dijo rodeándome con sus brazos—. Si es así, vendrás conmigo, me seguirás donde yo quiera. Te quitarás ese horrible traje negro. Serás el más orgulloso y envidiable de los caballeros, serás mi amante. Ser el amante confeso de Clarimonda, que llegó a rechazar a un papa, es algo hermoso. ¡Ah, llevaremos una vida feliz, una dorada existencia! ¿Cuándo partimos, caballero?

—¡Mañana! ¡Mañana! —gritaba en mi delirio.

—Mañana, sea —contestó—. Tendré tiempo de cambiar de ropa, porque esta es demasiado ligera y no sirve para ir de viaje. Además, tengo que avisar a la gente que me cree realmente muerta y me llora. Dinero, trajes, coches, todo estará dispuesto; vendré a buscarte a esta misma hora. Adiós, corazón —rozó mi frente con sus labios.

La lámpara se apagó, se corrieron las cortinas y no vi nada más; un sueño de plomo se apoderó de mí hasta la mañana siguiente. Desperté más tarde que de costumbre, y el recuerdo de tan extraña visión me tuvo todo el día en un estado de agitación; terminé por convencerme de que había sido fruto de mi acalorada imaginación. Pero, sin embargo, las sensaciones fueron tan vivas que costaba creer que no hubieran sido reales, y me fui a dormir no sin cierto temor por lo que iba a suceder, después de pedir a Dios que alejara de mí los malos pensamientos y protegiera la castidad de mi sueño.

Enseguida me dormí profundamente, y mi sueño continuó. Las cortinas se corrieron y vi a Clarimonda, no como la primera vez, pálida en su pálido sudario y con las violetas de la muerte en sus mejillas, sino alegre, decidida y dispuesta, con un magnífico traje de terciopelo verde adornado con cordones de oro y recogido a un lado para dejar ver una falda de satén. Sus rubios cabellos caían en tirabuzones de un amplio sombrero de fieltro negro cargado de plumas blancas colocadas caprichosamente, y llevaba en la mano una fusta rematada en oro. Me dio un toque suavemente, diciendo:

—Y bien, dormilón, ¿así es como haces tus preparativos? Pensaba encontrarte de pie. Levántate, que no tenemos tiempo que perder.

Salté de la cama.

—Anda, vístete y vámonos —me dijo señalándome un paquete que había traído—; los caballos se aburren y roen su freno en la puerta. Deberíamos estar ya a diez leguas de aquí.

Me vestí enseguida; ella me tendía la ropa riéndose a carcajadas de mi torpeza y explicándome su uso cuando me equivocaba. Me arregló los cabellos y, cuando estaba listo, me ofreció un espejo de bolsillo de cristal de Venecia con filigranas de plata, diciendo:

—¿Cómo te ves?, ¿me tomarás a tu servicio como mayordomo?

Yo no era el mismo y no me reconocí. Mi imagen era tan distinta como lo son un bloque de piedra y una escultura terminada. Mi antigua figura no parecía ser sino el torpe esbozo de lo que el espejo reflejaba. Era hermoso, y me estremecí de vanidad por esta metamorfosis. Las elegantes ropas y el traje bordado me convertían en otra persona, y me asombraba el poder de unas varas de tela cortadas con buen gusto. El porte del traje penetraba mi piel, y, al cabo de diez minutos, había adquirido ya un cierto aire de vanidad.

Di unas vueltas por la habitación para manejarme con soltura. Clarimonda me miraba con maternal complacencia y parecía contenta con su obra.

—Ya está bien de chiquilladas, en marcha, querido Romualdo. Vamos lejos, y así no llegaremos nunca —me tomó de la mano y salimos. Las puertas se abrían a su paso apenas las tocaba, y pasamos junto al perro sin despertarlo.

En la puerta estaba Margheritone, el escudero que ya conocía; sujetaba la brida de tres caballos negros como los anteriores, uno para mí, otro para él y otro para Clarimonda. Debían ser caballos bereberes de España, nacidos de yeguas fecundadas por el Céfiro, pues corrían tanto como el viento, y la luna, que había salido con nosotros para iluminarnos, rodaba por el cielo como una rueda soltada de su carro; la veíamos a nuestra derecha, saltando de árbol en árbol y perdiendo el aliento por correr tras nosotros.

Pronto aparecimos en una llanura donde, junto a un bosquecillo, nos esperaba un coche con cuatro vigorosos caballos; subimos y el cochero los hizo galopar de una forma insensata. Mi brazo rodeaba el talle de Clarimonda y estrechaba una de sus manos; ella apoyaba su cabeza en mi hombro y podía sentir el roce de su cuello semidesnudo en mi brazo. Jamás había sido tan feliz. Me había olvidado de todo y no recordaba mejor el hecho de haber sido cura que lo que sentí en el vientre de mi madre, tal era la fascinación que el espíritu maligno ejercía en mí.

A partir de esa noche, mi naturaleza se desdobló y hubo en mí dos hombres que no se conocían uno al otro. Tan pronto me creía un sacerdote que cada noche soñaba que era caballero, como un caballero que soñaba ser sacerdote. No podía distinguir el sueño de la vigilia y no sabía dónde empezaba la realidad ni dónde terminaba la ilusión. El joven vanidoso y libertino se burlaba del sacerdote, y el sacerdote detestaba la vida disoluta del joven noble. La vida bicéfala que llevaba podría describirse como dos espirales enmarañadas que no llegan a tocarse nunca. A pesar de lo extraño que parezca, no creo haber rozado en momento alguno la locura. Tuve siempre muy clara la percepción de mis dos existencias. Sólo había un hecho absurdo que no me podía explicar: era que el sentimiento de la misma identidad perteneciera a dos hombres tan diferentes. Era una anomalía que ignoraba, ya fuera mientras me creía cura del pueblo C**, ya como il signor Romualdo, amante titular de Clarimonda.

El caso es que me encontraba —o creía encontrarme— en Venecia; aún no he podido aclarar lo que había de ilusión y de real en tan extraña aventura. Vivíamos en un gran palacio de mármol en el Canaleio, con frescos y estatuas, y dos Ticianos de la mejor época en el dormitorio de Clarimonda: era un palacio digno de un rey. Cada uno de nosotros tenía su góndola y su barcarola con nuestro escudo, sala de música y nuestro poeta. Clarimonda entendía la vida a lo grande y había algo de Cleopatra en su forma de ser.

Por mi parte, llevaba un tren de vida digno del hijo de un príncipe, y era tan conocido como si perteneciera a la familia de uno de los doce apóstoles o de los cuatro evangelistas de la serenísima república. No hubiera cedido el paso ni al mismo dux, y creo que desde Satán, caído del cielo, nadie fue más insolente y orgulloso que yo. Iba al Ridotto y jugaba de manera infernal. Me mezclaba con la más alta sociedad del mundo, con hijos de familias arruinadas, con mujeres de teatro, con estafadores, parásitos y espadachines. A pesar de mi vida disipada, permanecía fiel a Clarimonda. La amaba locamente. Ella habría estimulado hasta la saciedad, y habría hecho estable la inconstancia. Tener a Clarimonda era tener cien amantes, era poseer a todas las mujeres por tan mudable, cambiante y diferente de sí misma que era: un verdadero camaleón.

Me hacía cometer con ella la infidelidad que hubiera cometido con otras, adoptando el carácter, el porte y la belleza de la mujer que parecía gustarme. Me devolvía mi amor centuplicado, y en vano jóvenes patricios e incluso miembros del Consejo de los Diez le hicieron las mejores proposiciones. Un Foscari llegó a proponerle matrimonio; rechazó a todos. Tenía oro suficiente; sólo quería amor, un amor joven, puro, despertado por ella y que sería el primero y el último.

Hubiera sido completamente feliz de no ser por la pesadilla que volvía cada noche y en la que me creía cura de pueblo, mortificándome y haciendo penitencia por los excesos cometidos durante el día. La seguridad que me daba la costumbre de estar a su lado apenas me hacía pensar en la extraña manera en que conocí a Clarimonda. Sin embargo, las palabras del padre Serapión me venían alguna vez a la memoria y no dejaban de inquietarme.

La salud de Clarimonda no era tan buena desde hacía algún tiempo. Su tez se iba apagando día a día. Los médicos que mandaron llamar no entendieron nada y no supieron qué hacer. Prescribieron algún medicamento sin importancia y no volvieron. Pero ella palidecía visiblemente y cada vez estaba más fría. Parecía tan blanca y tan muerta como aquella noche en el castillo desconocido. Me desesperaba ver cómo se marchitaba lentamente. Ella, conmovida por mi dolor, me sonreía dulcemente con la fatal sonrisa de los que saben que van a morir.

Una mañana, me encontraba desayunando en una mesita junto a su lecho, para no separarme de ella ni un minuto, y partiendo una fruta me hice casualmente un corte en un dedo bastante profundo. La sangre, color púrpura, corrió enseguida, y unas gotas salpicaron a Clarimonda. Sus ojos se iluminaron, su rostro adquirió una expresión de alegría feroz y salvaje que no le conocía. Saltó de la cama con una agilidad animal de mono o de gato y se abalanzó sobre mi herida, que empezó a chupar con una voluptuosidad indescriptible. Tragaba la sangre a pequeños sorbitos, lentamente, con afectación, como un gourmet que saborea un vino de Jerez o de Siracusa. Entornaba los ojos, y sus verdes pupilas no eran redondas, sino que se habían alargado. Por momentos se detenía para besar mi mano y luego volvía a apretar sus labios contra los labios de la herida para sacar todavía más gotas rojas. Cuando vio que no salía más sangre, se incorporó con los ojos húmedos y brillantes, rosa como una aurora de mayo, satisfecha; su mano estaba tibia y húmeda, estaba más hermosa que nunca y completamente restablecida.

—¡No moriré! ¡No moriré! —decía loca de alegría colgándose de mi cuello—; podré amarte aún más tiempo. Mi vida está en la tuya y todo mi ser proviene de ti. Sólo unas gotas de tu rica y noble sangre, más preciada y eficaz que todos los elixires del mundo, me han devuelto a la vida.

Este hecho me preocupó durante algún tiempo, haciéndome dudar acerca de Clarimonda, y esa misma noche, cuando el sueño me transportó a mi parroquia, vi al padre Serapión más taciturno y preocupado que nunca:

—No contento con perder tu alma, quieres perder también el cuerpo. ¡Infeliz, en qué trampa has caído!

El tono de sus palabras me afectó profundamente, pero esta impresión se disipó bien pronto, y otros cuidados acabaron por borrarlo de mi memoria. Una noche vi en mi espejo, en cuya posición ella no había reparado, cómo Clarimonda derramaba unos polvos en una copa de vino sazonado que acostumbraba a preparar después de la cena. Tomé la copa y fingí llevármela a los labios, dejándola luego sobre un mueble como para apurarla más tarde a placer y, aprovechando un instante en que estaba vuelta de espaldas, vacié su contenido bajo la mesa. Luego me retiré a mi habitación y me acosté decidido a no dormirme y ver en qué acababa todo esto. No esperé mucho tiempo: Clarimonda entró en camisón y, una vez que se hubo despojado de sus velos, se recostó junto a mí. Cuando estuvo segura de que dormía, tomó mi brazo desnudo y sacó de entre su pelo un alfiler de oro, murmurando:

—Una gota, sólo una gotita roja, un rubí en la punta de mi aguja... Puesto que aún me amas, no moriré... ¡Oh, pobre amor!, beberé tu hermosa sangre de un púrpura brillante. Duerme, mi bien, mi dios, mi niño, no te haré ningún daño, sólo tomaré de tu vida lo necesario para que no se apague la mía. Si no te amara tanto, me decidiría a buscar otros amantes cuyas venas agotaría, pero desde que te conozco todo el mundo me produce horror. ¡Ah, qué brazo tan hermoso, tan perfecto, tan blanco! Jamás podré pinchar esta venita azul —lloraba mientras decía esto y sentía llover sus lágrimas en mi brazo, que tenía entre sus manos.

Finalmente se decidió, me dio un pinchacito y empezó a chupar la sangre que salía. Apenas hubo bebido unas gotas, tuvo miedo de debilitarme y aplicó una cinta alrededor de mi brazo, después de frotar la herida con un ungüento que la cicatrizó al instante.

Ya no cabía duda. El padre Serapión tenía razón. Pero, a pesar de esta certeza, no podía dejar de amar a Clarimonda y le hubiera dado toda la sangre necesaria para mantener su existencia ficticia. Por otra parte, no tenía qué temer: la mujer respondía del vampiro, y lo que había visto y oído me tranquilizaba. Mis venas estaban colmadas, de forma que tardarían en agotarse, y no iba a ser egoísta con mi vida. Me habría abierto el brazo yo mismo diciéndole:

—Bebe, y que mi amor se filtre en tu cuerpo con mi sangre.

Evitaba hacer la más mínima alusión al narcótico y a la escena de la aguja, y vivíamos en una armonía perfecta. Pero mis escrúpulos de sacerdote me atormentaban más que nunca, y ya no sabía qué penitencia podía inventar para someter y mortificar mi carne. Aunque todas mis visiones fueran involuntarias y sin mi participación, no me atrevía a tocar a Cristo con unas manos tan impuras y un espíritu mancillado por semejantes excesos reales o soñados.

Para evitar caer en semejantes alucinaciones, intentaba no dormir, manteniendo abiertos mis párpados con los dedos, y permanecía de pie apoyado en los muros, luchando con todas mis fuerzas contra el sueño. Pero la arena del adormecimiento pesaba en mis ojos, y al ver que mi lucha era inútil, dejaba caer mis brazos y, exhausto y sin aliento, dejaba que la corriente me arrastrase hacia la pérfida orilla.

Serapión me exhortaba de forma vehemente y me reprochaba con dureza mi debilidad y mi falta de fervor. Un día en que mi agitación era mayor que de ordinario, me dijo:

—Sólo hay un remedio para que te desembaraces de esta obsesión, y aunque es una medida extrema, la llevaremos a cabo: a grandes males, grandes remedios. Conozco el lugar donde fue enterrada Clarimonda; vamos a desenterrarla para que veas en qué lamentable estado se encuentra el objeto de tu amor. No permitirás que tu alma se pierda por un cadáver inmundo, devorado por gusanos y a punto de convertirse en polvo; esto te hará entrar en razón.

Estaba tan cansado de llevar esta doble vida que acepté; deseaba saber de una vez por todas quién era víctima de una ilusión, si el cura o el gentilhombre, y quería acabar con uno o con otro, o con los dos, pues mi vida no podía continuar así. El padre Serapión se armó con un pico, una palanca y una linterna, y a medianoche nos fuimos al cementerio de ** que él conocía perfectamente. Tras acercar la luz a las inscripciones de algunas tumbas, llegamos por fin ante una piedra medio escondida entre grandes hierbas y devorada por musgos y plantas parásitas, donde desciframos el principio de la siguiente inscripción:

Aquí yace Clarimonda
Que fue mientras vivió
La más bella del mundo.

—Aquí es —dijo Serapión y, dejando en el suelo su linterna, colocó la palanca en el intersticio de la piedra y comenzó a levantarla. La piedra cedió y se puso a trabajar con el pico. Yo le veía hacer, más oscuro y silencioso que la noche misma; él, ocupado en tan fúnebre tarea, sudaba copiosamente, jadeaba, y su respiración entrecortada parecía el estertor de un agonizante. Era un espectáculo extraño y, cualquiera que nos hubiera visto desde fuera, nos habría tomado por profanadores y ladrones de sudarios antes que por sacerdotes de Dios. El celo de Serapión tenía algo de duro y salvaje que lo asemejaba más a un demonio que a un apóstol o a un ángel, y sus rasgos austeros, recortados por el reflejo de la linterna, nada tenían de tranquilizador.

Sentía en mis miembros un sudor glacial, y mis cabellos se erizaban dolorosamente en mi cabeza; en el fondo de mí mismo veía el acto de Serapión como un abominable sacrilegio, y hubiera deseado que del flanco de las sombrías nubes que transcurrían pesadamente sobre nosotros hubiera salido un triángulo de fuego que lo redujera a polvo. Los búhos, posados en los cipreses, inquietos por el reflejo de la linterna, venían a golpear sus cristales con sus alas polvorientas, gimiendo lastimosamente; los zorros chillaban a lo lejos y mil ruidos siniestros brotaban del silencio.

Finalmente, el pico de Serapión chocó con el ataúd, y los tablones retumbaron con un ruido sordo y sonoro, con ese terrible ruido que produce la nada cuando se la toca. Derribó la tapa y vi a Clarimonda, pálida como el mármol, con las manos juntas; su blanco sudario formaba un solo pliegue de la cabeza a los pies. Una gotita roja brillaba como una rosa en la comisura de su boca descolorida.

Al verla, Serapión se enfureció:

—¡Ah! ¡Estás aquí, demonio, cortesana impúdica, bebedora de sangre y de oro! —y roció con agua bendita el cuerpo y el ataúd, sobre el que dibujó una cruz con su hisopo.

Tan pronto como el santo roció a la pobre Clarimonda, su hermoso cuerpo se convirtió en polvo y no fue más que una mezcla espantosa y deforme de ceniza y de huesos medio calcinados.

—He aquí a tu amante, señor Romualdo —dijo el despiadado sacerdote, mostrándome los tristes despojos—. ¿Irás a pasearte al Lido y a Fusine con esta belleza?

Bajé la cabeza; sólo había ruinas en mi interior. Volví a mi parroquia, y el señor Romualdo, amante de Clarimonda, se separó del pobre cura, a quien durante tanto tiempo había hecho tan extraña compañía.

Sólo que la noche siguiente volví a ver a Clarimonda, quien me dijo, como la primera vez en el pórtico de la iglesia:

—¡Infeliz! ¡Infeliz!, ¿qué has hecho?, ¿por qué has escuchado a ese cura imbécil?, ¿acaso no eras feliz?, ¿y qué te había hecho yo para que violaras mi tumba y pusieras al descubierto las miserias de mi nada? Se ha roto para siempre toda posible comunicación entre nuestras almas y nuestros cuerpos. Adiós, me recordarás.

Se disipó en el aire como el humo, y nunca más volví a verla.

¡Ay de mí! Tenía razón; la he recordado más de una vez, y aún la recuerdo. La paz de mi alma fue pagada a buen precio; el amor de Dios no era suficiente para reemplazar al suyo. Y he aquí, hermano, la historia de mi juventud. No mires jamás a una mujer, y camina siempre con los ojos fijos en tierra, pues, aunque seas casto y sosegado, un solo minuto basta para hacerte perder la eternidad.

CONTENIDO

9 7 9 8 8 8 9 2 6 7 4 0 5 8